中央财政支持地方高校发展专项资金
贵州省特色重点学科建设支持项目

公共管理导引与案例系列教材

山地丘陵区土地整治导引与案例

SHANDIQIULINGQUTUDIZHENGZHI
DAOYINYUANLI

冯应斌　主编

中国财经出版传媒集团
经济科学出版社
Economic Science Press

图书在版编目（CIP）数据

山地丘陵区土地整治导引与案例/冯应斌主编．
—北京：经济科学出版社，2017.7
公共管理导引与案例系列教材
ISBN 978 - 7 - 5141 - 8313 - 9

Ⅰ.①山…　Ⅱ.①冯…　Ⅲ.①山地 - 土地
整理 - 高等学校 - 教材②丘陵 - 土地整理 -
高等学校 - 教材　Ⅳ.①F301.2

中国版本图书馆 CIP 数据核字（2017）第 189359 号

责任编辑：周秀霞
责任校对：靳玉环
版式设计：齐　杰
责任印制：潘泽新

山地丘陵区土地整治导引与案例
冯应斌　主编
经济科学出版社出版、发行　新华书店经销
社址：北京市海淀区阜成路甲 28 号　邮编：100142
总编部电话：010 - 88191217　发行部电话：010 - 88191522
网址：www. esp. com. cn
电子邮件：esp@ esp. com. cn
天猫网店：经济科学出版社旗舰店
网址：http：//jjkxcbs. tmall. com
北京汉德鼎印刷有限公司印刷
三河市华玉装订厂装订
787 × 1092　16 开　17.5 印张　350000 字
2017 年 7 月第 1 版　2017 年 7 月第 1 次印刷
ISBN 978 - 7 - 5141 - 8313 - 9　定价：52.00 元

前　言

当前，我国开设土地资源管理本科专业的高校有90余所，其中农林类院校占25%左右，工科类院校占13%左右，财经类院校占14%左右，师范类院校占18%左右，综合类院校占30%左右。本科毕业生就业主要包括：与土地管理相关的政府机关、各级政府机关下属的土地勘测规划事业单位、土地勘测规划类公司等。其中公司是解决土地资源管理专业本科毕业生就业的主要力量，包括地产类开发销售公司、土地和房地产评估公司、土地信息系统开发类公司、土地整治规划类公司等。从土地资源管理专业开设院校学科传统和本科毕业生就业渠道来看，"管理学科工科化"是土地资源管理专业适应社会就业需求的总体趋势。在强调管理学科基础课程教学的同时，强化工程类教学内容（如土地利用规划、土地整治、土地信息系统、地图学等），使学生不仅掌握管理学科的理论，又具备工程学科的技能。尤其是在创新创业时代背景下，面向市场就业需求，以应用研究型人才培养为目标，加强课程理论教学和实践教学融合力度，助推土地资源管理专业本科学生创新创业。

我国最早的土地整治活动可追溯到西周时期的井田制度，现代意义上的土地整治根据社会经济发展情况不断进行调整和完善。尤其是1999年修订的《土地管理法》在法律层面首次明确提出"国家鼓励土地整理"，土地整治逐步纳入国家层面的战略布局。2015年版《国家职业分类大典》首次将"土地整治工程技术人员（职业编码为GBM20237）"列入其中，土地工程正式成为一个国家认可的技术类职业。为适应社会经济发展对人才的需求，部分院校开设了"土地整理工程"、"土地整理与复垦"、"土地整理技术"、"土地复垦学"等名称不一的课程，学时安排介于32～48学时之间，越来越多的高校将"土地整治"课程由专业选修课调整为专业基础（必修）课。在教材建设方面，目前使用的主要有中国地质大学（北京）胡振琪主编的《土地整理概论》（中国农业出版社 2007 年版，普通高等教育"十一五"国家级规划教材）及其配套的《土地整理课程设计》（中国农业出版社 2012 年版），华中科技大学卢新海编著的《土地整理》（复旦大学出版社 2011 年版，21 世纪土地资源管理系列）等。近年来我国国土资源标准化技术委员会不断完善土地整治行业标准，土地整治实践也不断升级和转型，在教学过程中，需要任课教师进行拓展和补充。

基于上述专业背景和课程教学背景，以及土地整治课程具有明显的工科类应用技术特征，要求学生选修前置课程，如土地利用规划学、农田水利学、测量学、工程制图、土壤学以及自然地理学等，但当前我国财经类院校土地资源管理专业几乎没有开设农田水利学、工程制图、土壤学、自然地理学等课程，给土地整治课程的理论教学和实践教学增加了难度。因此，在实际教学过程中，尽量将上述课程的关键内容融入进来，按照"理论导引—实践案例"两个层面构建土地整治课程内容体系。

本教材在系统阐述土地整治概念内涵演变及其发展趋势、我国土地整治规划编制及项目实施概况基础上，介绍了我国山地丘陵区不同地貌类型区域县级土地整治规划编制思路与方法、调查评价重点及其实践案例。同时，详细介绍了土地整治项目规划方案及其工程设计的理论与方法，并着重介绍了我国山地丘陵区格田整治、坡改梯、农村建设用地复垦、土地流转与土地整治联动设计等方面典型项目实践案例。

本书适合上述专业的师生作为教材使用，也适合土地整治相关部门和行业管理者、科技人员作为参考工具书使用。在贵州财经大学学科建设出版资金支持和课程教学范式改革实践经验积累下，我们借鉴国内外土地整治相关理论和实践，以我国山地丘陵区为典型案例区域，集中区域内高校、事业单位具有十年以上从业经验的相关人员编写了这本教材。本书由贵州财经大学冯应斌副教授主编，共分为十二章，具体章节分工为：第一章、第二章、第三章、第七章、第八章、第九章、第十章由冯应斌副教授编写；第四章、第十一章、第十二章长江师范学院信桂新副教授编写；第五章由贵州省地质矿产勘查开发局测绘院张丽高级工程师、贵州财经大学张月娥讲师编写；第六章由张月娥讲师、张丽高级工程师编写。此外，贵州财经大学土地资源管理专业硕士研究生孔令燊、郭元元在资料收集和书稿校正等过程中付出了大量精力，向他们表示感谢。

由于编者水平有限，虽竭力编写，但仍可能存在缺陷甚至错误，敬请批评指正。同时，也希望本书能够起到抛砖引玉的作用，促进土地整治事业繁荣发展。

冯应斌

2017 年 7 月

目　录

Contents

第一章

我国土地整治概念内涵
演变及其发展展望

我国土地整治发展历史悠久，拥有灿烂的农耕文明。早在几千年前，中华民族就对土地整治进行了积极有益的探索。我国最早的土地整治活动可追溯到西周时期的井田制度。西周的井田制、秦汉的屯田制、西晋的占田制和北魏隋唐的均田制等都可被认为是土地整治的雏形。改革开放以后，我国经济社会快速发展，人口增长迅速，人们对土地资源的需求急剧增加，而土地资源作为一种不可再生资源，土地供给没有弹性，人地矛盾问题凸显。土地整治概念应运而生，并逐渐上升到国家战略层面。当前，我国正处于经济社会转型期，土地整治作为一项事关生态安全、粮食安全的国家战略，如何承担起促进社会发展、维护粮食安全、保护生态环境的重任是全社会普遍关注的问题（胡振琪，2007；吴海洋，2014）。

第一节　土地整治主要概念解析

一、土地整治主要概念

（一）土地整理

土地整理（Land Consolidation）是人类文明用地的产物，最早出现于德国、荷兰和俄国等欧洲国家。土地整理作为实施土地利用规划管理的重要内容和手段，当前，世界上许多国家都在积极推进这一项基础性工作。同时，其内涵与外延在不同国家、不同历史时期，均有不同的侧重点。

就我国而言，现阶段有关"土地整理"通行的概念出自《中共中央、国务院关于进一步加强土地管理切实保护耕地的通知》的规定：按照土地利用总体规划的要求，通过对田、水、路、林、村进行综合整治，搞好土地建设，提高耕地质量，增加有效耕地面积，改善农业生产条件和环境。

土地整理概念有广义和狭义之分，广义的土地整理是指根据社会经济发展的需要，采取一定的手段，对土地利用方式、土地利用结构以及土地利用关系进行重新规划与调整，以改善土地利用条件和生态环境，提高土地利用率，实现土地集约利用目标的一种行为。狭义的土地整理仅指对已利用土地的整理。

（二）土地开发

土地开发（Land Development）是人类土地利用活动的起始阶段，把未利用土地投入利用的过程，进而扩大了人类利用土地的范围。其概念是指对未利用且具有利用潜力和开发价值的土地采取工程或其他措施，改造为可供利用土地的过程。

就农业用途土地开发而言，主要是指将适宜农业生产的部分滩涂、裸地进行开发利用的活动。

（三）土地复垦

土地复垦（Land Reclamation）是指将生产建设过程中因挖损、塌陷、压占、污染破坏的土地和自然灾害损毁的土地恢复到可供利用状态的活动。是对各种人为和自然原因导致破坏的土地，因地制宜地采取整治措施，使其恢复到可利用的期望状态的行动和过程。

根据造成土地破坏的原因，将土地复垦划分为五种类型：（1）各类工矿企业在生产建设过程中挖损、塌陷、压占等造成的破坏土地的复垦；（2）因道路改线、建筑物废止、村庄搬迁以及垃圾压占等遗弃荒废土地的复垦；（3）农村砖瓦窑、水利建设取土等造成的废弃坑塘、洼地等废弃土地的复垦；（4）各类工业污染引起的污染土地的复垦；（5）水灾、地质灾害以及其他自然灾害引起的受灾土地的复垦。

土地复垦责任主体包括政府和业主，其中历史遗留损毁土地以及自然灾害损毁土地由政府承担复垦责任，而生产建设活动损毁的土地由业主按照"谁损毁、谁复垦"的原则承担复垦责任。

二、土地整治概念演变历程

随着土地整治管理体制的变迁和土地整治内涵外延的不断拓展，土地整治的概念在不断发生变化，土地整治的概念演变大概分为三个阶段。第一阶段（2000 年以前）：以"土地整理"概念为标志；第二阶段（2000～2007 年）：以"土地开发整理"概念为标志;第三阶段(2008年以来):以"土地整治"概念为主要标志(贾文涛,2012)。

(一) 第一阶段 (2000 年以前):以"土地整理"概念为标志

《中共中央、国务院关于进一步加强土地管理切实保护耕地的通知》要求"积极推进土地整理,搞好土地建设";1999年修订的《土地管理法》明确提出"国家鼓励土地整理"。这一阶段为土地整治的起步阶段,主要是借鉴海外经验,在实践中探索土地整治的实施途径。

(二) 第二阶段 (2000 ~ 2007 年):以"土地开发整理"概念为标志

1999年修订的《土地管理法》颁布实施,使土地整治有了以新增建设用地土地有偿使用费为主的法定资金渠道,土地整治事业的发展进入快车道。这一阶段以实施国家投资土地开发整理项目为重点,引导和推动全国土地整治工作。自2000年起,国土资源部先后出台了国家投资土地开发整理项目管理办法、资金管理办法、项目实施管理办法、项目竣工验收办法等几十个文件,逐步构建起土地开发整理项目管理的基本政策制度体系。2000年,《土地开发整理项目规划设计规范》等三个土地开发整理标准发布实施;2003年,《全国土地开发整理规划(2001 ~ 2010年)》发布实施。这一阶段是土地整治的发展壮大阶段,土地整治逐步形成了有法律支撑、有规划引导、有标准可依、有资金保障、有机构推进的工作局面。

(三) 第三阶段 (2008 年以来):以"土地整治"概念为主要标志

2008年是我国土地整治发展史上具有里程碑意义的一年。党的十七届三中全会《关于推进农村改革发展若干重大问题的决定》,第一次在中央层面文件中明确提出"大规模实施土地整治,搞好规划、统筹安排、连片推进",开启了土地整治发展新纪元;珠三角地区开始探索以"三旧"改造为主要内容的城镇工矿建设用地整治,进一步丰富和拓展了土地整治的内涵和功能;国土资源部、财政部联合推进土地整治重大工程实施和示范省建设,重大工程和示范建设逐渐成为新时期推动我国土地整治工作的重要抓手。这一阶段是土地整治的综合发展阶段,土地整治目标的多元化、内涵和效益的综合性特点越来越鲜明,社会认知度越来越高,发展前景更为广阔。

土地整治是对低效利用、不合理利用和未利用的土地进行治理,对生产建设破坏和自然灾害损毁的土地进行恢复利用,以提高土地利用率的活动。土地整治不再局限于农村土地,是对"全域"土地的整治。作为当前已被中央层面和社会各界普遍接受的顶层概念,土地整治具体包括农用地整治、农村建设用地整治、城镇工矿建设用地整治、土地复垦、宜农未利用地开发五种类型。在实践中,土地整治活动更多地表现为融合了多种整治类型的区域性综合整治。

2014 年 5 月，国土资源部发布实施《节约集约利用土地规定》，对土地整治的内涵和目标进行了界定："县级以上地方国土资源主管部门应当会同有关部门，依据土地利用总体规划和土地整治规划，对田、水、路、林、村进行综合治理，对历史遗留的工矿等废弃地进行复垦利用，对城乡低效利用土地进行再开发，提高土地利用效率和效益，促进土地节约集约利用。"

第二节　土地整治主要内容与类型划分

一、土地整治本质与功能

（一）土地整治本质

土地整治的本质内涵和核心目标是调整土地权属关系和组织土地利用，是"对人地关系的再调适"。具体表现为：以提高土地利用效率和效益、保障国土资源永续利用、改善生态景观环境为主要目的，通过"田水路林村"土地综合整治提升人类生产和生活条件，通过"山水林田湖"国土空间整治保护人类生态空间，最终促进人与自然可持续协调发展的活动（严金明等，2016）。

（二）土地整治功能

在不同的土地整治发展阶段，其功能的侧重点有所不同。随着经济社会的发展和土地整治的目标导向转型，土地整治的功能也超越了单纯扩大耕地面积、提升耕地质量的意义，更多地表现为努力促进资源保障、粮食安全、资源节约、统筹城乡、环境友好与社会和谐等国家目标的实现，更加注重满足人们的核心需求。即从人的切实需求出发，合理调整国土"生产、生活、生态"空间结构和布局，满足人们的生产发展诉求；满足人们的生活提升诉求；满足人们的生态保护诉求（吴次芳等，2011）。

因此，土地整治应当具有资源保障功能、粮食安全功能、资源节约功能、统筹城乡发展功能、环境友好功能、社会和谐功能以及文化维护功能，是一个多功能叠加在一起的集合体，即由"本质功能"、"核心功能"与"叠加功能"共同构成的土地整治功能系统（见图 1 - 1）。

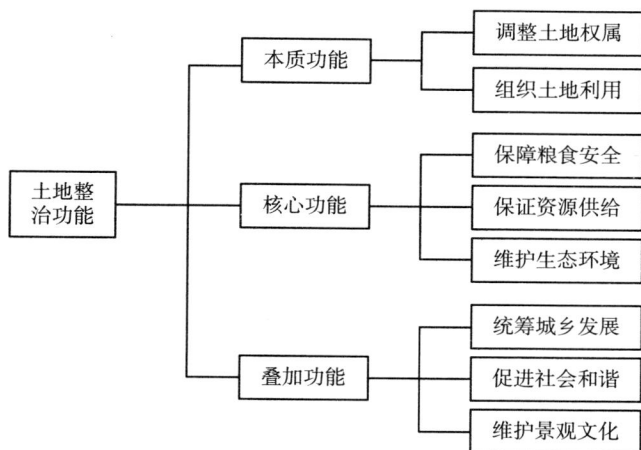

图 1-1　土地整治功能系统

二、土地整治任务与内容

（一）土地整治任务

根据土地整治的内涵和国际上对土地整治的经验与认识，结合我国国情和当前研究重点，我国土地整治应当完成以下任务：

1. 通过土地整治，改善土地利用结构、增加耕地数量，实现耕地占补平衡和耕地数量动态平衡，保障我国耕地资源的可持续利用。

2. 通过对"田水路林村"进行综合整治，提高耕地质量，改善土地生产条件，提高粮食产能，保障我国粮食安全。

3. 通过对废弃地整治、零散地归并、节水工程建设等，促进资源的节约利用，实现国家建设节约型社会的战略目标。

4. 通过对土地整治生态工程建设，改善环境，维护生态平衡，实现土地利用的环境友好目标。

5. 通过开展土地整治，大力开展农业生产设施建设，调整土地权属关系，促进城乡协调发展和人与自然的和谐，最终实现城乡统筹和经济社会的和谐发展。

6. 通过土地整治改善农村地区的生产和生活条件，振兴乡村地区经济，维护乡村地区景观和文化，维护土地利用的伦理、生态文明和道德规范。

（二）土地整治内容

1. 以"三个集中"为主要内容的土地整治。即通过迁村并点，逐步使农民住宅向中心村和小集镇集中；通过搬迁改造，使乡镇企业逐步向工业园集中；通过归并零星地块，使农田逐步向规模经营集中。

2. 结合农田基本建设，对田、水、路、林、村综合治理的土地整治。

3. 以对小流域统一规划、综合整治，提高农业综合生产能力，改善生态环境为主要内容的流域土地整治。

4. 结合农民住宅建设，通过实施村镇规划增加耕地面积的村庄土地整治。

5. 通过控制城市外延式扩展，挖掘城市存量土地潜力，解决城市建设用地刚性需求而实施的城市土地整治和盘整闲置土地的闲置土地整治。

6. 通过对工矿生产建设形成的废弃土地进行复垦整治，增加农用地或建设用地，改善生态环境的矿区土地整治。

7. 灾后土地整治，即结合灾后重建对水毁农田抢整、兴修水利和移民建镇对移民后旧宅基地退宅还耕。

三、土地整治主要类型

土地整治是一项复杂的综合性工作，其内容在不同时期、不同历史阶段以及不同地区也不尽相同。目前，根据我国土地整治的主要内容和任务可以将其划分为以下几种主要类型：一是以农业用途为主导目标的土地整治，包括农用地整治和宜农未利用地开发；二是以破坏土地恢复为主导目标的土地复垦；三是建设用地整治，包括城镇工矿建设用地整治和农村建设用地整治；四是区域性综合整治；五是城乡建设用地增减挂钩。

（一）以农业用途为主导目标的土地整治

1. 农用地整治。是指在以农用地（主要是耕地）为主的区域，通过实施土地平整、灌溉与排水、田间道路修建、农田防护与生态环境保持等工程，增加有效耕地面积，提高耕地质量，改善农业生产条件和生态环境的活动。

农用地整治的主要任务是加强农田基础设施建设，按照"田成方、树成行、路相通、渠相连、旱能灌、涝能排"的标准，大规模建设旱涝保收高标准基本农田。

2. 宜农未利用地开发。是指对宜农未利用地采取整治措施，以增加耕地面积、改善生态环境为主要目的的活动。

宜农未利用地开发的主要任务是根据土地适宜性评价结果，坚持适度开发原则，强化补充耕地的质量建设与管理，加强国家粮食战略后备区建设，合理引导农业结构调整，提高其他农用地利用效率。

（二）以破坏土地恢复为主导目标的土地复垦

现阶段，土地复垦的主要任务是加大对历史遗留的工矿废弃地以及交通、水利等基础设施废弃地的复垦力度，全面实施新损毁土地的复垦，及时复垦自然灾害损毁的土地，努力做到"快还旧账，不欠新账"。在治理改善矿山环境基础上与新增建设用地相挂钩，盘活和合理调整建设用地，确保建设用地总量不增加，耕地面积不减少、质量有提高。完善土地复垦质量控制标准，加强土地复垦监测监管，推进土地生态环境整治，不断提高生态环境质量。

（三）建设用地整治

1. 城镇工矿建设用地整治：是指对旧城镇、"城中村"和旧工矿等进行改造，完善配套设施，加强节地建设，拓展城镇发展空间，提升土地价值，改善人居环境，提高节约集约用地水平的活动。

城镇和工矿用地整治的主要任务是鼓励有条件的地区开展旧城镇改造，加强配套设施与节地建设。积极开展旧工业区改造，优化工业用地布局。有计划、有步骤地推进"城中村"改造，加强土地权属管理，切实改善"城中村"人居环境。

2. 农村建设用地整治：是指对农村地区散乱、废弃、闲置和低效利用的建设用地进行整治，完善农村基础设施和公共服务设施，改善农村生产生活条件，提高农村建设用地的节约集约利用水平的活动。

农村建设用地整治的主要任务是以"空心村"、废弃地、闲置地整治和乡（镇）企业用地整治为重点，稳妥推进农村建设用地整治，加强基础设施与公共服务设施配套建设。严格控制增减挂钩规模与范围，合理使用节余指标，确保土地增值收益返还农村，促进城乡一体化发展。

（四）区域性综合整治

区域性综合整治是指按照城乡一体化发展的新要求，以村、镇为基本整治区域，全域规划、全域设计，对区域内的田、水、路、林、村实行综合整治，统筹城乡土地利用，实现城乡协调发展。其目标更加多元化、呈现出区域综合性、多功能性、多效益性的特点。

当前，我国区域性综合整治主要以四川"金土地工程"、江苏"万顷良田建设工程"为代表，以土地整治与城乡建设用地增减挂钩相结合为主要特点，进一步调整优化城乡土地利用结构和布局，促进了新农村建设和城乡统筹发展。

（五）城乡建设用地增减挂钩

城乡建设用地增减挂钩是指依据土地利用总体规划和土地整治规划，将若干拟复垦为农用地的建设用地地块（即拆旧地块）和拟用于城乡建设的地块（即建新地块）共同组成拆旧建新项目区，通过土地复垦和调整利用，实现项目区内耕地面积有增加、质量有提高，建设用地总量不扩大、布局科学合理的土地整治措施。

第三节　我国土地整治发展阶段与展望

一、土地整治发展阶段划分

我国土地整治从实践中萌芽，初期主要任务和内涵边界并不清晰，笼统划分为农地整理和非农地整理两类。经过实践摸索，全国普遍开展的土地整治手段较为单一，即以补充耕地为主要目的的未利用地开发和少量的农田整治，这是我国土地整治发展的第一阶段。不过，此阶段也明确将耕地保护作为战略任务，成为我国土地整治的第1条主线。

随着未利用地大规模开发，耕地后备资源减少，以提高农田基础设施水平为主要目的的农田整治开始成为我国土地整治的主体，并不断深化为高标准农田整治，这是我国土地整治发展的第二阶段。

2004年左右，我国开始探索实施村庄整治，开展了城乡建设用地增减挂钩试点，之后又陆续开展了城镇低效用地再开发等一系列建设用地整治的试点工作，将节约用地纳入土地整治的主要任务，成为我国土地整治的第2条主线。同时，江苏、浙江等经济相对发达的地区将农田整治和建设用地整治相结合，实施整乡整村范围内的区域性土地综合整治，这是我国土地整治发展的第三阶段。

经历了上述3次大的调整，我国土地整治的目标任务重新实现多元化，但与初期相比，其内涵更加清晰，手段也更为丰富。当前，我国土地整治正处于第4次调整期，主要特征是绿色化的土地整治，如建设生态农田、修复受损土地、改善人均环境等，并正在成为我国土地整治的第3条主线，推动土地整治跨入第四阶段（郧宛琪等，2016）。

我国土地整治各阶段的主要特征详见表1-1。

表 1-1　　　　　　　　　我国土地整治发展阶段及其主要特征

阶段划分	主要特征	重点任务
土地整治 1.0	补充耕地	(1) 耕地保护；(2) 企业向园区集中，耕地向适度规模经营集中，人口向城镇集中"三集中"过程中的资源整合
土地整治 2.0	基本农田建设与保护	(1) 基本农田以建促保；(2) 高标准基本农田建设；(3) 高标准农田建设
土地整治 3.0	土地综合整治	(1) 城乡统筹，节约集约用地；(2) 增减挂钩，城镇低效用地再开发，工矿废弃地调整利用；(3) 全域土地整治
土地整治 4.0	山水林田湖	(1) 生态良田；(2) 美丽乡村；(3) 土地修复

二、土地整治发展方向

把生态文明建设融入农村土地整治的全过程，以促进城乡一体化发展和适应现代农业专业化、标准化、规模化和集约化发展要求为目标，以维护农民合法权益为前提，以集中连片推进为手段，开展多目标土地综合整治是未来我国土地整治的基本方向（冯应斌、杨庆媛，2014）。

（一）以生态文明建设为导向

生态文明作为人类文明发展的高级形态，是人类社会发展的终极目标，是人类正确处理人与自然关系，尊重自然、顺应自然和保护自然的行动准则。我国的资源、环境和生态系统已难以承载传统的发展方式，以生态文明建设为指引，走绿色循环低碳发展道路，从根本上缓解资源环境"瓶颈"制约。土地整治是对土地资源及其利用方式的再组织和再优化过程，是一项包含自然、技术、经济和社会因素的复杂系统工程，对区域土壤、水、植被及其生态系统类型、结构和功能产生直接或间接的影响。把生态文明建设融入土地整治的全过程，立足于改善生态环境，在土地整治项目选址、规划设计、工程施工等环节和过程中进一步强化生态理念及景观建设技术。将生态伦理道德、资源代际均衡以及公众意识等理念融入土地整治景观生态建设和生物多样性保护的生物措施和工程技术层面，在大尺度上构建生态板块和生态网络体系，在中尺度上强化景观多样性空间格局，在小尺度上提升景观生态功能性。在土地整治战略规划上，完善和提升城乡一体化绿色基础设施建设；在项目规划上，提升土地整治在食物和能源生产、景观塑造、生物多样性保护、水土安全和休闲游憩等方面的多功能性；在工程设计上，强化田块、沟渠、道路、防护林网等景观要素的生态设计。注重土地生态化整治与景观设计技术在不同区域、不同类型整治区的集成应用，从不同类型土地整治区地表植被及土壤动物与微生物区系恢复和重构、不同类型整治区生态化整治技术、不同类型整治景观设计等关键技术，并强调从物种、地块到整治区的多尺度生态化整治与景观空间优化配置的统筹设计。

（二）以农业现代化为基石

我国食物需求、农业多功能需求将持续增长，与此同时我国农业生产将面临自然资源数量稀缺和质量退化的约束、农业生产力增长乏力、农业生产经营规模小以及劳动力成本上升等挑战。家庭承包经营制度的先决条件明确了以小规模经营的兼业农户为主体是当前我国农业现代化发展的现实路径，通过大力推进以提高农业生产力为核心的现代农业发展水平既是新时期我国农业发展的战略选择，也是我国经济社会发展的必然要求。立足我国平原、山地、丘陵等不同地域类型，因地制宜地借鉴和综合欧美发达国家不同的农业现代化发展模式，围绕高产、优质、高效、生态、安全的现代农业发展目标，推动以产业化经营为重要技术路径的农业现代化发展。土地整治作为改善农业生产条件、增强农业基础设施抵御灾害能力的重要手段，在提高耕地质量和产出效益方面取得显著成效，促进农业生产经营专业化、标准化、规模化和集约化，为助推农业现代化夯实基础。以适应区域现代农业发展要求为目标导向，按照增强粮食综合生产能力、提升农业基础设施水平、转变农业生产方式、改善农业生产结构的基本原则，从整治重点、工程标准、运作方式等方面构建与之相匹配的土地整治模式。在工程配套层面，按照"生产提高、生态运行、生活改善"的总体要求，根据粮油、瓜果、蔬菜等不同农作物产业链需求，从技术方案、建设模式、建设标准与规程规范等方面对土地平整与集中、灌溉与排水、田间道路与农田林网、土壤改良与培育、农业机械化耕作与配套、农作物种植与管护等工程技术进行集成，提升农业机械化生产水平和经营效益，促进农民增收。

（三）以城乡一体化为目标

从当前我国城乡关系、现实情境、发展阶段以及目标实现来看，城乡统筹发展是突破二元结构、破解"三农"难题、实现全面建成小康社会的战略选择。城乡一体化发展，难点在农村落后的农业生产方式和产出水平，焦点在农村土地细碎及其基础设施条件差。土地整治是一个由"核心功能"（资源保障功能、粮食安全功能、环境友好功能）和"叠加功能"（统筹城乡发展功能、资源节约功能、社会和谐功能以及文化维护功能）共同构成的多功能集合体，是破解用地矛盾，促进乡村发展，助推新型城镇化的重要平台，被世界各国作为促进农村综合发展的重要动力和手段。在"保障农民权益、维持农村发展、维护农业安全"原则下，以土地综合整治为平台，对城乡空间布局、产业集聚、农田保护以及生态涵养等方面进行合理安排。基于可转移土地发展权、城乡建设用地增减挂钩等顶层制度设计，理顺城乡土地要素流动的政策支撑、资金保障和利益协调机制，完善农村各类基础设施，促进城乡均衡发展，实现城乡公共服务均质化目标。

（四） 以调整利益取向为前提

我国当前"保耕地、保发展"的两难处境中诸多要素叠加促生了以耕地"占补平衡"和城镇建设增加为目标的城乡建设用地增减挂钩政策，"增减挂钩"政策的实施对提高城乡土地资源配置效率、改善农村居住环境以及增加城镇建设用地数量等方面具有积极作用。然而，由于农民安置及土地权属调整不规范以及地方政府在城镇扩展过程中行为约束失范，地方政府在补偿标准、收益分配政策制定过程中处于主导地位，农民处于弱势地位，部分地方政府在"增减挂钩"政策试点过程中存在变相圈占农村集体土地、侵害农民利益等问题。针对上述问题，本书认为"增减挂钩"政策价值取向应以维护农民合法权益为行动准则，由"政府主导"向"政府引导"转变。以明晰农民土地产权为前提，在"增减挂钩"项目实施过程中保障农民对拆迁补偿标准、安置方式及其安置点选择、安置后生活成本等核心问题的自主选择权，强调公众参与和尊重农民意愿，按照"同权同价"原则，保障农民土地增值收益。同时，通过建立和完善"增减挂钩"试点项目立项与实施适宜性评价体系，对"增减挂钩"试点项目批准数量和节奏进行把控引导，显示其"试点"带动作用。

（五） 以集中连片推进为手段

我国土地整治实践表明，土地整治已经成为推动农业现代化和新农村建设的重要平台，成为促进区域协调和城乡统筹发展的重要途径。保障国家粮食安全是土地综合整治的首要目标，以推进新农村建设和统筹城乡发展为根本要求。同时，土地综合整治涉及领域多，牵扯各方利益，且我国目前总体上还处于转型发展时期，地域辽阔、区域自然条件差异显著，社会经济发展水平极端不平衡，区域土地综合整治目标任务和战略重点多元化趋势日益显化。人口、资源、环境和社会经济发展的不平衡，决定了我国土地综合整治不宜"照搬照抄"发达国家成熟的乡村发展模式。此外，我国现行农村区域"田、水、路、林、村"单项整治或综合整治思想理念、技术规范、管理体制和解决途径等方面明显缺乏协调。立足我国东部沿海快速城镇化区、中部传统粮食主产区、西部山区以及城中村、城乡结合部、农村腹地等不同尺度（层面）区域特色，突破现有体制机制制约，通过典型示范、技术集成、推广应用等途径进一步完善具有区域特色的土地综合整治模式。按照"全域规划、有序推进、分步实施、集中连片"的原则，进一步强化土地资源、资产与资本的"三重性"，将土地资源配置、土地资产收益和土地资本分配结合起来，建成一批具有区域特色的土地资源利用配置、土地整治工程支撑、土地资产保障的多层次系统集成示范基地建设，形成与区域经济社会发展阶段相适宜的土地综合整治理论和实践创新体系。

三、土地整治发展趋势

新时期我国将大规模推进农田水利、土地整治、中低产田改造和高标准农田建设，进一步加强粮食等大宗农产品主产区建设，探索建立粮食生产功能区和重要农产品生产保护区。土地整治将面临新的形势，机遇与挑战并存，在国家构建土地整治新格局下，展望我国未来土地整治重点，进一步发挥土地整治在统筹城乡发展和生态文明建设的重要平台作用，成为新型城镇化和新农村发展的有力抓手（王军、钟莉娜，2016；魏洪斌等，2017）。

（一）更加注重土地整治核心理论研究

土地整治的本质内涵及核心理论与目标的研究是工程技术和方法以及政策研究的基础，当前我国土地整治相对忽视本质内涵及核心理论与目标的研究，偏重工程技术和方法以及政策研究略有舍本逐末的嫌疑。今后的研究要加强土地整治本质内涵及核心理论与目标的研究，以本质内涵及核心理论与目标的研究推进工程技术和方法以及政策研究。

（二）更加注重土地整治生态效应研究

土地整治是缓和人口增长过快、资源短缺、生态环境问题突出等矛盾、推进生态文明建设的重要措施。当前的土地整治往往偏重于经济效益和社会效益，土地整治的生态问题尚未引起足够重视，且土地整治效益的评价方法单一，指标选择无统一标准，指标权重值的确定多为定性研究。随着生态文明理念的不断落实，应推动土地整治向生态型转变，未来土地整治应将景观生态学理念融入土地整治的规划、设计、施工等环节，开展低碳型土地整治，土地整治过程中注重生物多样性保护，加强对具有生态景观化的乡土工程技术的研究，构建具有地域特征的乡土景观风貌，统筹考虑污染及退化土地的生态修复，落实山水林田湖生命共同体的统一整治和管护，提升土地整治项目的生态景观服务功能，以土地整治为契机，在划定土地生态红线、构建国土生态屏障的同时，实现土地整治的"看得见山，望得见水，记得住乡愁"功能效应。同时，未来的研究应探索土地整治效应评价的新方法，完善评价指标体系，加强土地整治效应评价的定量化研究。

（三） 更加注重土地整治多尺度耦合研究

土地整治在不同尺度上具有不同的特征。已有较多研究探讨了某一单一尺度上的土地整治问题，提供了很多针对某一尺度的有益见解，但这些单一尺度上的研究在应用到其他尺度上时会出现各种各样的问题，尺度之间无法耦合，不利于建立普遍适用性的指标体系或模型。另外，在土地整治研究中尺度如何界定尚无定论，目前的研究多以行政尺度为研究对象。以行政尺度为研究范围开展土地整治研究是否合适尚待商榷。因此，亟须开展对土地整治的尺度研究，界定土地整治领域"尺度"的定义，探讨不同尺度上土地整治的特征，探索不同尺度上土地整治特征的耦合机制，不断丰富土地整治的理论基础。

（四） 更加注重发挥土地整治多功能性

随着我国工业化和新型城镇化进程的不断推进，土地整治已由过去的补充耕地数量、提升耕地质量、保障粮食安全的单一目标向生态环境改善、城乡统筹发展的多目标综合性整治转变。未来土地整治过程中应更加注重农用地与农村建设用地的多功能性，农地整治过程中实现产品供应、生态服务、文化景观、休闲游憩等多重功能，农村居民点承担着乡土文化传承、农业生产教育、乡村观光旅游及社会保障等多重功能，探讨土地整治对"三生"（生产、生活、生态）空间重构的助推机制，促进"三生"空间协调发展，探索发挥土地整治在精准扶贫、脱贫与农村生产力提升的功能，成为优化城乡统筹发展空间的有力支撑。

（五） 更加注重提升土地整治工程技术水平

我国土地整治已进入新时期，其土地整治的目标与重点也呈现多样化趋势。我国区域差异较大，应在明确土地整治重点区域和重大工程的基础上，结合整治方向与整治对象进一步深入研究土地整治工程技术，以发挥土地整治的最大综合效益，应基于粮食主产区、生态脆弱区、城镇发达区加强高标准农田建设工程、空心村整治工程、污染耕地修复工程，农田生态与乡村景观再造工程技术研究，在土地整治规划、设计、施工等方面，建立标准化的区域土地整治技术，加强土地整治工程技术集成与应用示范，推动土地整治工程的关键技术向生产实践转换，提高土地整治工程技术的适用性与可操作性，随着土地整治与高标准基本农田建设的深入开展，土地整治工程技术肩负着日益重要的时代责任，推进土地整治工程的理论基础、关键技术、工程实践、绩效评估，对土地整治工程提供科学有力支撑。

（六）更加注重完善土地整治监管运行机制

在当前土地整治实践中，政府行为起主导作用，农村集体与农户作为土地整治的产权主体只能被动接受，土地整治过程中公众参与严重不足，土地整治中应维护各方土地权利人的合法利益，揭示保护土地权利人的合法权益对实施土地整治成效的影响机理，明确土地整治中土地增值来源与分配关系，创新土地整治过程中土地增值收益分配模式，为土地整治实践中土地权利人获得增值收益、增加其财产性收入提供理论支撑；针对当前的土地整治监管运行问题，明晰政府与市场在土地整治中的职能定位，运用行政手段和经济手段对土地整治行为加以干预，进一步完善土地整治的法律保障制度体系，逐步构建法律、行政、经济、技术四位一体的土地整治监管运行体系，切实保障土地整治工程项目完成质量和实施水平，充分发挥土地整治技术在实际生产生活中的引领性作用。

第二章

我国土地整治规划编制及项目实施概况

第一节　我国土地整治规划编制历程与发展趋势

一、我国土地整治规划编制历程

人类改造自然、获得农业生产所需的土地的过程本质上就是土地整治的过程，我国早在3000多年前的殷周时期就对如何整治土地进行了有益的探索。新中国成立以来，我国的土地整治规划编制工作经历了"萌芽奠基—探索发展—体系初建—调整完善"的发展阶段（国土资源部土地整理中心，2014；汤怀志等，2016）。

（一）萌芽奠基阶段

新中国成立初期，我国有组织地在新疆、黑龙江、海南等地开展了大规模军垦，极大地促进了区域土地生产力的发展。同时，借鉴苏联大型农场规划建设模式，于1954年底建设了大型友谊农场，这是我国第一次有组织地开展土地规划工作。根据第一个五年计划的要求，尤其是党中央关于农业合作化和建立大型国营农场的决议和指示，该时期土地整治规划重点解决小农经济遗留下来的土地利用的不合理现象和农业合作化后安排集体生产有关的迫切需要解决的土地利用问题。1956年各地开展了农业合作社土地规划试点工作，当年在全国进行了280个社的规划试点。土地整治的诸多好处初现端倪，规划试点成效较好的社在实施整治后，耕地面积大幅增加，水利设施配套完善，水土资源得到合理利用，土地利用效率显著提高，改善了农民生活、生产状况。以试点为基础，规划工作得到迅速发展和全面推广，全国先后开展了

5000 多个社的试点。其后，规划围绕继续巩固人民公社经济的发展目标，主要任务是为实现农村技术改革创造土地组织条件。当时，人民公社积极开展了生产队按照机械化要求进行土地规划的试点工作，形成以机械化为主要内容的土地规划。1964 年全国农村掀起了"农业学大寨"运动，农田建设开始出现山、水、田综合治理的趋向。全国各地开始着手分期分批建设旱涝保收高产稳产农田，此时的土地整治规划初露端倪，包括土地平整、"田水路林"综合整治等各项内容。

这一时期土地整治规划从无到有，从苏联学习引进的规划方法和技术通过广泛的规划试点，按照当时人民公社的发展要求进行了调整改造，形成了我国土地整治规划的内容雏形。从编制范围来看，当时的土地整治规划一般以人民公社（相当于现在的乡镇）为基本单位组织编制，内容也更接近现在土地整治规划体系中的乡镇级或项目层次的规划设计，为形成我国土地整治规划体系奠定了基础。

（二）探索发展阶段

从 1966 年开始，我国土地整治规划进入十年浩劫时期。各地机械地搞"大寨式规划"，甚至完全不顾自然规律和经济规律，造成土地生产效率低下，土地资源退化。直至 1986 年，中央把"十分珍惜和合理利用每寸土地"定为国策，为土地整治规划事业指明了方向。1982 年原国家土地管理局发布的《县级土地利用总体规划要点》中，区域间跨社、队的大型土地改良、排灌系统建设、大型防护林带等内容成为指导区域性土地整治工作的重点任务。1987 年，原国家土地管理局在总结过去农业生产合作社和人民公社土地规划、城市规划及部分地区区域规划经验的基础上，第一次尝试开展了第一轮土地利用总体规划编制工作。于 1993 年经国务院批准实施《全国土地利用总体规划纲要（1987～2000 年）》，土地整治作为土地利用总体规划的重要组成部分，其主要任务是落实耕地总量动态平衡，在减缓耕地净减少、稳定农业生产等方面发挥了举足轻重的作用。

该时期土地整治规划作为土地利用总体规划的重要组成，主要是按照"开源"和"节流"并举的方针，围绕贯彻落实耕地总量动态平衡的要求，增加耕地数量，及时弥补耕地损失。但这一时期土地整治工作尤其是基层各项土地整治活动始终存在缺乏规划指导的问题，土地利用总体规划的操作性不足。为避免过度追求局部短期利益，国家土地管理部门开始酝酿和部署编制土地开发整理专项规划的需求也变得更加强烈和迫切。

（三）体系初建阶段

1994 年，美国世界观察研究所莱斯特·布朗发表的《谁来养活中国人？》一文引发了全国上下对耕地保护问题的热烈讨论，土地整治作为耕地保护最主要的手段，其作用逐步显现并逐渐为人们所认知。1997 年，中共中央、国务院下发了《关于进一步加强土地管理切实保护耕地的通知》，土地管理出现了大转折。文件明确"积极推进土地整理，搞好土地建设"。为增强土地利用总体规划对土地整治活动的指导性及可操作性，1999 年国土资源部下发的《关于切实做好耕地占补平衡工作的通知》中提出各级土地行政主管部门"要依据土地利用总体规划编制好土地开发整理专项规划"。2000 年 10 月，为引导土地整治工作有秩序、有步骤地合理开展，国土资源部颁布实施了《土地开发整理规划编制规程》（TD/T1011 - 2000），规程明确了规划的目标、任务和主要内容，明确了规划成果及其表达、规划评审与修改方式等，从整体上规范了土地整治规划编制工作，我国现代意义上的第一轮土地开发整理规划编制工作正式拉开序幕。

2002 年，为进一步加强和规范土地整理开发工作，制定、完善土地整理开发规划有关事项，国土资源部于 3 月、4 月、7 月接连发布《关于认真做好土地整理开发规划工作的通知》《关于印发〈土地开发整理规划管理若干意见〉的通知》《关于印发〈省级土地开发整理规划编制要点〉和〈县级土地开发整理规划编制要点〉的通知》。在这一系列文件中，土地整治规划的地位得到充分树立和体现，土地整治规划作为土地整治工作的龙头，是一切土地整治活动的依据，文件要求"凡没有土地整理开发规划的土地整理开发项目，一律不予安排"。

2003 年 3 月，《全国土地开发整理规划（2001~2010 年）》经部长办公会审查通过印发实施，各地纷纷行动，对规划编制空前重视，全国各省、自治区、直辖市及大部分县级行政单位都完成了规划编制工作。土地整治规划的地位得到了初步确立，我国初步构建了从国家、省到县的土地整治规划体系，并明确了各级土地整治规划的目标任务，形成了省、县级规划的内容、技术、方法体系框架。土地整治规划成为土地利用总体规划的补充和深化，其在指导土地整治活动中的作用得到全面加强。

（四）调整完善阶段

2008 年，《全国土地利用总体规划纲要（2006~2020 年）》发布实施，第一轮土地整治规划的期限逐渐临近，在这样的背景下第二轮规划编制工作拉开序幕。2010年 5 月，全国土地整治规划编制工作正式启动，同年 10 月，国土资源部下发《国土资源部关于开展土地整治规划编制工作的通知》，全面部署了省级土地整治规划编制及 14 个试点市、县的土地整治规划编制工作。2012 年 3 月，《全国土地整治规划（2011~2015 年）》经国务院批准正式颁布实施，明确了未来五年全国土地整治工作的方针政策和目标任务。此后，国土资源部依据全国土地整治规划相继安排了高标准基本农田建设、城乡建设用地增减挂钩、工矿废弃地复垦调整利用、低丘缓坡荒滩土地开发利用、城市低效土地二次开发等各类土地整治活动。土地整治规划编制标准体系建设方面，在原有土地开发整理规划编制规程的基础上，修订、完善并发布了《省级土地整治规划编制要点》、《市（地）级土地整治规划编制规程》（TD－T1034－2013）、《县级土地整治规划编制规程》（TD－T1035－2013）。

这一阶段，土地整治的地位不断上升，内涵和外延快速扩张。从国外土地整治发展经验和土地整治在我国的发展趋势来看，土地整治回归国土综合整治的本质内涵将是发展的必然方向。因此，当前土地整治规划要顺应经济社会发展的需要，在内容上更加丰富多样，目标更加趋于多元化。在土地利用总体规划这一15～20年的中长期谋划国土空间格局的规划体系中，土地整治规划更加强化实施型、滚动型定位，通过转变土地整治规划编制工作方式，主动衔接各级国民经济和社会发展五年规划，承载更多历史使命，支撑我国经济社会的升级转型。

二、我国土地整治规划发展趋势

（一）更加注重"全域规划"和"问题诊断"

从规划角度而言，"全域"是一种规划范式，是将各类土地整治活动囊括在一个地域范围内进行部署，打破城乡分治和规划内容的单项布局，强调整体地理环境背景和区域资源要素间的系统整合。随着土地整治规划体系和内容的不断完善，当前各级土地整治规划按整治对象进行分类管理的做法逐步得到调整。农用地整治、农村建设用地整治、城镇土矿建设用地整治、土地复垦和未利用地开发放在区域土地系统下统筹综合部署，避免了因类别化管理导致区域土地整治工程条块分割，土地整治项目孤立、分散进行。同时，土地整治规划编制中土地整治分区强调整治活动区域划分的做法得到改进，由于过度强调地域差异基础上的类别导向会削弱对土地系统的整体性考虑。因此我国未来土地整治规划需要加强推进"全域规划"范式的土地整治模式（李灿，2016）。

土地整治的重心在于缓解和消除土地利用的障碍因素，改善生态环境，提升土地资源整体环境质量。土地整治过程规划就是要突破传统蓝图式静态规划模式，发展一套强调过程式的动态规划方法来对应区域土地利用空间优化的重构问题。基于此，我国未来土地整治规划编制应注重问题诊断。主要体现在：一是土地整治规划从"问题"而非"目标"出发，强调从区域土地利用问题的诊断导出规划目标，回归规划本源，而不是静态地接受上级规划下达的任务指导。二是重"质量建设"而非"工程形式"，向提升农田质量，恢复与重建生态系统转变。三是强调规划"向后看"和"向前看"同等重要。四是面向"影响"而非"目标"进行规划评估。

（二）更加注重融入经济社会转型发展新内涵

土地整治作为调整生产、生活、生态空间格局的重要工具，是构建与之相适应的国土空间格局的基本手段，土地整治规划既要顺利完成土地利用总体规划布置的主要任务，更要主动适应、调整规划目标，按照国民经济和社会发展需求做好顶层设计，在任务设置、编制程序上与各级五年规划编制相耦合，主动融入经济社会转型发展新内涵（郧文聚等，2015）。

具体而言，一是凸显"绿色化"土地整治，探索实施生态良田建设、绿色基础设施建设，加强土地整治对地方山水景观格局塑造和对生物多样性的保护，加大退化、污染土地治理力度，优化生产、生活、生态空间格局。二是与精准扶贫相结合，更加注重土地整治促进全面建设小康社会的重要作用，着力改善贫困地区农业生产条件和生态环境，增强农户的自我发展能力，促进美丽乡村建设和城乡一体化发展。三是加强土地整治信息化，以信息化建设为依托，全面强化形成更加精准、快速、动态的土地整治实施监管体系，实现对各类土地整治活动"全面全程、集中统一"有效监管，以确保土地整治规范有序推进。

（三）更加注重规划编制思路创新发展

随着农业现代化、新型城镇化、城乡一体化、生态文明建设与依法治国的不断发展，我国的土地整治规划不断与时俱进，规划内容更加丰富多元、重点突出。在规划内容上，从关注补充耕地数量，到加强耕地数量保护和质量建设，改善农田生态环境，推进高标准农田建设，以及建设形成集中连片、设施配套、高产稳产、生态良好、抗灾能力强的高标准农田；在规划任务上，从农用地整理和未利用地开发，扩展到农用地整理、农村建设用地整理、城镇工矿建设用地整理，以及土地复垦和土地生态整治等各类土地整治活动。

因此，我国未来土地整治规划编制过程中，在突出区域特色、强调因地制宜的同时，在规划编制思路创新方面，还应注重以下几个方面：一是坚守耕地红线和生态红线，注重发挥耕地的多功能性。在坚守耕地红线的基础上，通过土地综合整治增加耕地面积，通过高标准基本农田建设提高耕地质量，全面提升耕地的综合生产能力，确保国家粮食安全。同时，注重发挥耕地的多功能性，如乡土文化传承、农业生产教育、乡村观光旅游及社会保障等功能，并重视生态型土地整治，包括农田林网建设、生态廊道建设、土壤污染修复等。二是切实维护土地有关权利人的合法权益。在城镇化、农业现代化及户籍制度改革的背景下，农地承包权和经营权分离，大量农用地发生流转，许多农民不再耕种土地，成为第二、三产业从业者，或者在城镇落户、就业及生活。经营、耕种农地的人不一定是原来意义上的农民，原来的农民概念也已不能包含所有权利人。因此，土地整治规划在创新发展的过程中，不仅维护农民的合法权益，而且维护各方土地权利人的合法权益，包括土地所有者（村集体）、农地承包权人和农地经营权人等。三是与有关规划和战略相衔接、协调。城镇土地整治重点开展低效用地再开发，促进用地格局优化，改善人居环境。农村居民点整治则注重改善农村人居环境、节约集约用地，并与新农村建设、新型农村社区建设、户籍制度改革、乡村产业发展及乡村景观和传统文化保护结合。农用地整治注重改善农业生产条件，促进农地规模经营及农业现代化等（汤怀志等，2014）。

（四）更加注重生态景观建设

我国"十二五"土地整治规划以空间规划和生态景观建设工程为切入点，落实生态文明建设战略，在各级土地整治专题规划中，探讨了生态景观建设问题，并列出了土地整治生态景观建设项目。我国未来土地整治规划编制过程中，需从以下几个方面更加注重生态景观建设。一是树立土地整治要呵护生命共同体的核心价值观，特别是采用定量化数据和指标，说明土地整治在落实这些国家战略上的重要性和科学性。二是以生态景观或绿色基础设施建设为抓手，将绿色基础设施多功能性提升规划有机融入原有的专题规划导则中，通过生态景观服务功能的定量化空间分析，科学合理地确定土地整治生态景观建设项目的空间布局，并对项目提出生态景观服务功能提升要求。三是高度重视当地人或业主对山水林田湖生命共同体的理解，以及他们的乡土知识和技术，构建不同地域生态景观化工程技术规程（郧文聚、宇振荣，2011）。

（五）更加注重公众参与

当前，我国土地整治规划编制采用的是政府主导，专业人员编制的"自上而下"的工作模式，这其中公众或利益相关者几乎不能参与到规划编制当中，规划目标设定也往往与现实问题之间产生差距。脱离了公众或利益相关者的参与，土地整治规划的动态调整机制将难以发挥作用。

我国土地整治规划在不断发展与完善的过程中更加注重依法保障群众合法权益，不断完善公共参与规划编制、项目设计与工程建设中的公众参与机制，依法维权和化解纠纷机制更加健全。现阶段应注重总结土地整治PPP模式、龙州小块并大块模式等基层典型经验，科学界定政府、公众、企业关系，提升规划对各方主体的服务能力。同时强调公众的参与，在构建土地整治过程规划的反馈机制中，规划的修订与完善设计了接受各种不同层面公众意见与建议的通道，这当中公众和利益相关者的反馈信息能够有效帮助实现规划过程的自我审视和检讨，进而不断改进整治项目的缺陷，增强了土地整治规划适应外部环境变化的能力。

第二节 我国土地整治项目实施概况

2001~2012年，我国通过土地整治补充耕地5000多万亩，超过同期建设占用和自然灾害损毁耕地面积之和，保证了我国耕地面积基本稳定。2000~2007年，国土资源部、财政部利用中央分成新增费安排3054个土地整治项目，总建设规模3730万亩，新增耕地677万亩，总投资450亿元。"十一五"期间，我国累积批准实施各级各类土地整治项目12.41万个，整治规模1107万公顷，规划新增耕地267.13万公顷，安排整治资金3274亿元（管祠等，2015）。我国的土地整治对国家粮食安全、社会主义新农村建设、城乡统筹发展和节约优先等战略起到重要的支撑作用。

一、土地整治项目规模情况

根据国土资源部"农村土地整治监测监管系统"数据，2006~2012年间，我国共计验收各级各类土地整治项目15.23万个，其中土地开发、土地整理和土地复垦项目分别为9.66万个、2.64万个和2.93万个，分别占项目总数的63.47%、17.31%和19.22%。土地整治项目建设总规模821.65万公顷，其中土地开发、土地整理和土地复垦项目的建设规模分别为207.03万公顷、582.25万公顷和32.37万公顷，分别占总建设规模的25.20%、70.86%和3.94%（徐国鑫，2013）。总体上，虽然我国土地开发项目在数量上占优势，但在建设规模中存在着土地整理项目规模最大、开发项目次之、复垦项目规模最小的特点。

从区域尺度来看，该时段内我国土地整治项目主要集中分布在华东、华中地区，其项目总量分别占我国土地整治项目的42.03%、29.84%；而东北、华北地区土地整治项目分布较少，仅占我国土地整治项目总量的2.53%、4.74%（杨绪红等，2013）。从省域尺度来看，该时段内我国土地整治项目主要集中在长江中下游地区的湖北、安徽、浙江和江苏省，华北地区的山东省和西南地区的贵州省、广西壮族自治区，而四川、云南、青海和西藏等省（区）分布较少（见表2-1）。

表2-1　　　　　　　2006~2012年我国土地整治项目数量空间分布统计

项目个数（个）	省份（自治区、直辖市）名称
项目个数≥10000	广西、安徽、浙江、江苏、贵州、山东（7个省、区）
10000＞项目个数≥5000	福建、广东、湖南、新疆、陕西（5个省、区）

项目个数（个）	省份（自治区、直辖市）名称
5000＞项目个数≥1000	辽宁、河北、山西、甘肃、河南、四川、重庆、江西、福建（9 个省、市）
1000＞项目个数≥100	云南、吉林、内蒙古、黑龙江、海南、北京、天津、宁夏（8 个省、区、市）
项目个数＜100	西藏、青海（2 个省、区）

二、土地整治项目新增耕地情况

2006～2012 年间，我国通过土地整治新增耕地面积 268.25 万公顷，新增耕地率为 32.65%。从该时段各省（自治区、直辖市）土地整治项目新增耕地数量来看（见表 2-2），新疆土地整治新增耕地面积 25.51 万公顷，为我国土地整治新增耕地面积最多的省（区）。其中山东、河南、新疆、辽宁 4 省（区）新增耕地面积 77.13 万公顷，占全国的 28.75%；江苏、浙江、广东、湖北、四川、吉林 6 个省新增耕地面积 75.37 万公顷，占全国的 28.10%。上述新增耕地面积大于 10 万公顷的 10 省（区）新增耕地面积占全国的 56.85%，而天津、上海、福建、海南、青海、宁夏、北京、西藏 8 省（区、市）新增耕地面积 14.70 万公顷，仅占全国的 5.48%。

表 2-2　　　　2006～2012 年我国土地整治项目新增耕地面积空间分布统计

新增耕地面积（万公顷）	省份（自治区、直辖市）名称
新增耕地面积≥15	山东、河南、新疆、辽宁（4 个省、区）
15＞新增耕地面积≥10	江苏、浙江、广东、湖北、四川、吉林（6 个省）
10＞新增耕地面积≥5	河北、山西、安徽、江西、湖南、内蒙古、广西、重庆、贵州、云南、陕西、甘肃、黑龙江（13 个省、区、市）
5＞新增耕地面积≥1	天津、上海、福建、海南、青海、宁夏（6 个省、区、市）
新增耕地面积＜1	北京、西藏（2 个市、区）

从新增耕地率来看（见表 2-3），青海、广东、天津 3 省（区、市）新增耕地率达到 80% 以上，其余省（区、市）新增耕地率均在 70% 以下。说明该时段内，上述 3 省（区、市）主要以土地开发为主；而北京、黑龙江、湖南、浙江、山东、海南、甘肃、重庆、四川 9 省（市）新增耕地率低于 30%，主要以土地整理为主。

表 2-3　　　　2006～2012 年我国土地整治项目新增耕地率空间分布统计

新增耕地率（%）	省份（自治区、直辖市）名称
新增耕地面积≥60	天津、广东、西藏、陕西、青海、新疆（6 个省、区、市）
60＞新增耕地面积≥50	山西、安徽、贵州（3 个省）

新增耕地率（%）	省份（自治区、直辖市）名称
50＞新增耕地面积≥40	上海、广西、辽宁（3个省、区、市）
40＞新增耕地面积≥30	河北、江苏、福建、江西、河南、湖北、内蒙古、云南、宁夏、吉林（10个省、区）
新增耕地面积＜30	北京、黑龙江、湖南、浙江、山东、海南、甘肃、重庆、四川（9个省、市）

三、土地整治项目投资情况

2006～2012年，我国土地整治项目累计投资2203.70亿元，单位建设面积投资额为2.68万元/公顷（1786.67元/亩），新增耕地单位面积投资额为8.22万元/公顷（5476.73元/亩）。从各省（区、市）土地整治项目投资总额来看，浙江、四川、山东、江苏、湖南、广东、河南7省投资超过100亿元，占我国总投资额的54.31%；而海南、青海、西藏3省（区）投资低于10亿元。该时段内土地整治项目投资集聚区主要分布在东部沿海地区的江苏、浙江、山东和广东，中部地区的河南、湖南和湖北，西部地区的四川、贵州（杨绪红等，2014）。

从单位建设面积投资额来看，该时段内土地整治项目单位建设投资额最高的上海市为11540.00元/亩，最低的吉林省仅为446.67元/亩。上海、浙江、广东、山西、陕西5省（市）超过3000元/亩，北京、天津、江苏、安徽、湖南、贵州、西藏7省（区、市）介于2000～3000元/亩，而内蒙古、宁夏、吉林、黑龙江4省（区）低于1000元/亩。从新增耕地单位面积投资额来看，我国最高的上海市为26140.00元/亩，最低的吉林省为1373.33元/亩。北京、上海、浙江、湖南、四川5省（市）新增耕地单位面积投资额超过10000元/亩，而内蒙古、西藏、青海、宁夏、新疆、吉林6个省（区）低于3500元/亩。

第三节　我国西南山地丘陵区土地整治实施概况

一、西南山地丘陵区概况

（一）区域概况

本书中西南地区是指西南三省一市，包括云南、贵州、四川和重庆，即我国综合自然地理区划中西南区所包括的范围。区内河流纵横，峡谷广布，地貌以高原和山地为主，是典型的山地丘陵区，广泛分布喀斯特地貌、河谷地貌和盆地地貌等（见表2-4）。气候属亚热带季风气候，雨量充沛，年均约1000~1300毫米，复杂多样的地形地貌、气候水热条件，使该区蕴含丰富的生物资源。

表2-4 西南地区地貌类型面积比例

名称	土地面积（万平方公里）	平地（%）	丘陵（%）	山地（%）	喀斯特面积比例（%）
四川省	48.41	10.45	18.08	71.47	26.40
重庆市	8.23	6.00	18.20	75.80	38.40
贵州省	17.62	4.90	14.80	80.30	61.90
云南省	38.32	5.00	14.20	80.80	28.10

根据《中国统计年鉴（2016）》数据，我国西南地区总人口为1.95亿人，占全国总人口的14%左右。但人口城镇化水平总体较低，仅重庆市人口城镇化率高于全国平均水平（56.10%），四川省人口城镇化率比全国平均水平低8个百分点以上，贵州、云南更是低于全国平均水平12个百分点以上。经济发展水平较低，贵州、云南两省人均GDP不足3万元，不到全国平均水平的60%。详见表2-5。

表2-5 西南地区2015年主要社会经济指标统计

名称	总人口（万人）	人口城镇化率（%）	人均GDP（元）	农民人均可支配收入（元）
四川省	8204	47.69	36775	10247.4
重庆市	3017	60.94	52321	10504.7
贵州省	3530	42.01	29847	7386.9
云南省	4742	43.33	28806	8242.1

（二）土地利用概况

根据2005年土地利用变更调查数据，西南地区农用地占土地总面积的比例在86%左右，其中耕地仅占17%；建设用地占3%左右，其他土地占11%左右（详见表2-6）。土地利用存在着以下特点：（1）土地利用结构不尽合理。贵州省建设用地面积小，仅占土地总面积的3.07%，低于区内的重庆市（6.92%）和相连的湖南省（6.32%），更低于我国中东部地区（7%~29%）；重庆市农村建设用地占城乡建设用地的77.62%，充分体现了大城市、大农村的土地利用特点；四川省城镇工矿用地和农村居民点用地面积分别为 28.31 万公顷、102.89 万公顷，人均城镇工矿用地面积和人均农村居民点用地面积分别为 104 平方米、155 平方米，城镇建设空间对全省快速发展的城镇化、工业化进程支撑不足，而农村居民点用地总量偏大，布局分散，用地粗放。(2) 耕地后备资源不足，开发难度大。贵州省未利用地中有 58.07% 是裸岩石砾地难以利用，加上经济滞后，造成土地开发利用难度大；四川省可供开发利用的成片后备耕地资源集中分布于攀西地区，由于灌溉条件的限制和生态保护的需要，可垦宜耕的后备耕地资源开发新增耕地潜力约为 8.49 万公顷，新增耕地潜力有限；重庆市可开发的耕地后备资源仅 5.00 万公顷左右，而且分布零散、自然条件差，开发难度较大；云南省山区半山区土地后备资源集中但自然条件普遍较差，开发利用难度大。(3) 土地生态环境脆弱。贵州省水土流失面积已达 732 万公顷，占全省总面积的 41.55%，石漠化面积达 376 万公顷，占土地总面积的 21.35%；四川省有近 40% 土地面积遭到水土流失的危害；重庆市水土流失面积达 400 万公顷，占土地总面积的 49%，石漠化面积 92.57 万公顷，占土地总面积的 11%；2005 年云南省耕地水土流失面积 395.87 万公顷，占总耕地面积的 64.96%；水土流失问题严重，土地生态建设任务十分艰巨。

表 2 - 6　　　　　　　　　　　　西南地区 2005 年土地利用结构

名称	土地总面积（万公顷）	农用地		其中：耕地		建设用地		其中：农村居民点		其他土地	
		面积（万公顷）	比例（%）	面积（万公顷）	比例（%）	面积（万公顷）	比例（%）	面积（万公顷）	比例（%）	面积（万公顷）	比例（%）
四川省	4840.56	4242.59	87.65	599.63	12.39	156.22	3.23	102.89	2.13	441.75	9.12
重庆市	822.69	694.50	84.42	226.27	27.50	56.91	6.92	36.08	4.39	71.28	8.66
贵州省	1761.53	1528.76	86.79	450.50	25.57	54.06	3.07	33.65	1.91	178.71	10.14
云南省	3831.94	3176.09	82.88	609.44	15.90	77.53	2.02	—	—	578.32	15.10

二、西南山地丘陵区土地整治实施概况

(一) 总体情况

根据《中国国土资源统计年鉴（2012 年）》土地整治项目竣工情况（见表 2 - 7），我国西南地区土地整治项目规模 39.98 万公顷，其中土地整理占 89.76%，土地复垦占 0.86%，土地开发占 9.38%；新增耕地约 7.10 万公顷，新增耕地率为 17.76%。从各省（市）来看，四川、重庆以土地整理为主，土地整理项目约占

95%，贵州以土地开发为主，土地开发项目规模占 68.51%，新增耕地率达到 64.05%。

表 2 – 7 西南地区土地整治项目竣工情况

名称	项目规模（公顷）				新增农用地面积（公顷）	其中：新增耕地面积（公顷）	新增耕地率（%）
	合计	土地整理	土地复垦	土地开发			
四川省	26379.88	25048.72	62.54	1268.62	5044.23	5015.79	19.01
重庆市	290305.55	284833.92	436.28	5035.35	34392.71	33305.65	11.47
贵州省	27335.83	7659.66	948.05	18728.12	17585.22	17508.13	64.05
云南省	55758.56	41289.98	2007.98	12460.6	15726.45	15156.37	27.18

（二）不同地貌区域土地整治特征

我国西南地区地质构造复杂，地貌类型多样，地势高差大，自然条件恶劣，土地垦殖率相对较高，土地整治的主要任务是通过改善农业生产条件和生态环境提高耕地质量。西南地区主要地貌类型有平原、丘陵、山地、喀斯特等，总结分析西南不同地貌类型区土地整治特征，为地貌复杂的西南地区的土地整治提供参考（吴兆娟等，2008）。

1. 平坝与河谷区。该区域土地整治的重点是确保农田基础设施的配套与完善，建设通畅的排灌系统，有条件的地方应该积极推广机械化，提高农业生产效率，田块设计时应该满足土地适度规模经营的要求，尽量减少机械损耗，提高作业效率。沿河沿江的地区还应加固堤防，有条件的还可通过退田还湖、还塘增加水域面积，以增强区域的滞洪蓄洪能力，保障农业生产的安全与稳定。

2. 丘陵地区。我国西南丘陵区农业人口较多，人均耕地较少，单位耕地面积人口承载力大，同时土地整理工程难度低于山地地区，通过土地整治增加有效耕地面积的潜力较大。因此，低山丘陵地区是当前进行土地整治的重点区域。

西南丘陵地区土地整治的重点应该是防止水土流失以及解决灌溉问题。在进行土地平整工程时，采取特殊的工程措施：（1）采取引土、培土，在小规模范围内对裸岩实施爆破加快风化速度等方法来增加土壤厚度；（2）在土地平整中先将表土剥离堆存，平整完毕后再将表土回填，以避免土地平整施工对微薄表土的破坏。排灌系统是农田系统的"脉络"，也是西南丘陵地区实施土地整治的重点工程。沟渠的布局应依丘陵地区不同地势而采取不同形式：（1）岗田地势高，主要怕旱，一般沿岗脊布置斗渠，在斗渠两侧开农渠，排灌结合；（2）冲田地势低洼，地下水位高，易涝易渍，应以排为主，结合灌溉；（3）塝田地面倾斜，坡度较大，按等高线修筑的梯田，主要怕旱，应以灌为主，结合排水，一般采用斗、农两级渠道，斗渠平行等高线布置，农渠垂直等高线布置。同时，由于丘陵地区受地形起伏影响，输水、取水困难，为保证稳定的水源灌溉，往往采用一些特殊的水利设施：（1）在两丘之间架设输水渡槽以便顺利过水；（2）在低洼之处设置"倒吸虹"便于有效取水；（3）在陡坡处设置跌水和跌水池，防止冲刷和水流流速过快，同时还可使沟渠灌排合一；（4）可依地势修筑堰塘就近蓄水，有效利用天然水，补充水资源。

3. 山地地区。西南山地地区相对高差大，地势起伏大，山坡陡长，容易造成水土流失，所以该地区土地整治的重点在保持水土，保护土地资源不受毁灭性破坏，确保土地作为资源的生产能力得以存续。其进行土地整治的一个重要内容就是调整土地利用结构，加大退耕还林力度，加强荒山荒坡造林绿化，努力提高森林覆盖率，从而强化西南地区的生态屏障作用。

在西南山地的山间盆地、宽谷或流经山区的河流两岸，常常形成面积大小不一的河谷平原。该区整治的重点是确保农田基础设施的配套与完善，建设通畅的排灌系统，有条件的地方应该积极推广机械化，提高农业生产效率，在沿河地区应加固堤防，保障农业生产的安全与稳定。

在西南山地低山、山麓等坡度较缓和的地带，土地整治的重点是防止水土流失和解决好山地灌溉问题。根据坡度不同，隔 10 ~ 34 米修田埂，田埂上侧截水沟和排水沟合二为一，可截留坡地径流，同时在径流量大时又可及时排水；田埂下侧建蓄水沟，拦蓄地表水，以供坡地旱作灌溉之用，并在坡地两侧沿山谷线修排水沟，在集水区域修蓄水池，拦蓄地表径流。

4. 喀斯特地区。西南喀斯特地区裸露石山占土地总面积的40%以上，土中岩石裸露，所以耕地分散，质量较差；该区石芽、溶沟、裂隙、溶斗、落水洞较多，地表水大部分渗漏于地下，地表储水困难；地面坡度较大，坡面较长，耕作方式（顺坡耕作）不合理，加之开发不当，导致水土流失、土地石漠化严重，属于典型的资源缺乏、环境脆弱、经济落后地区。耕地石漠化严重和水资源利用能力极差已成为制约喀斯特地区农业可持续发展的主要因素。

西南喀斯特地区的土地整治的重点应放在改善耕地的质量和提高水资源的利用能力上，坡改梯工程和水利工程是土地整治工程设计的主要部分。在实施坡改梯工程时，由于该地区岩石裸露多，土层较薄，需要采取爆破取土工程来增厚土层，同时将坡耕地改造为水平梯土或坡式梯土，减少水土流失，并且在修筑田坎时可考虑增加石坎的数量，充分利用该区裸露的岩石。水利工程设计时要结合地下泉水出露处，建造蓄水池和整修塘堰，提高对地下水的利用能力；要结合落水洞等天然排水处，建造排水系统，减轻暴雨危害。

(三) 重庆市土地整治实施概况

重庆市土地整治工作整体上从 2000 年起步, 大致经历了从新增耕地数量的单一目标到重视耕地质量、生态环境建设、重大工程及产业化发展、社会主义新农村建设与城乡统筹发展的多重目标; 从简单的单项 (田坎、坑塘改造、农村道路治理等) 土地整理到包含丰富内容的 (中低产田改造、农田基础设施建设、农村居民点改造, 田水路林村的综合整治与农业产业化布局及结构调整的方向相结合等) 综合土地整治的过程 (杨庆媛等, 2008)。

截至 2013 年底, 全市入库土地开发整理项目共计 3130 个, 实施规模 76.44 万公顷。其中市级投资项目 323 个, 实施规模 14.44 万公顷 (详见表 2 – 8); 区县级项目 2817 个, 实施规模 62 万公顷。全市实施 "基本具备" 高标准基本农田建设项目 6.68 万公顷, 实施 "稍加改造" 高标准基本农田建设项目 3.51 万公顷, 实施 "全面改造" 高标准基本农田建设项目 8.29 万公顷, 实施总规模 18.48 万公顷 (范垚等, 2016)。

表 2 – 8　　　　重庆市 2002 ~ 2013 年各区县市级农用地整治入库项目汇总

区县名称	项目数量 (个)	实施规模 (公顷)	平均规模 (公顷)	区县名称	项目数量 (个)	实施规模 (公顷)	平均规模 (公顷)
巴南区	17	4438.55	261.09	城口县	7	2004.15	286.31
北碚区	1	163.00	163.00	垫江县	10	4724.34	472.43
江北区	2	569.00	284.50	丰都县	13	7071.56	543.97
九龙坡区	2	1178.70	589.35	奉节县	7	3375.55	482.22
渝北区	4	2696.19	674.05	开县	12	4516.56	376.38
璧山区	5	3227.35	645.47	梁平县	16	6836.08	427.26
大足区	5	1660.50	332.10	万州区	18	6844.54	380.25
涪陵区	6	3276.06	546.01	巫山县	3	1735.76	578.59
合川区	14	7705.66	550.40	巫溪县	4	1971.35	492.84
江津区	16	4980.89	311.31	云阳县	13	3955.94	304.30
南川区	13	4903.41	377.19	忠县	15	7008.01	467.20
綦江区	8	4161.12	520.14	彭水县	9	3234.28	359.36
荣昌区	12	8233.22	686.10	黔江区	6	3000.43	500.07
铜梁区	12	7300.19	608.35	石柱县	12	5262.19	438.52
潼南区	12	4919.26	409.94	武隆县	8	3605.68	450.71
永川区	16	7804.07	487.75	秀山县	6	3047.78	507.96
长寿区	10	4631.20	463.12	酉阳县	9	4344.21	482.69

重庆市近年来市级土地整治项目多集中在城市发展新区和渝东北生态涵养发展区，项目总数达到 247 个，占到项目总数的 76.47%，规模达 11.28 万公顷，占总规模的 78.16%。其中，城市发展新区的项目又主要集中在江津、潼南、合川、永川和铜梁等区县，渝东北的项目主要分布在丰都、梁平、万州、忠县等区县。

各区县农用地整治项目平均规模普遍在 163 公顷到 686.10 公顷之间，差异较大，全市项目平均规模为 454.73 公顷。各区县农用地整治项目平均投资额在 1.15 万元/公顷到 7.95 万元/公顷之间，全市农用地整治项目平均投资额为 3.34 万元/公顷。

（四）贵州省土地整治实施概况

"十五"期间（2001～2005 年），贵州省实施 1450 个土地开发整理项目，完成土地开发整理面积 9.20 万公顷，比"九五"期末新增耕地 2 万公顷。该时段为贵州省土地整治全面推进时期，主要以农地整理为主要内容，以增加耕地面积，提高耕地质量为主要目标，并开始探索农地整理与村庄土地整治的结合。2001～2012 年，贵州省建设占用耕地总面积为 6.79 万公顷，累计开展土地整治项目 13000 多个，新增耕地面积 11.99 万公顷，基本完成了全省的耕地占补平衡任务。其中 2012 年贵州省完成土地整治项目 1279 个，项目实施规模 4.24 万公顷，新增耕地 2.81 万公顷，项目总投资 17.63 亿元（刘眭等，2014；李博等，2014）。

贵州省土地整治逐渐从农地整理向农地整理与村庄土地整治相结合的综合整治转变，并成为建设社会主义新农村、统筹城乡发展的重要抓手和平台。

第三章

区域土地整治规划编制

第一节　区域土地整治规划概述

区域土地整治规划是指根据国民经济和社会发展的需要及土地资源特点与利用状况，在土地利用总体规划的指导下，通过对一定区域内自然、社会、经济条件的综合分析和土地整治潜力的调查评价，制定土地整治目标，划分土地整治区域，明确土地整治重点，落实土地整治项目，指导土地整治活动所作的总体安排（樊彦国，2007）。

区域土地整治规划是各类土地整治项目的起点，是各项专项土地整治规划的先期工作，各类项目和专项规划必须以其为依据。编制区域土地整治规划的目的是在对区域土地利用现状分析和整治潜力评价的基础上，对土地整治的时空格局做出总体安排，并确定区域土地整治重点区域、重点工程和项目，进而明细土地整治的任务安排和保障措施。

一、区域土地整治规划体系和编制主体

（一）规划体系

我国区域土地整治规划体系与行政管理体系大致相当，即分为国家、省（直辖市、自治区）、市（地区、少数民族自治州）和县（县级市、区、旗），法定规划体系为4级。

近年来，随着土地整治内涵与功能的不断扩展，部分地方也在尝试编制乡镇和村级土地整治规划，并呼吁将我国的区域土地整治规划体系扩展到5级甚至到6级。《全国土地整治规划（2016～2020年）》也明确提出：乡（镇）、村可根据需要，组织编制乡（镇）土地整治规划和村土地利用规划，统筹安排生产、生活、生态用地，

整体推进农村土地综合整治。

同时，县（市、区）可结合实际，以土地利用总体规划和土地整治规划为依据，组织编制高标准农田建设规划、土地复垦专项规划、后备土地资源开发专项规划和城乡建设用地增减挂钩专项规划。

（二）编制主体

我国各级土地整治规划编制主体为同级人民政府，由同级国土资源管理管部门牵头负责规划编制的具体工作。

二、区域土地整治规划定位和任务

（一）规划定位

根据我国区域土地整治规划体系，全国土地整治规划是国家土地整治的战略指引，是指导全国土地整治工作的纲领性文件。省级土地整治规划是土地整治规划体系中承上启下的重要规划层次，为市、县级规划提供依据和指导。市、县级土地整治规划是实施性规划，是土地整治活动的基本依据，是土地整治规划体系的主体和关键。

省级规划是指导省级行政辖区内各项土地整治活动的基本依据，是促进"三农"发展和推进"三化"同步协调发展的重要举措，是统筹安排各类土地整治资金的重要手段，同时也是安排城乡建设用地增减挂钩、城镇低效用地再开发、低丘缓坡荒滩等未利用地开发等土地整治试点的重要依据。省级规划重点分解下达土地整治特别是高标准基本农田建设任务，确定重点工程和投资方向。

市级规划是落实省级规划的重要环节，是实施和深化市（地）级土地利用总体规划的重要手段，是指导市（地）级行政区土地整治活动的政策性文件，是统筹安排各类土地整治资金的重要依据。市级规划重点落实高标准基本农田建设、补充耕地任务，同时统筹安排农用地整理、农村建设用地整理、城镇工矿建设用地整理、土地复垦和宜耕后备土地资源开发等各类土地整治活动，促进土地整治工作全面、深入、有序开展。

县级规划是实施和深化市（地）级规划和县级土地利用总体规划的重要手段，是指导县级行政区土地整治活动的实施性文件，是土地整治项目立项及审批的基本依据，是安排各类土地整治资金的重要依据。县级规划重点确定土地整治和高标准基本农田建设的项目布局和工程措施，明确实施时序，提出资金计划安排。

总体而言，国家、省（直辖市、自治区）级土地整治规划重在战略布局和宏观调控及政策引导，市、县级土地整治规划立足实施，重在落实。市级土地整治规划具有承上启下的特殊地位，从区域、市域和村镇3个层面展开"市域全面规划、整村整镇推进"。县级土地整治规划按照"全域规划、全域设计、全域整治"的基本要求，进一步细化土地整治规划目标和功能分区，规范确定农村土地整治重点项目。

在当前实际工作中，一些学者针对现行土地整治规划体系中缺乏乡镇级土地整治规划的承上启下和统领村域层面土地整治项目规划设计缺乏细部指导，导致现行土地整治规划体系存在结构性问题，提出编制镇域土地整治规划（冯应斌等，2014）。认为镇域土地整治规划功能定位是乡（镇）级土地利用总体规划的实施性规划，是细化落实县级土地整治规划目标任务和指导村域土地整治项目规划设计的衔接性规划，是统筹镇域土地整治活动的纲领性文件及行动计划，是农村土地整治项目立项及审批的基本依据，统筹安排农用地整治、农村建设用地整治、宜耕后备土地资源开发、土地复垦和城镇工矿建设用地整治等各类土地整治活动，重点安排土地整治及高标准基本农田建设项目，促进土地整治工作全面、深入、有序推进。

（二）规划任务

土地整治规划的任务依据规划层级和地方实际需求综合确定，一般包括：（1）全面评价上一轮规划相关工作；（2）深入分析土地整治潜能；（3）开展土地整治重点问题研究；（4）明确土地整治的目标任务；（5）确定土地整治项目的重点布局安排；（6）制定保障土地整治规划实施的政策措施；（7）推进土地整治规划信息化建设。但不同层级的土地整治规划方案在内容要素方面各有侧重（见表 3-1）。

表 3-1   不同层级土地整治规划要素选择汇总

规划要素	全国规划	省级规划	市级规划	县级规划
规划战略	●	●	●	○
规划目标	●	●	●	●
潜力调查分析	●	●	●	●
重大（点）问题研究	●	●	●	○
土地整治重点区域	●	●	○	○
土地整治分区	○	○	●	△
土地整治重大工程	●	—	—	—
土地整治重点工程	—	●	●	—
土地整治示范项目	—	●	○	○
土地整治重点项目	—	△	●	○
土地整治项目	—	—	△	●
土地整治基础设施体系	—	—	○	●
生态网络	○	○	●	△
绿色基础设施	—	—	●	●

注：●表示"推荐"，○表示"选做"，△表示"可不做"，—表示"不推荐"。

三、区域土地整治规划范围和期限

（一）规划范围

各级规划范围为同级行政辖区内的全部土地，与同级土地利用总体规划的规划范围相一致。

沿海地区除现状土地外，规划期间自然和人工形成的土地应纳入规划范围。

（二）规划期限

规划期限一般为 5 年，可展望至 10 年。

四、区域土地整治规划编制程序

（一）编制组织

各级土地整治规划编制坚持"政府组织、专家领衔、部门合作、公众参与、科学决策"的工作模式，坚持各级人民政府主导，同级国土资源管理部门牵头，其他相关部门配合。建立以各级人民政府主要领导负责、相关部门负责人参加的规划编制协调和决策机构，负责审定规划编制工作计划、审查规划方案、落实规划编制经费，及时解决规划编制中的重大问题。

各级土地整治规划编制所需经费由同级财政部门统筹安排。根据财政部、国土资源部《关于印发〈新增建设用地土地有偿使用费资金使用管理办法〉的通知》规定，新增建设用地土地有偿使用费可用于土地整治管理支出，具体包括耕地后备资源调查、土地整治规划编制、耕地质量等级评价与监测、信息化建设、前期选址、立项报批和审核论证支出；项目实施和资金使用的监督检查、绩效考评支出；项目竣工后的新增耕地核查、后续管护、提高耕地质量等级支出等。

各级国土资源管理部门负责同级土地整治规划编制日常性工作，并按相关规定择优遴选技术实力强、列入土地规划机构推荐名录的土地整治技术单位承担规划方案制订、调查研究、成果编制等工作。同时，组建整治规划专家咨询组，切实发挥专家审查咨询作用。

（二）编制流程

土地整治规划编制是一项复杂的系统工程，一般包括"组织准备—调查分析—拟订方案—协调论证—评审报批"等环节。具体见图3-1。

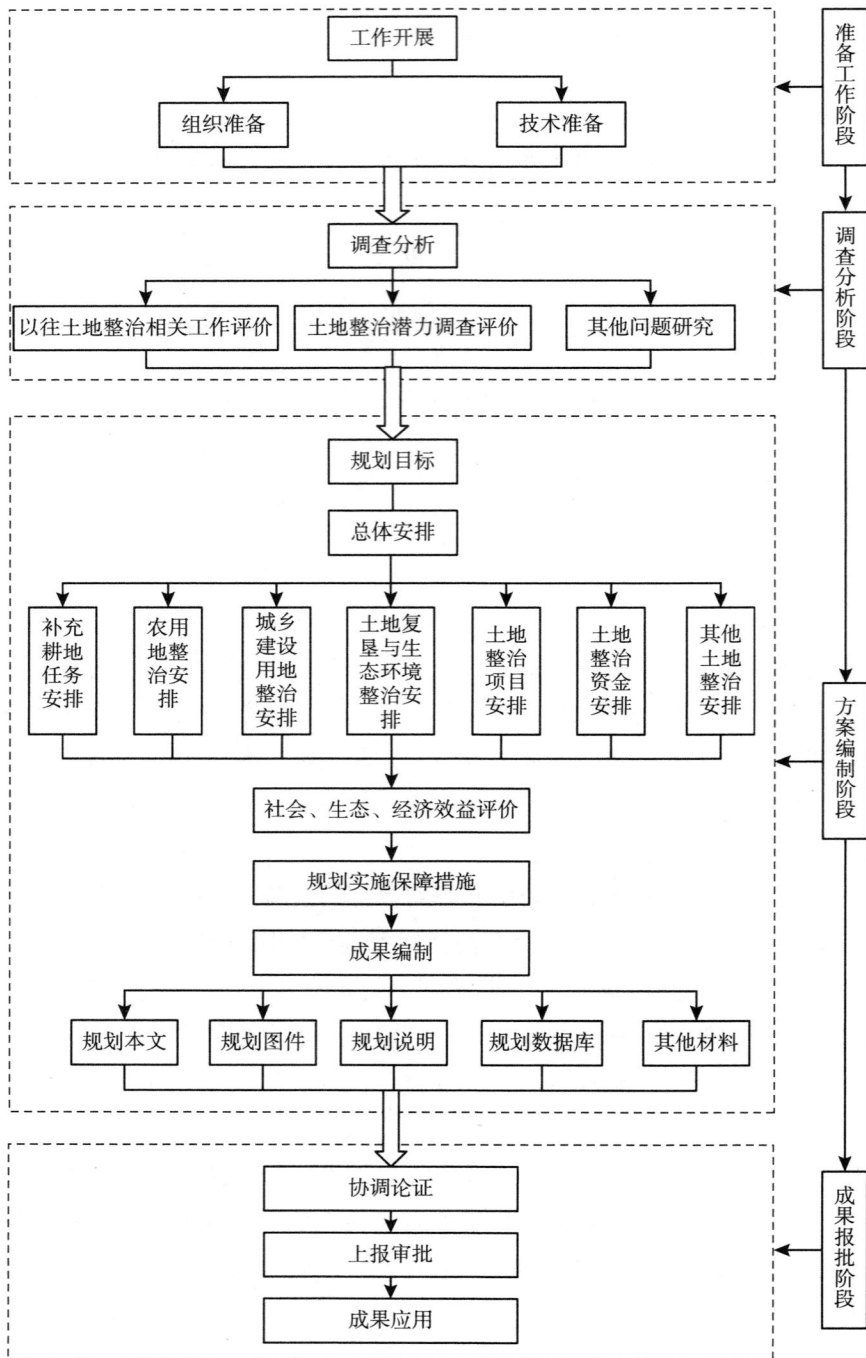

```
准备工作阶段
    工作开展
    组织准备      技术准备

调查分析阶段
    调查分析
    以往土地整治相关工作评价    土地整治潜力调查评价    其他问题研究

方案编制阶段
    规划目标
    总体安排
    补充耕地任务安排  农用地整治安排  城乡建设用地整治安排  土地复垦与生态环境整治安排  土地整治项目安排  土地整治资金安排  其他土地整治安排
    社会、生态、经济效益评价
    规划实施保障措施
    成果编制
    规划本文  规划图件  规划说明  规划数据库  其他材料

成果报批阶段
    协调论证
    上报审批
    成果应用
```

图3-1 区域土地整治规划编制流程

34

（三）审批实施

各级土地整治规划成果经专家咨询审查并修改完善后，将规划成果（需附征求意见及论证材料）报经上一级国土资源管理部门审核，并做好衔接后，由同级人民政府批准，同时需报上一级国土资源管理部门备案。全国土地整治规划由国土资源部组织编制，报经国务院批准实施。

各级土地整治规划经批准后，应向社会公告，必须严格执行，切实维护规划的权威性和严肃性。对规划成果实施状况进行动态评估、监测和预警，且规划成果的调整、修改应遵循有关规定进行。

第二节 区域土地整治规划编制指导思想和主要思路

一、区域土地整治规划编制理念与指导思想

（一）编制理念

1. 耕地保护和保障粮食安全。粮食安全是国家安全的重要组成部分，关系到社会稳定、经济发展和国家自立。要确保国家粮食安全、稳定粮食综合生产能力，必须有足够数量和质量的耕地做保障。我国人地矛盾十分尖锐，拟在相当长时期内，耕地问题始终是我国土地利用中第一位、最根本的问题。在土地整治规划中必须坚持保障粮食安全、坚守耕地红线的基本理念，始终围绕加强耕地尤其是基本农田建设，促进现代农业发展。

2. 节约和集约利用土地。节约和集约利用土地是当前区域土地整治规划最重要的目标和原则之一，在区域土地整治规划编制中，需将节约和集约用地这一目标和原则落实到具体的规划方案中，转化为具有可操作性的行动方案，从宏观到微观指导土地整治活动尤其是建设用地整治，从而切实提高土地利用效率，提升土地节约和集约利用水平。

3. 重视生态文明建设。区域土地整治规划有责任也有义务识别土地整治活动对生态、环境、景观等的影响，在保护生态环境的前提下合理安排各类土地整治活动，避免在土地整治过程中造成生态环境破坏，通过土地整治对区域生态系统进行系统的修复，促进整个生态系统的平衡和稳定。在区域土地整治规划中坚持生态优先原则，将生态理念和方法融入土地整治规划方案，并重视规划方案的生态论证，将保护和优

化生态系统作为区域土地整治规划的出发点和归宿。

4. 全域规划和全域整治。全域思想是针对当前土地整治工作中存在的注重局部效果而忽视区域全局效益的现象而提出的，它表明了土地整治规划应对区域全部土地的所有土地整治活动做出全局、统筹安排。区域土地整治规划的编制应遵循系统观的思想，全局着手、统筹考虑，尤其是我国各地资源禀赋、经济社会条件不一，所遇到的问题千差万别，必须跳出局部地域空间，整体考虑。另外，土地整治活动涉及范围广、部门多，必须通过统筹协调，防止低水平的重复、无序建设，才能保障实现土地整治规划目标。

5. 强化部门和公众参与。编制区域土地整治规划时，应秉持公众参与的基本理念，不断探索公众参与的方法与途径。其中最为重要的是明确土地整治规划公众参与的主体，应该是所有规划利益的相关者，重点是农业、环保、水利等相关部门和当地的相关企业、组织和农户等。其次，在规划编制过程中就应当通过各种渠道加大对土地整治规划的宣传力度，调动公众参与土地整治规划的积极性，拓宽公众参与的广度，从而提高土地整治规划的可行性。

（二）指导思想

编制区域土地整治规划要以土地利用总体规划和有关法律、法规、政策为依据，认真贯彻"十分珍惜、合理利用土地和切实保护耕地"的基本国策，坚持最严格的耕地保护制度和最严格的节约集约用地制度，以"创新、协调、绿色、开发、共享"五大发展理念为指引，以提升粮食产能为目标，以促进城乡统筹发展为导向，以助力脱贫攻坚为要求，以保护生态环境为保障，大力推进高标准基本农田建设和城乡建设用地整治，加大土地复垦和土地生态整治力度，优化城乡用地结构布局，实现土地资源高效利用，促进经济社会可持续发展。

二、区域土地整治规划编制原则和思路

（一）编制原则

在坚持区域土地整治规划编制理念、指导思想的前提下，规划编制应遵循以下原则：（1）坚守耕地红线原则；（2）促进"三农"发展原则；（3）促进城乡统筹原则；（4）维护群众合法权益原则；（5）坚持上下结合，与相关规划相协调原则；（6）坚持因地制宜、量力而行原则。

（二）编制思路

总体上，区域土地整治规划编制应对上一轮规划实施评价基础上，对当前经济社

会发展形势和土地利用面临的突出问题进行系统分析基础上，客观评价土地整治潜力，进而制订规划方案和提出相应的保障措施。

"十三五"时期，我国区域土地整治编制思路应注重如下几个方面：（1）在内涵上，更加凸显国土综合整治、绿色化土地整治，强调与精准扶贫相结合，服务于国家重大战略；（2）在目标上，着重突出四条主线，即高标准基本农田建设、建设用地节地、贫困地区土地综合整治、绿色化土地整治；（3）在抓手平台上，继续实施116个基本农田保护示范区、500个高标准基本农田建设示范县建设，实施10个土地整治重大工程；（4）在保障措施上，更加注重实施土地整治、加强政策统筹、注重市场化导向、完善公众参与机制。

第三节　区域土地整治规划编制前期重大问题调查研究

一、上一轮土地整治规划实施评价

（一）目的与任务

对上一轮整治规划实施情况进行评价的首要目的是全面分析上一轮规划的实施效果，规划实施期间区域土地整治规划目标、任务和各项指标的落实情况；通过总结上一轮整治规划工程实施中正反两方面的经验教训，提出改进整治规划编制和实施的对策建议，为提高新一轮土地整治规划的编制水平和土地整治管理工作质量奠定基础，积累经验。

对上一轮整治规划实施评价的主要任务包括：调查、分析上一轮规划期内区域土地利用变化情况及社会经济的发展变化情况；评价上一轮土地整治规划目标和任务的实现程度及规划指标的落实情况；评价规划实施的经济、社会、生态效益；结合区域社会经济发展需要以及国家（省、自治区、直辖市）对土地整治的新要求，明确新一轮规划编制的必要性；总结上一轮规划实施的不足，提出改进规划编制和实施管理的意见建议。

（二）主要内容

1. 上一轮土地整治规划背景。主要介绍上一轮土地整治规划编制的经济社会发展背景、相关政策背景、规划基本情况（包括规划范围及期限、主要目标及任务）等。

2. 规划目标完成情况。主要包括上一轮土地整治总体目标实现情况；上一轮土地整治增加耕地的数量、分布，规划目标实现程度；开发宜农未利用地增加耕地数量、分布，规划目标实现程度；土地复垦增加耕地数量、分布，规划目标实现程度；城乡建设用地增减挂钩项目实施情况。区域土地整治重大工程及重点项目实施情况、资金筹措与落实情况等。提出上一轮规划目标的实现程度，并分析其原因。

3. 规划实施效益情况。根据上一轮规划实施期间的土地整治项目安排情况，区分不同项目类型，从经济效益、社会效益和生态效益等方面设定合理的评价指标（其中定量指标包括增加粮食产能、增加农田基础设施配套面积、增加田块集中和机耕面积、改善水土流失面积、推动城镇人口等），评价上一轮规划实施的总体效益。

4. 土地整治政策和规划实施保障措施执行情况。分析上一轮规划实施保障措施（政策、资金）的执行情况，总结不足，提出上一轮规划实施期间重大政策调整和执行情况。

5. 规划实施或土地整治存在的问题分析。从目标落实、政策配套、资金保障、项目实施管理、与相关规划衔接等方面进行系统分析，着重按照上一轮规划提出的目标任务，总结土地整治项目的实施落实情况，提出不同项目类型的分布区域和新增耕地目标完成情况，总结土地整治项目区域分布特点，提出重点区域、重点工程和重点项目的落实情况，提出补充耕地区域平衡方案的执行情况。

6. 新一轮土地整治规划编制及实施管理建议。针对上一轮土地整治规划编制、实施过程中存在的突出问题，提出新一轮土地整治规划重点任务、重点区域和重点工程的安排建议，以及新一轮土地整治规划实施管理的政策、法规和资金使用等方面的建议。

二、土地整治潜力调查评价

（一）土地整治潜力概述

1. 土地整治潜力概念。"潜力"是指在一定时期、一定生产力和某种既定用途下，某一指标可能提高或节约的能力。土地整治潜力是指在一定时期和一定生产力水平下，针对某种土地用途，通过采取行政、经济、法律和技术等一系列措施使待整治的土地资源增加可利用空间、提高生产能力、降低生产成本、改善生态环境、调整产权关系的潜在能力。

土地整治潜力具有相对性，潜力的大小取决于土地利用现状和当地土地整治的标准；也是经济、生态可行约束下的潜力（张正峰、陈百明，2002）。土地利用潜力是相对于一定的自然条件与生产水平而言的潜力，就潜力大小而言，土地整治潜力总是小于土地利用潜力。土地整治潜力与土地利用潜力关系详见图 3-2。

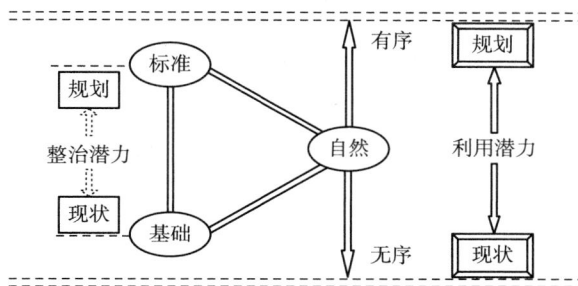

图 3 - 2 土地整治潜力与土地利用潜力关系

2. 土地整治潜力调查。土地整治潜力要通过一定的调查与评价才可能获得体现，即借助经济、技术、行政和法律等一系列方法来释放、挖掘土地资源的内在潜力。在充分利用全国第二次土地利用现状调查、土地变更调查和耕地后备资源调查等现有资料基础上，采用问卷、抽样等形式，对各种不同类型整治区域的整治条件、整治规模、主要限制性因素等进行重点调查，全面分析和评价土地整治潜力的数量和空间分布。

在土地整治潜力调查方法上，主要划分为典型调查和全面调查。典型调查主要结合当地情况划分出若干个土地整治类型区，分区一般不打破乡镇级行政区界限，在各类型区内，分别选取具有代表性的典型乡镇开展调查。全面调查主要以召开座谈会、资料收集、填写问卷、实地踏勘、走访农户等形式开展，其中市级规划以乡镇为单元，县级规划以行政村为单元。同时，不同整治潜力类型、规划层级采用不同的调查方法（见图 3 - 3）。

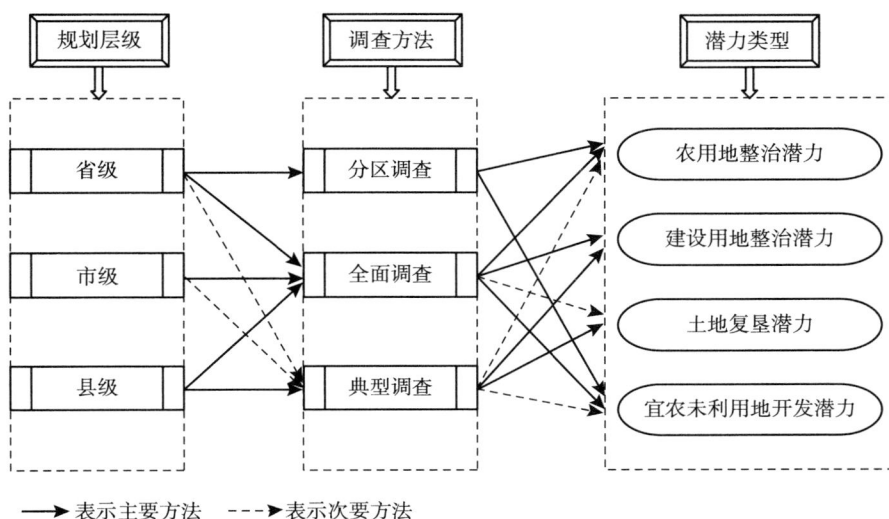

——▶ 表示主要方法　---▶ 表示次要方法

图 3 - 3　不同规划层级的整治潜力调查方法对应关系

3. 土地整治潜力测算流程。土地整治潜力测算内容包括：（1）潜力来源分析；（2）潜力评价分级；（3）潜力结果与可实现程度。土地整治潜力测算的一般程序为：（1）划分潜力测算单元；（2）根据调查分析评价进行潜力测算；（3）对潜力测算结果进行汇总分级，进而确定土地整治规划目标和重点区域。土地整治潜力测算流程详见图3－4。

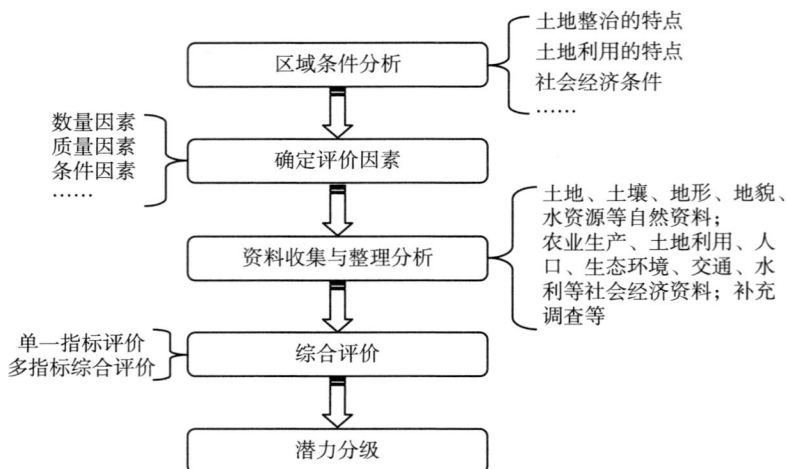

区域条件分析 —— 土地整治的特点
土地利用的特点
社会经济条件
……

数量因素
质量因素 —— 确定评价因素
条件因素
……

资料收集与整理分析 —— 土地、土壤、地形、地貌、水资源等自然资料；农业生产、土地利用、人口、生态环境、交通、水利等社会经济资料；补充调查等

单一指标评价
多指标综合评价 —— 综合评价

潜力分级

图3－4　土地整治潜力测算流程

（二）农用地整治潜力评价

1. 相关基础概念。农用地整治潜力内涵，是指采取工程、生物等措施，平整土地、归并零散地块，建设道路、机井、沟渠、护坡、防护林等农田和农业配套工程，增加耕地面积，提高耕地质量、降低生产成本、提高生产潜力以及产权关系调整和提高生态价值等方面的幅度。

农用地整治潜力类型包括耕地、园地、林地、牧草地，重点是耕地中的基本农田。农用地整治对象包括：（1）利用率较低、有很多闲散地的耕地；（2）质量差、产出率低的耕地；（3）利用率、产出率均很低的耕地。农用地整治潜力指向主要为耕地数量的增加潜力和耕地质量的提高或生产能力的提高。农用地整治潜力来源主要为整理区域中的田间道路、林网、沟渠、坟地、零星建设用地和未利用地的减少。

2. 农用地整治补充耕地调查方法。主要有两种调查方法：（1）整体调查法，即以乡镇为单位，采用实地抽样调查与问卷调查相结合，调查各村通过整治新增耕地的系数与待整治区域的面积（包括耕地及其零星地物面积），调查样表详见表3－2。（2）分坡度调查法，即以乡镇为单位，按各村集中连片耕地的总体坡度（按照0～6

度、6~15度、15~25度三个级别进行划分），分别选取典型样区进行调查，其中典型样区面积应为该村该类型耕地面积的10%以上，重点调查耕地中沟渠、道路、田坎、坟地、零星建设用地和未利用地等面积之和占耕地面积的比例，调查当前社会、经济和技术条件下，集约利用水平较高的耕地内沟渠、道路、林网、田坎等面积之和占所在耕地区总面积的比例，调查样表详见表3-3。

表3-2　　　　　　农用地整治潜力补充耕地调查表格（整体调查法）

乡镇名称：　　　　　　　　　　　　　　　　　　　　　　　　　　单位：公顷，%

村名	待整治区面积	新增耕地系数	新增耕地面积
×××			
×××			
合计			

表3-3　　　　　　　农用地整治潜力补充耕地调查表格（分坡度调查法）

乡镇名称：　　　　　　　　　　村名：　　　　　　　　待整治区域面积：

序号	坡度（度）	农村道路		沟渠		田坎		零星地物（平方米）	样区总面积（公顷）
		长（米）	宽（米）	长（米）	宽（米）	长（米）	宽（米）		
1									
2									
n									
合计									

3. 农用地整治潜力测算方法。农用地整治潜力测算一般包括数量潜力和质量（产能）潜力测算两个方面。农用地整治数量潜力测算方法通常有两种，方法一计算公式：

$$\Delta S = \sum_{i=1}^{n} (\alpha_i \times S_i)$$

$$\alpha = \frac{\Delta S}{S}$$

式中：ΔS 为乡镇新增耕地面积（公顷）；n 为某乡镇的行政村个数；α_i 为某行政村新增耕地系数（%）；S_i 为某行政村待整治区面积（公顷）；α 为乡镇新增耕地系数（%）；S 为乡镇待整治区总面积（公顷）。

农用地整治数量潜力测算方法二计算公式：

$$\alpha_{di} = A_{di} - A_{bi}$$

$$\Delta S = \sum_{i=1}^{n} (\alpha_{di} \times S_i)$$

$$\alpha = \frac{\Delta S}{S}$$

式中：α_{di} 为典型样区新增耕地系数（％）；n 为典型样区坡度级别的个数；A_{di} 为典型样区中沟渠、农村道路、林网、田坎、坟地、零星建设用地和未利用地等面积之和占典型样区面积的比例（％），各坡度级别样区分别计算；A_{bi} 为设定的与典型样区同坡度类型区集约利用水平较高的耕地中沟渠、农村道路、林网、田坎等面积之和占耕地区面积的比例（％）；S_i 为与典型样区同坡度级别待整治耕地区面积（公顷）。

农用地整治质量（产能）潜力测算计算步骤和方法为：

（1）确定耕地单产水平。按照预测整治后测算单元的平均利用等等别，确定其对应的标准产量。

（2）计算新增耕地产能。计算公式为：

新增耕地产能 = 新增耕地面积 × 整治后耕地单产水平

（3）计算耕地质量提升产能。计算公式为：

耕地质量提升产能 = 待整治耕地面积 ×（整治后耕地单产水平 − 整治前耕地单产水平）

（4）计算耕地整治质量（产能）潜力值。计算公式为：

耕地整治质量（产能）潜力值 = 新增耕地产能 + 耕地质量提升产能

4. 农用地整治潜力评价结果分级。农用地整治潜力评价结果分析主要考虑规划体系层级的对应问题，其中省级土地整治规划一般以县（区、市）为分级单元较为适宜，市、县级规划以乡（镇）为分级单元较为合适，有条件的地方，县级规划分级单元可以行政村为单元。潜力级别的划分应根据各分级单元的数量和潜力值的差异幅度综合确定，潜力级别一般以 3~5 个级别为宜。

（三）农村建设用地整治潜力评价

1. 相关概念。农村建设用地整治潜力内涵，是指通过对现有农村居民点改造、迁村并点等措施，可增加的有效耕地及其他用地面积。

农村建设用地整治主要包括农村集体建设用地中的闲置、空置和利用效率较差的土地。可以概括为三个主要类型：农村居民点用地、农村工矿废弃地和砖瓦窑用地，其中农村居民点用地是农村建设用地整治潜力的主要来源。

2. 农村建设用地整治潜力调查方法。

（1）以乡镇为调查组织单位，调查农村建设用地面积、人口、人均建设用地标准，为分析测算农村建设用地整治新增耕地系数和面积提供基础数据。

（2）以乡镇为调查组织单位，调查各自然村农村居民点用地面积、闲置土地面积、户数、人口、人均建设用地标准、当地宅基地标准及村镇规划安排，为确定农村建设用地整治潜力的空间分布提供基础数据。该调查的主要目的是为划定农村建设用地整治项目提供依据。因此，调查应具有针对性，如选择用地规模和人均、户均用地面积较大，集中程度较低的村庄进行实地调查。

3. 农村建设用地整治潜力测算方法。农村建设用地腾退规模的测算主要有以下几种：

（1）人均建设用地标准法，参照相关人均建设用地标准，现状用地超过标准的部分即为农村建设用地整理复垦理论潜力。计算公式为：

$$\Delta S = S_{现状} - B \times Q$$

式中：ΔS 为农村建设用地整治潜力面积（公顷）；$S_{现状}$ 为基期年农村居民点用地面积（公顷）；B 为人均用地标准，参照村镇建设标准和当地宅基地标准，并通过对当地经济发展状况、农民收入水平、农村建房质量和周期、风俗习惯等因素的调查，分析确定规划期末农村居民点规划人均建设用地标准（平方米/人）；Q 为规划目标年农村总人口（人）。

（2）户均建设用地标准法，参照相关户均建设用地标准，现状用地超过标准的部分即为农村建设用地整理复垦理论潜力。计算公式为：

$$\Delta S = S_{现状} - A \times M$$

式中：A 为户均建设用地标准（平方米/户）；M 为规划目标年农村总户数（户）。

（3）农村居民点闲置土地抽样调查法，选取能代表整个评价区域农村居民点闲置情况的典型村庄作为样点，调查其内部闲置土地面积和土地闲置率，以此推算整个区域农村居民点的整治潜力。计算公式为：

$$\Delta S = S_{现状} \times a$$

式中：a 为调查区域农村居民点平均闲置率。

上述几种常用方法具有原理简单、操作简易等特点。由于对农户数量、家庭人口规模变化缺乏准确预测，人均/户均建设用地标准法测算的农村建设用地整治潜力仅为理论潜力。闲置土地抽样调查法测算出的闲置土地面积基本上可以转化为现实潜力，但在实际操作中需根据废弃、空置、低效利用等不同类型的闲置土地在时间序列上转换的难易程度，确定近期潜力和远期潜力。同时，为克服上述几种传统潜力测算方法的缺陷，近年来一些学者提出了多因素综合潜力测算法和利用高精度遥感影像判别整治潜力的遥感判读法（屠爽爽等，2015）。

（四） 城镇工矿建设用地整治潜力评价

1. 城镇工矿建设用地整治类型。

（1） 危旧房整治。城镇危旧房一般位于城镇的中心区域，由于建筑年代比较久远以及我国城镇发展的不连续性，无论是建筑物本身还是周边居住环境都已经不适应现代城镇的发展。这类区域土地利用比较显著的特点是土地投入较少、基础设施条件较差、公共设施和绿地较少、土地人口承载量不高、建筑密度较高但容积率却很低。

（2） 工业用地整治。这类土地的特征是土地利用率较低，大量的工业用地位于城镇中较好区位，并且与周边商业、住宅用地混杂，导致城镇布局与功能混乱，不能发挥城镇中心区有限土地资源的最佳利用效益，进而影响城镇总体功能。

（3） 城中村整治。所谓城中村，是指由于城镇化快速推进而把周边地区部分村庄以及农用地一起纳入城镇用地范围，而原有的村庄用地却没有转为国有，纳入城镇系统中来，在仍然属于集体所有的土地上以居住功能为主且深受城镇影响的农村社区。这类土地利用的特征与城镇中的危旧房区具有相似之处，即单位土地投入较低，基础设施、服务设施条件均很差等。这类土地一般处于城镇的边缘区，但在一些中小城镇内其范围甚至可能涉及城镇的中心区。

2. 城镇工矿用地整治潜力测算方法。

（1） 以人口容纳能力为依据的计算方法。《城市用地分类与规划建设用地标准》规定了城镇人均占地标准，以及人均占用不同类型土地（如住宅用地、工业用地、绿地等）的标准。在计算时，人均占地总标准的确定原则上以《标准》为依据，根据每个城镇的经济发展水平、经济和产业结构、自然地理环境等，进行具体分析。那么：

节约土地面积潜力＝现有城镇建成区土地面积－城镇常住人口×人均占地总标准

（2） 以容积率为依据的计算方法。此方法主要用于计算节约土地面积的潜力。城镇用地整治主要是通过提高容积率来达到节约土地面积的目的。目前，我国大部分城镇的容积率都太低，没有达到理想的容积率水平。假设通过城镇整治可以使城镇土地都达到理想容积率水平，则可以根据理想容积率（E）与实际容积率（F）的差值计算节约土地面积的潜力，即：

节约土地面积潜力＝现有城镇建成区土地面积×（E－F）/E

该方法的关键是确定理想容积率（E）。不同城市的理想容积率（E）受城市的经济发展水平、城市的经济和产业结构、城市的自然地理环境等因素的影响，但其关系比较复杂。

（3） 其他方法。除上述两种方法之外，可以根据城镇土地利用结构的状况，宏观上分析城镇土地整治的潜力。而这种方法从两个方面进行具体分析：一是城镇土地利用结构调整表现出的潜力，主要是用地规模效应较低的工业用地的调整表现出的潜力；二是城镇建成区内未利用土地、闲置土地面积比例分析城镇土地整理的潜力状况。

（五）土地复垦潜力评价

土地复垦潜力分析评价与潜力分级，在方法上与农用地整治潜力总体上基本一致，但在调查内容、调查方法上有较大差异。土地复垦潜力调查分析以乡镇为单位，根据乡级土地利用现状图，按图斑对废弃地进行调查（已计入土地整理范围的废弃地应不予以调查）。主要调查废弃地的面积、坡度、有效土层厚度、土壤质地、水源保证情况、有无限制因素、是否适宜复垦、可复垦为耕地的面积和系数，以及可复垦为其他农用地的面积。调查样表详见表3－4。

表3－4　　　　　　　　　　　土地复垦潜力补充耕地调查表

乡镇名称：

| 图幅号 | 序号 | 图斑号 | 面积（公顷） | 坡度（度） | 有效土层厚度（厘米） | 土壤质地 | 水源保障情况 | 适宜复垦方向 | | |
								适宜复垦面积（公顷）	复垦为耕地面积（公顷）	复垦为其他农用地面积（公顷）

土地复垦潜力调查对象主要包括：（1）露天采矿、挖沙取土、烧制砖瓦、工程建设等挖损地；（2）地下采矿、工程建设挖空后形成的地表塌陷地；（3）排放废石、废渣、矸石、尾矿、粉煤灰和垃圾等压占地；（4）自然灾害损毁地；（5）其他可复垦的废弃地。

土地复垦潜力调查的过程本身也是适宜性评价的过程。土地复垦适宜性的主要判断标准为坡度一般小于45度，地表覆盖物以非砾石为主。而适宜复垦为耕地的判断标准为水源有一定的保障，坡度在25度以下、地表有效土层厚度在20厘米以上。

（六）未利用地开发潜力评价

在对未利用地开发潜力评价时，首先应采用未利用地适宜性评价系统对未利用地的适宜开发方向进行评价。其评价系统详见表 3 – 5。

表 3 – 5　　　　　　　　　　　　　未利用地适宜性评价系统

适宜类	适宜等	判断标准
宜农类 A	一等宜农地 A Ⅰ	对耕作无限制或者限制因素小，此类土地质量好、坡度小、土层较厚、水分热量条件好、不需改造并可开垦，开垦后宜建成基本农田，正常利用条件下可取得较高产量，不会对当地或附近地区造成土壤退化和生态环境恶化等不良影响
	二等宜农地 A Ⅱ	对耕作有一定限制，土地质量中等，需采取一定改造措施才能开垦和建设成为基本农田，或需一定的保护措施以防产生土地退化和生态环境恶化的不良后果
	三等宜农地 A Ⅲ	对耕作有较大限制，土地质量差，需采取大力改造措施才能开垦和建设为基本农田，要采取严格的保护措施才能进行农业生产，否则易发生土壤退化，影响当地和附近地区的生态环境
宜林类 F	一等宜林地 F Ⅰ	最适于林木生长的土地，无明显限制因素，在更新或造林时只需采取一般的技术措施，可获得产量高、质量好的林木
	二等宜林地 F Ⅱ	一般适于林木生长的土地，受地形、土壤或水分等因素的限制，但限制性相对一等宜林地较大，造林时技术要求高，生长的林木质量中等
	三等宜林地 F Ⅲ	林木生长有一定困难的土地，地形、土壤、水分等因素限制性大，造林时要有一定的改良措施，林木产量较低
宜牧类 P	一等宜牧地 P Ⅰ	最适于牧草生长的土地，牧草产量高、质量好、水资源充足，易建设成基本牧场
	二等宜牧地 P Ⅱ	一般适于畜牧饲养放牧的土地，生长的牧草产量较低、质量较差，草场轻度退化，但水土条件较好，恢复较容易
	三等宜牧地 P Ⅲ	勉强适于牲畜饲养放牧的土地，生长的牧草产量低、质量差，草场退化，需大力投入进行改造，利用困难
不宜类 N		在现有经济技术条件下，很难开发利用的土地

未利用地开发潜力调查评价思路与方法和土地复垦大致相当。以乡镇为单位，根据乡级土地利用现状图，按图斑对各类未利用地进行调查（已计入土地整理范围的未利用地应不予以调查）。主要调查未利用地的面积、坡度、有效土层厚度、土壤质地、水源保证情况、有无限制因素及是否适宜开发、可开发为耕地的面积和系数，以及可开发为其他农用地的面积。调查样表详见表 3 – 6。

表 3 – 6　　　　　　　　　未利用地开发潜力补充耕地调查表

乡镇名称

图幅号	序号	图斑号	面积（公顷）	坡度（度）	有效土层厚度（厘米）	土壤质地	水源保障情况	适宜开发面积（公顷）	开发为农用地面积（公顷）	开发为耕地面积（公顷）	增加耕地系数（％）

　　宜农未利用地开发潜力调查对象主要包括：（1）宜农荒草地（目前尚未利用的树木郁闭度＜10％、表层为土质、生长杂草的土地）；（2）宜农盐碱地、裸土地（目前尚未利用的或难以利用的、一般只生长天然耐盐植物和基本无植被覆盖的土地）；（3）荒滩地（尚未利用的宜农滩涂地）；（4）其他未利用土地。

三、高标准基本农田建设

（一）相关概念

　　1. 高标准基本农田。是指一定时期内，通过农村土地整治建设形成的集中连片、设施配套、高产稳产、生态良好、抗灾能力强，与现代农业生产和经济方式相适应的基本农田。包括经过整治的原有基本农田和经整治后划入的基本农田。

　　2. 高标准基本农田建设。是以建设高标准基本农田为目的，依据土地利用总体规划和土地整治规划，在农村土地整治重点区域及重大工程建设区域、基本农田保护区、基本农田整备区等开展的土地整治活动。

　　3. 高标准基本农田保护示范区。是指通过土地整治建设形成的布局合理化、农田规模化、农艺科技化、生产机械化、经营信息化、环境生态化的基本农田。

（二）高标准基本农田建设总体目标

　　高标准基本农田建设总目标是提高基础设施配套程度，改善农业机械化、规模化生产条件，增强抵御自然灾害能力，改善生态景观，提高粮食生产保障能力，落实土地整治规划确定的高标准基本农田建设目标任务，促进高标准基本农田持续利用。

　　具体目标包括：（1）优化土地利用结构与布局，实现节约集约利用土地；（2）增加高标准基本农田面积，提升耕地质量；（3）完善田间基础设施，改善农业生产条件；（4）促进集中连片，发挥规模效益；（5）加强建成高标准基本农田利用的监测监管，确保好地好用；（6）加强生态环境建设，发挥生产、生态、景观的综合功能。

（三）高标准基本农田建设选址基本要求

高标准基本农田建设项目选址应遵循以下基本原则：（1）区域水资源有保障，水质符合农田灌溉标准，土质适合农作物生长，无潜在土壤污染和地质灾害；（2）建设区域相对集中连片；（3）具备建设所必需的水利、交通、电力等骨干基础设施；（4）地方政府高度重视，当地农民集体经济组织和农民群众积极性高。

高标准基本农田建设选址重点区域包括：（1）土地利用总体规划确定的基本农田保护区和基本农田整备区；（2）土地整治规划确定的土地整治重点区域及重大工程建设区域、高标准基本农田建设示范县；（3）全国农用地分等确定的优、高等、中等耕地集中分布区域。

高标准基本农田建设选址限制区域包括：（1）水资源贫乏区域；（2）水土流失易发区、沙化严重区等生态脆弱区域；（3）因挖损、塌陷、压占等造成土地严重损毁且难以恢复的区域；（4）土壤污染严重的区域；（5）易受自然灾害损毁的区域；（6）沿海滩涂、内陆滩涂等区域。

高标准基本农田建设选址禁止区域包括：（1）地面坡度大于25度的区域；（2）自然保护区的核心区，退耕还林区、退耕还草区等；（3）河流、湖泊、水库水面及其保护范围。

四、土地整治分区与项目安排

（一）土地整治分区

土地整治分区是为落实土地整治战略和目标、统筹区域土地整治活动而划分的土地整治方向相对统一的区域。土地整治分区研究应说明分区原则、分区方法、分区结果，并提出区域土地整治方向和重点，明确区域土地整治基本要求。

土地整治分区原则主要包括：（1）土地利用方向相对一致性；（2）土地利用基础条件相对一致性；（3）地域（行政区划）相对完整性；（4）土地整治潜力大小（类型）相对统一性。

土地整治分区应充分考虑地形地貌及其自然环境条件，应与区域内已有的规划、区划尤其是土地利用总体规划的分区尽量保持一致，应与区域发展战略一致，统筹考虑用地需求和土地整治需求，充分应用调研结果和咨询结果。

土地整治分区一般包括以下三种类型：一是根据整治类型划分，如土地整理区、土地复垦区和土地开发区；二是根据整治对象划分，如农用地整治区、建设用地整治区等；三是根据自然地理条件、整治内容、潜力类型及其大小等因素进行综合划分。

（二）土地整治重点区域

土地整治重点区域是以土地整治潜力为基础，统筹安排规划范围内的土地整治活动，引导土地整治方向，实现土地整治目标所划定的区域。主要包括农用地整治重点区域、农村建设用地整治重点区域、土地复垦重点区域、宜农未利用地开发重点区域。土地整治重点区域主要在国家、省级规划中开展，市、县级规划也可以根据需要进行。

农用地整治重点区域划分原则：（1）整治新增耕地潜力较大；（2）整治提高耕地质量等级较大；（3）耕地特别是基本农田分布相对集中；（4）自然、社会、经济条件优越、农用地基础条件好；（5）保持行政界线的相对完整性。

农村建设用地整治重点区域划分原则：（1）整治新增耕地潜力较大；（2）农村居民点分布较为零散；（3）经济发展水平较高，群众基础较好；（4）城镇建设用地指标较为紧张，布局不合理；（5）有较好的城乡规划基础；（6）生态搬迁、扶贫移民村庄较为集中的地区。

城镇工矿建设用地整治重点区域划分原则：（1）城镇化水平较高；（2）城镇集约节约利用空间潜力较大；（3）城镇建设用地指标紧张，城镇空间布局不合理；（4）经济、社会发展水平较高，土地市场较为成熟；（5）有较好的城乡规划体系。

土地复垦重点区域划分原则：（1）废弃土地复垦潜力较大，可通过工程或生物措施恢复；（2）相对集中连片，可有效提高土地复垦效率和资料；（3）土壤、水文条件适宜，有利于降低复垦成本；（4）有利于保护生态环境。

宜农未利用地开发重点区域划分原则：（1）待开发区域相对集中连片，开发潜力较大，具有规模开发价值；（2）土壤、水文条件适宜，有利于降低开发成本；（3）充分考虑生态环境承载力，不对自然环境造成破坏。

（三）土地整治重大（重点）工程

土地整治重大工程是国家层面上的土地整治的方向、目标、指引。是在划定重点区域的基础上，围绕实现规划目标和形成集聚规模效应，以落实区域内土地整治重大任务，或解决重大的能源、交通、水利等基础设施建设，区域经济区开发、生态环境建设等国土整治活动中出现的土地利用问题为目的，所采取的有效引导土地整治活动的组织形式。

土地整治重点工程是省级规划实施国家土地整治重大工程的载体，对实现规划目标起重要支撑作用。重点工程主要在重大工程、重点区域内安排，包含了若干具体的土地整治项目。

土地整治示范工程是在土地整治重大工程确定的基础上遵循"统筹规划、整合资源、整体推进"原则，安排在农民自愿、政府重视、后备资源有潜力、自筹资金有保障、基础条件具备的区域。土地整治示范工程一般在省级规划中开展，市级规划也可以根据需要进行。

（四）土地整治重点项目

土地整治整点项目是市级规划围绕规划确定的土地整治任务和重点工程，集中资金成规模进行的土地整治活动。重点项目优先在省级规划确定的重点区域和重点工程内安排。可分为农用地整治、高标准基本农田建设、农村建设用地整治、城镇工矿建设用地整治、土地复垦、宜农后备土地资源开发、土地综合整治等重点项目。土地整治重点项目应明确整治规模、布局和建设时序，并编制重点项目列表。

土地整治重点项目的安排应遵循以下原则：（1）落实省级规划确定的重点工程；（2）优先安排在重点区域内；（3）土地整治基础条件好，潜力大，分布相对集中；（4）预期效益明显，具有较强的示范意义；（5）具备较好的群众基础；（6）符合国家规定的其他要求。

土地整治重点项目规模可参照表3-7综合确定。

表3-7　　　　　　　　　　　　　土地整治重点项目规模

项目类型	地貌类型	规模（公顷）
农用地整治	丘陵山区	100~1000
	平原地区	400~2000
土地综合整治	丘陵山区	100~1000
	平原地区	400~2000
土地复垦	丘陵山区	60~400
	平原地区	200~1000
宜农未利用地开发	丘陵山区	100~600
	平原地区	400~2000

（五）土地整治项目

土地整治项目是围绕县级规划确定的土地整治任务，集中资金成规模开展的土地整治活动。土地整治项目范围原则上不打破行政村界线。项目安排应明确整治规模、布局和建设时序，并编制项目列表。

土地整治项目安排应遵循以下原则：（1）落实市级规划确定的重点项目；（2）土地整治基础条件好，潜力大，分布相对集中；（3）预期效益明显，具有较强的示范意义；（4）具备较好的群众基础；（5）符合国家规定的其他要求。

五、土地整治资金筹措与效益评价

（一）土地整治资金筹措分析

1. 土地整治资金来源。主要包括：（1）新增建设用地土地有偿使用费；（2）耕地开垦费；（3）土地复垦费；（4）用于农业土地开发的土地出让金收入；（5）农业、水利、农村发展等相关部门资金；（6）企业、个人等其他社会投资。

2. 土地整治资金筹措分析内容。主要包括：（1）区域土地整治资金总需求测算；（2）土地整治工程、项目的投资需求测算；（3）根据土地整治资金来源，估算区域土地整治资金供给情况，并结合区域土地整治资金需求情况，提出为实现区域土地整治规划目标的资金供需平衡方案及其筹措对策。

3. 土地整治资金需求估算方法。

（1）分类型综合加总法。该方法用于估算区域土地整治资金总需求，该方法主要结合区域土地整治规划目标，参照有关调查数据，按照农用地整治、农村建设用地整治、土地复垦、宜农未利用地开发的类型分别估算各类投资并加总，得出区域土地整治规划方案的资金需求总规模。

该方法的估算步骤为：第一步，根据各个区域物价指数、最低工资变动情况及土地整治难易程度，确定该区域土地整治投资测算标准；第二步，分别测算农用地整治、农村建设用地整治、土地复垦、宜农未利用地开发潜力规模；第三步，将各类型的土地整治潜力与投资标准相乘，得出各类型的土地整治资金需求规模；第四步，将各类型的土地整治资金需求分别汇总，得到区域土地整治资金总需求。

（2）系数法。该方法一般用于估算省级、市级土地整治规划项目投资需求，估算公式为：

$$Y = AX^n$$

式中：Y 为项目的估算投资额（万元）；A 为已知类似土地整治项目投资额（万元）；X 为规模倍数，为规划的项目规模与已知的类似项目规模的比值；n 为常数，一般取 0.8 ~ 1.2。

该方法的估算步骤为：第一步，寻找与规划项目相类似的典型项目及其投资额；第二步，估算规划项目与相类似的典型项目的规模倍数；第三步，依据项目配套设施的工程量和工程难易程度，确定常数，其中工程量和工程难度较大的项目其常数取上限值；第四步，根据公式估算区域土地整治规划项目投资需求。

（3）单位面积标准投资估算法。该方法一般用于估算市级、县级土地整治规划项目投资需求，估算公式为：

$$C = \left[\frac{\sum\limits_{i=1}^{n} C_i}{\sum\limits_{i=1}^{n} (S_i \times R_i)} \right] \times G$$

式中：C 为项目的估算投资额（万元）；C_i 为第 i 个典型项目投资额（万元）；S_i 为第 i 个典型项目规模（公顷）；R_i 为第 i 个典型项目新增耕地系数；G 为规划补充耕地规模（公顷）。

该方法的估算步骤为：第一步，估算典型项目单位面积投资额，可以分地貌类型和项目类型，在区域内或类似区域选取已经实施完成的典型项目，分别估算出典型项目单位面积投资额；第二步，估算项目投资额，根据典型项目与规划确定的各个项目在地形、地貌、基础设施条件（水、电、路等）、物价水平、劳动力价格等方面的差异，对项目单位面积投资标准进行修正，再根据项目规模估算项目投资额；第三步，汇总估算区域土地整治规划项目投资总额。

（二）土地整治规划效益评价

1. 评价内容。土地整治规划效益评价是指在一定投入的基础上，分析和评价土地整治规划通过统筹安排土地整理、复垦、开发，统筹农田整治、农村整治、市地整治，统筹农村生产、生活和生态问题，在保护耕地、保障国民经济发展、节约利用自然资源、促进新农村建设和统筹城乡发展等方面所预计表现的效果、利益和响应（黄辉玲等，2012）。

土地整治规划效益评价主要从经济效益、社会效益、生态效益三个方面来分析。

（1）经济效益。主要从土地整治的投入与产出角度进行分析，一般采用静态分析法，也在此基础上进一步开展财务评价和国民经济评价。

（2）社会效益。主要从粮食增产和粮食安全，改善农村生产生活条件，保障工业化、城镇化、农业现代化同步推进，城乡统筹和土地节约集约利用等方面，选择适当的评价指标，采用定量与定性分析相结合的方法进行评价。

（3）生态环境效益。主要从提高水资源利用效率、提高生态安全程度、改善农田生态环境、增强洪涝灾害抗御能力、提高生物多样性、构建空间景观格局等方面，选择适当的评价指标，采用定量与定性相结合的方法进行评价。

2. 评价指标体系。在对区域土地整治规划效益进行评价时，其指标选取尽量能够量化，把定量的数值运用在评价体系中。同时，也要注意通过定性描述和定量分析相结合的方法从多角度反映区域土地整治规划的实际情况，使其评价结果更真实可信。

区域土地整治规划效益评价指标构建除遵循可验证性、针对性、实用性和时效性等原则外，还应该充分考虑规划的层级性，即国家级、省级土地整治规划效益评价指标要体现土地整治国家宏观目标的实现程度，而市、县级规划效益评价指标主要体现在对"三农"发展、缩小城乡差距以及规划的具体目标的实现程度。

国家级、省级土地整治规划效益评价指标主要包括"国家目标层—专项目标层—指标层"3个层次（黄辉玲等，2012），其评价指标体系详见表3-8。

表3-8   国家级、省级土地整治规划效益分析与评价指标体系

国家目标层	专项目标层	指标层	计量单位
土地整治总目标 A	保护耕地 B1	新增耕地面积 C1	公顷
		新增粮食产能 C2	千克/公顷
		耕地质量提高等级 C3	等
		建设高标准基本农田面积 C4	公顷
	保障发展 B2	建设用地盘活量 C5	公顷
		建设占补平衡量 C6	公顷
	节约资源 B3	节约用地面积 C7	公顷
		节约水资源量 C8	万立方米
	促进新农村建设 B4	新增机耕面积 C9	公顷
		新建居民点面积 C10	公顷
		农民人均新增年收入 C11	元
		土地权属明晰程度 C12	户
	统筹城乡发展 B5	城乡建设用地增减挂钩面积 C13	公顷
		土地整治资金投入量 C14	万元

市、县级土地整治规划效益评价指标一般包括社会、经济和生态3个方面的指标体系（严飞，2013；于跃等，2014）。其评价指标体系详见表3-9。

表3-9   市、县级土地整治规划效益分析与评价指标体系

目标层	准则层	指标层	计量单位
区域土地整治综合效益 A	经济效益 B1	农民人均收入增加率 C1	%
		耕地面积增加率 C2	%
		单位面积粮食产量 C3	千克/公顷
		单位面积投资 C4	万元/公顷

目标层	准则层	指标层	计量单位
区域土地整治 综合效益 A	社会效益 B2	人均耕地变化率 C5	%
		机械化程度 C6	%
		土地垦殖率 C7	%
		社会满意度 C8	%
	生态效益 B3	水土流失治理率 C9	%
		中低产田比例 C10	%
		森林覆盖率 C11	%
		基本农田保护率 C12	%

在实际确定某一区域土地整治规划效益时，可分别对其社会、经济和生态效益进行单独评价，也可以评价其综合效益。在进行指标选择时，应根据研究区域的特点和研究方法，以及区域土地整治规划确定的相关目标，综合确定区域土地整治规划效益评价指标体系及其指标值，为科学合理编制区域土地整治规划提供技术支撑。

六、土地整治规划实施保障措施

土地整治规划实施保障制度框架体系包括三个层次：（1）目标层，即土地整治规划实施保障制度；（2）亚类层，即土地整治规划实施的法制、机制、体制和技术保障；（3）保障措施层及细化，主要为组织、法律、行政、经济、社会、科技管理保障等。

总目标层应包括以下任务：（1）保障相关法律、法规和政令的贯彻执行，维护土地整治规划的严肃性和权威性；（2）在时间和空间上进行合理布局土地整治活动，形成合理、高效、集约的土地利用结构，提高土地利用效率，保证各项土地整治活动纳入规划的轨道；（3）统筹城乡发展，通过土地整治促进新农村建设，科学实施城镇建设用地增加和农村建设用地减少相挂钩保障发展；（4）依照规划保障土地利用总体规划目标的落实，实现耕地占补平衡，并进一步提高耕地质量、产能，保障国家粮食安全，改善生态环境，促进经济、社会、环境协调发展。

在亚类层中，法制保障是保障土地整治规划实施的法律、法规和一些相关的实施条例等，即通过具有强制性效力的法律、法规来规范土地整治规划的实施。机制保障是在土地整治规划实施的机制方面的保障制度，如土地整治规划实施的经济机制、激励机制、公众参与机制、业务能力建设机制以及规划实施中的权益维护机制与权属调整机制等。体制保障是为保障土地整治规划实施，在管理体制方面的保障制度，如土地整治规划实施组织管理体制、实施监管体制、土地整治年度计划、规划信息披露制度、规划许可制度、规划实施运行体制以及规划实施效果评价考核制度等。技术保障是为保障土地整治规划实施的科学性，在实施管理中应用的技术措施，如信息化建设、业务能力建设等。

为确保规划目标任务全面实现，建立健全制度，完善体制机制，加强改革创新，强化基础能力建设，《全国土地整治规划（2016～2020 年）》提出了 5 个亚类层、16 条具体措施，详见表 3-10。

表 3-10　　　　　《全国土地整治规划（2016～2020 年）》实施保障措施

亚类层	具体措施层
加强土地整治制度建设	加快制定《土地整治条例》
	完善土地整治规章制度
	建立完善共同责任机制
加强土地整治政策统筹	做好政策资金整合
	鼓励和引导社会资本参与土地整治
	鼓励群众自主开展土地整治
加强土地整治机制探索创新	完善土地整治激励机制
	探索土地整治市场化机制
	完善公众参与制度
加强土地整治规划实施管理	完善土地整治规划体系
	加强土地整治规划实施监管
	强化土地整治项目资金管理
	加强经整治耕地的后期管护
加强基础能力建设	加强土地整治队伍建设
	加强土地整治科技服务支撑和保障
	加强土地整治信息化建设

第四节　区域土地整治规划成果要求

一、规划文本

市级土地整治规划文本一般应包括以下内容：

（1）前言：包括规划目的、任务、依据，规划范围和规划时限；

（2）背景与形势：简述土地整治的自然、经济、社会条件，上一轮规划实施效果、土地整治存在的问题，以及未来面临的机遇与挑战等；

（3）规划原则与目标：明确土地整治的原则、目标、任务和主要规划指标；

（4）土地整治分区：阐明土地整治各分区的范围，明确各分区土地整治的方向和要求；

（5）土地整治任务：阐明农用地整治特别是高标准基本农田建设、农村建设用地整治、城镇工矿建设用地整治、土地复垦、宜耕后备土地资源开发等任务和措施；

（6）重点区域与重点项目：划定重点区域、阐明重点项目的范围、规模、实施时序等；

（7）投资与效益：阐明土地整治的资金需求规模、筹资渠道，以及土地整治的经济、社会、环境效益；

（8）实施保障措施：阐明实施规划需采取的行政、法律、经济和技术手段等；

（9）文本附表：主要包括土地利用现状表、土地整治规划控制指标表、土地整治规划指标分解表、土地整治潜力汇总表、土地整治重点区域表、高标准基本农田保护示范区表、土地整治重点项目表等。

县级土地整治规划文本一般应包括以下内容：

（1）前言：包括规划目的、任务、依据，规划范围和规划时限；

（2）背景与形势：简述土地整治的自然、经济、社会条件，上一轮规划实施效果、土地整治存在的问题，以及未来面临的机遇与挑战等；

（3）规划原则与目标：明确土地整治的原则、目标、任务和主要规划指标；

（4）任务安排：阐述农用地整治特别是高标准基本农田建设、农村建设用地整治、城镇工矿建设用地整治、土地复垦、宜耕后备土地资源开发等任务和措施；

（5）项目安排：阐明土地整治项目的规模、布局、时序和资金安排，明确建设内容和要求；

（6）投资与效益：阐明土地整治的资金需求规模、筹资渠道，以及土地整治的经济、社会、生态效益；

（7）实施保障措施：阐明实施规划需采取的行政、法律、经济和技术手段等；

（8）文本附表：主要包括土地利用现状表、土地整治规划控制指标表、土地整治规划指标分解表、土地整治潜力汇总表、土地整治项目表等。

二、规划图件

市、县级土地整治规划的必备图件包括：土地利用现状图、土地整治潜力分布图、高标准基本农田建设示范区（项目）规划图、土地整治项目规划图。其中，土地整治潜力分布图应分类型编制，包括农用地整治潜力分布图、农村建设用地整治潜力分布图、城镇工矿建设用地整治潜力分布图、土地复垦潜力分布图、宜耕后备土地资源开发潜力分布图。

市、县级土地整治规划图件应直观地表达规划成果，通过不同的符号、颜色、注记等方式来反映专题要素。应进行必要的图面整饰，标出图名、图廓、地理位置示意图、指北针、比例尺、图例、制图单位和时间等。规划图件编制应符合《市（地）级土地整治规划编制规程》（TD/T1034 – 2013）和《县级土地整治规划编制规程》（TD/T1035 – 2013）的有关要求。

三、规划说明

市级土地整治规划说明主要阐述规划编制的依据和过程，一般包括以下内容：

（1）上一轮土地整治工作情况和规划背景：说明土地整治取得的经验、成效，面临的问题和未来的形势等；

（2）编制规划的简要过程：阐述规划编制各阶段的主要工作；

（3）规划基础数据：说明规划采用的自然、人口、经济、土地利用等基础数据信息、来源及转换过程；

（4）土地整治潜力调查评价：阐明规划采用的调查评价方法、评价过程，土地整治的潜力类型、级别、数量及其分布状况等；

（5）规划目标与任务分解：阐明确定规划目标的依据，说明整治任务的指标分解依据，重点说明方案形成过程、比选方法等；

（6）规划布局和项目安排：阐明土地整治分区、重点区域和重点项目确定的依据和方法；

（7）投资与效益：说明资金测算的依据、方法和结果，说明效益评价的方法和结论，分析规划实施的可行性；

（8）环境影响评价：分析评价规划方案实施对环境可能造成的影响，提出对策措施；

（9）与相关规划衔接情况：说明土地整治规划与上级土地整治规划、本级土地利用总体规划、国民经济和社会发展规划、城乡规划、生态保护规划等相关规划的协调衔接情况；

（10）征求意见情况：说明规划方案论证、征求部门和公众意见以及处理情况；

（11）其他需要说明的问题。

县级土地整治规划说明主要阐述规划编制的依据和过程，一般包括以下内容：

（1）上一轮土地整治工作情况和规划背景：说明土地整治取得的经验、成效，面临的问题和未来的形势等；

（2）编制规划的简要过程：阐述规划编制各阶段的主要工作；

（3）规划基础数据：说明规划采用的自然、人口、经济、土地利用等基础数据信息、来源及转换过程；

（4）土地整治潜力调查评价：阐明规划采用的调查评价方法、评价过程，土地整治的潜力类型、级别、数量及其分布状况等；

（5）规划目标与任务分解：阐明确定规划目标的依据，说明整治任务的指标分解依据，重点说明方案形成过程、比选方法等；

（6）项目安排：阐明土地整治项目确定的依据和方法；

（7）投资与效益：说明资金测算的依据、方法和结果，说明效益评价的方法和结论，分析规划实施的可行性；

（8）与相关规划衔接情况：说明土地整治规划与上级土地整治规划、本级土地利用总体规划、国民经济和社会发展规划、城乡规划、生态保护规划等相关规划的协调衔接情况；

（9）征求意见情况：说明规划方案论证、征求部门和公众意见以及处理情况；

（10）其他需要说明的问题。

四、规划数据库

市、县级土地整治规划数据库是规划成果数据的电子形式，包括规划文档、规划表格、规划图件的矢量数据和栅格数据及元数据等。有关要求详见《市（地）级土地整治规划编制规程》（TD/T1034－2013）和《县级土地整治规划编制规程》（TD/T1035－2013）。

五、其他材料

市、县级土地整治规划成果的其他材料包括：规划编制过程中形成的工作报告、调研报告、规划基础研究报告、基础资料、会议纪要、部门意见、专家论证意见、公众参与记录等。

第四章

丘陵平坝区土地整治规划编制实践：以重庆市荣昌县为例①

第一节　荣昌县区域概况及其土地利用特征

一、区域概况

（一）自然地理环境

荣昌县地处四川盆地川中丘陵区和川东平行岭谷区交界处，东经 105 度 17 分～105 度 44 分、北纬 29 度 15 分～29 度 41 分之间。区内地势较为平缓，地貌以丘陵低山为主，其中背斜低山占 5.03%、低丘中谷占 12.65%、山麓单斜丘陵占 7.96%、方山中丘占 18.74%、坪状中丘占 12.06%、低丘宽谷占 40.61%、一级阶地占 2.95%。良好的地形地貌为广泛开展土地整治、发展现代农业创造了先决条件。

荣昌县属典型亚热带湿润季风气候区，气候温和，四季分明。全年雨量充沛，降雨集中，雨热同季，适宜农作物生长。气象数据显示，荣昌县无霜期年平均 336 天，多年平均气温 17.40 摄氏度，年平均积温 6482.40 摄氏度，年平均日照时数 1077.10 小时，年平均降雨量 1092.80 毫米。通过进一步改善农业基础条件，即可形成优质的粮油、蔬菜基地及林果特色产业基地。

荣昌县地处中亚热带四川东北部盆地山地黄壤区，耕作历史悠久，土壤肥沃。受母质、地形、气候、植被等影响，全县发育有水稻土、紫色土、冲积土、黄壤土等 4 个土类、6 个亚类、20 个土属、70 个土种。承继良好的土壤条件，现代农业生产经

---

① 本章内容参考《重庆市荣昌县土地整治规划（2011～2015 年）》相关成果。

营和土地整治应注重保护耕作层，培肥地力。

荣昌县共有大小溪河 148 条，径流总量达 3.25 亿立方米，水资源充足。濑溪河、清流河两条较大河流，属沱江水系。濑溪河在荣昌县境内干流长 51.50 千米，共有各级大小支流 100 余条。清流河在荣昌县境内干流长 18.35 千米，共有各级大小支流 48 余条。全县现有水库 77 座，其中型水库 1 座，小（一）型水库 23 座，小（二）型水库 53 座。

荣昌县自然资源丰富，有粮油作物、经济作物、药用植物、园林植物和家畜家禽、淡水鱼类等生物资源 160 余种。粮食作物盛产水稻、小麦、高粱、玉米等，经济作物盛产茶叶、蚕桑、生姜等。丰富的农作物品种资源，为全县走多样化的农业产业化道路提供了资源条件。

（二）社会经济条件

2010 年荣昌县完成地区生产总值 159.95 亿元，比上年增长 15.1%，三次产业结构比为 16.4 : 56.5 : 27.1。荣昌县是国家基本农田保护示范区、国家现代农业示范区和重庆市高标准基本农田示范县。2010 年，全年粮食播种面积 47929 公顷，蔬菜种植面积 14231 公顷，油料种植面积 8666 公顷，实现粮食产量 300053 吨，蔬菜产量 363460 吨，油料产量 19839 吨，被农业部授予"全国粮食生产先进县"称号。农林牧渔业总产值达 37.37 亿元，比上年增长 6%，其中农业 16.88 亿元，增长 5.5%。近年来，农业现代化水平明显提高，2010 年全县龙头企业 43 户，直接带动 200 余家农民专业合作组织、10 万余户农户，建成了一大批优质粮油、经果、蔬菜基地，无公害农产品生产技术和标准化生产流程得到有力推广。

通过"快捷荣昌县"建设，至 2010 年末，全县公路总里程 2266.56 千米。按行政等级划分：国道（高速公路）29.80 千米，省道 134.86 千米，县道 238.49 千米，乡道 327.16 千米，专用公路 11.58 千米，村道 1524.66 千米。随着交通基础设施的日臻完善，荣昌县形成了比较完备的城乡连通的道路体系。

2010 年末，全县户籍总户数 29.63 万户，人口 83.21 万人。其中，农业人口 62.48 万人，非农业人口 20.73 万人。人口自然增长率为 1.5‰。全年农村居民人均纯收入 6755 元，增长 17.6%。农村居民恩格尔系数 47.0%。全年新增转移农村劳动力 11205 人，城镇新增就业 9008 人。

二、土地利用现状及特征

（一）土地利用现状

依据荣昌县土地利用变更调查，2010 年全县土地总面积为 107671.19 公顷。其中，农用地 90207.43 公顷，建设用地 16175.75 公顷，其他土地 1288.01 公顷，分别占土地总面积的 83.78%、15.02%、1.20%。

农用地中耕地 59148.86 公顷，园地 3245.32 公顷，林地 15117.33 公顷，其他农用地 12695.92 公顷，分别占农用地总面积的 65.57%、3.60%、16.76% 和 14.07%。

建设用地中城乡建设用地 13949.41 公顷，其他建设用地 100.64 公顷，交通水利用地 2125.70 公顷，分别占建设用地总面积的 86.24%、0.62%、13.14%。城乡建设用地中，城镇工矿用地 2300.05 公顷，占 16.49%；农村居民点用地 11367.01 公顷，占 81.49%；采矿用地 282.35 公顷，占 2.02%。

其他土地中水域 1046.41 公顷，自然保留地 241.60 公顷，分别占其他土地总面积的 81.24% 和 18.76%。

（二）土地利用特点及问题

农用地比重高，耕地质量好，但农业基础设施配套不足。作为国家现代农业示范区和重庆市高标准基本农田示范县，荣昌县农垦历史悠久，农用地比重高，耕地质量好。2010 年全县农用地占土地总面积比重高达 84.71%，土地垦殖率为 54.93%，明显高于重庆市平均水平。据荣昌县农用地分等成果，全县耕地总体质量较好，中低产田面积 15041.56 公顷，仅占耕地总面积的 25.43%。近年来，全县土地流转呈现速度加快、规模扩大、形式多样的特点，成为全县现代农业发展和农民持续增收的重要途径。但是，由于农业基础设施不足，土地流转的规模经营效应难以充分发挥，给全县推动农业经济发展和保障县域粮食安全造成不利影响。

农村居民点用地粗放，城乡建设用地缺乏统筹。2010 年，全县农村居民点用地 11367.01 公顷，占建设用地总量的 70.27%，而城镇工矿用地 2300.05 公顷，不足农村居民点用地的 1/5；人均农村居民点用地面积约 182 平方米，较重庆标准规定的上限标准（140 平方米）高出 42 平方米（30%）。一方面，居民点布局散乱，单家独院较多，多数农村居民点占用的是地势平坦，土地质量较好的优质土地，且存在一户多宅、新居与旧宅并存的现象，缺乏统一规划和管理；另一方面，城镇及工业化的发展受到建设用地指标紧缺的严重制约，随着工业化、城镇化加速推进，全县城乡建设用地利用矛盾日益显现。

土地利用空间差异大，区域土地利用导向不够清晰。全县自然地貌总体较为均一，以平坝、丘陵为主，地势起伏不大。但从社会经济功能定位来看，区内土地利用空间存在较大差异，其中：中部浅丘平坝区是重点城镇发展区，南部低山丘陵区是农林工矿区，中部低山丘陵区是农林生态区，北部中浅丘区是农畜种养区，因此制定并实施科学的土地利用导向及相应的差别化政策安排十分迫切和必要。

第二节 荣昌县土地整治规划编制调查评价

一、上一轮规划实施情况

（一）上一轮土地开发整理规划编制情况

荣昌县上一轮土地开发整理规划是依据 1998 年修订的《中华人民共和国土地管理法》和《中共中央、国务院关于进一步加强土地管理切实保护耕地的通知》精神，严格围绕实现耕地"占补平衡"和耕地总量动态平衡而编制的。目的是落实重庆市人民政府下达给荣昌县的规划控制指标和《荣昌县土地利用总体规划（1996～2010年）》确定的土地开发整理目标任务。

上一轮土地开发整理规划确定，2001～2010 年间，荣昌县通过土地开发整理复垦新增耕地 726.18 公顷，其中，土地整理增加耕地 635.93 公顷，土地开发增加耕地 25.50 公顷，土地复垦增加耕地 64.75 公顷；同时，实现退耕还林、建园 3323.90 公顷。

（二）上一轮规划目标执行情况

截至 2010 年，根据荣昌县土地整治储备中心提供的资料统计，荣昌县已累计完成入库备案各类土地整治项目 175 个，其中，土地开发整理项目 90 个，农村集体建设用地复垦项目 85 个。项目实施情况表明，53 个土地开发整理项目已竣工验收完成，3 个项目已完工但未验收，23 个项目在建，11 个项目入库未建，85 个农村集体建设用地复垦项目在建。另实现退耕还林、建园 5985.13 公顷。

已竣工验收完成的 53 个土地开发整理项目，除 1 个为市级开发整理项目外，其余 52 个均为县级土地开发整理项目。已竣工验收的 53 个土地开发整理项目，土地整治实施总规模 14749.60 公顷，总计投资 21560.48 万元，实现新增耕地 2412.41 公顷。与上一轮规划确定的新增耕地目标任务 726.18 公顷比较，规划期间新增耕地完成量超出目标任务 1686.23 公顷，实际完成新增耕地是规划完成新增耕地目标的322.21%。上轮规划目标总体实现情况见表 4-1。

从已竣工验收完成的 53 个项目的空间分布表明，上一轮规划期间，实施完成的土地开发整理项目主要集中在荣昌县北部的吴家、清流、盘龙和铜鼓镇以及中部的仁义、荣隆、昌元镇（街），南部竣工验收完成的项目相对较少。

表 4 – 1　　　　　　　　　　　荣昌县上一轮规划目标实现情况　　　　　　　　　　单位：公顷

项目类型	规划目标量		实际完成量		实际完成量与规划目标量比较	
	实施规模	新增耕地	实施规模	新增耕地	实施规模	新增耕地
①	②	③	④	⑤	⑥ = ④ – ②	⑦ = ⑤ – ③
土地整理	5370.00	635.93	14124.47	1940.91	+8754.47	+1304.98
土地开发	1505.40	25.50	625.13	471.50	–880.27	+446.00
土地复垦	861.00	64.75	0.00	0.00	–861.00	–64.75
合计	7736.40	726.18	14749.60	2412.41	+7013.20	+1686.23

注：上一轮规划目标量数据来自《荣昌县土地开发整治规划（2001～2010 年）》，实际完成量数据来自荣昌县土地整治储备中心提供的资料数据；"＋"表示实际完成量超出规划目标，"－"表示未完成规划目标。

二、土地整治潜力调查评价

（一）技术路线和数据来源

在通过一定量的实地调查研究的基础上，运用空间叠加和数理统计分析的方法，结合相关理论基础，为探索出全县土地整治的潜力规模及其分布格局，而建立一套切实可行的土地整治潜力研究方法和潜力评价指标体系，并以镇街为单元对全县各类土地整治潜力进行分析测算与评价，并确立各单元的潜力等级序列。其技术路线详见图 4 – 1。

采用的数据资料主要分两部分：一部分主要来自荣昌县国土资源和房屋管理提供的 2010 年土地利用变更调查数据资料、《荣昌县土地利用总体规划（2006～2020 年）》资料、2000 年以来荣昌县土地整治项目资料以及其他土地利用相关资料。同时还采用了由县农业、水利、林业、交通、旧城改造办、新农办、发改委等相关部门提供的资料。另一部分是外业实地调研获取的调查资料和在镇（街）收集到的相关资料。

（二）农用地整治潜力

结合荣昌县农用地资源禀赋，农用地整治潜力主要是耕地。荣昌县农用地整治潜力主要来源于三个方面：一是利用率较低、有较多闲散地的耕地；二是质量差、产出率低的耕地；三是利用率、产出率均较低的耕地。经实际调查发现，上述耕地质量偏低的主要原因是坡耕地较多，地形坡度大、田土坎系数偏高，可通过归并田块将小块田变为大块田、削坎还土，来减少田坎占地，提高净耕地系数。其中，2～6 度、6～15 度的耕地是全县耕地整理潜力的主要来源，是全县耕地整治的重点。

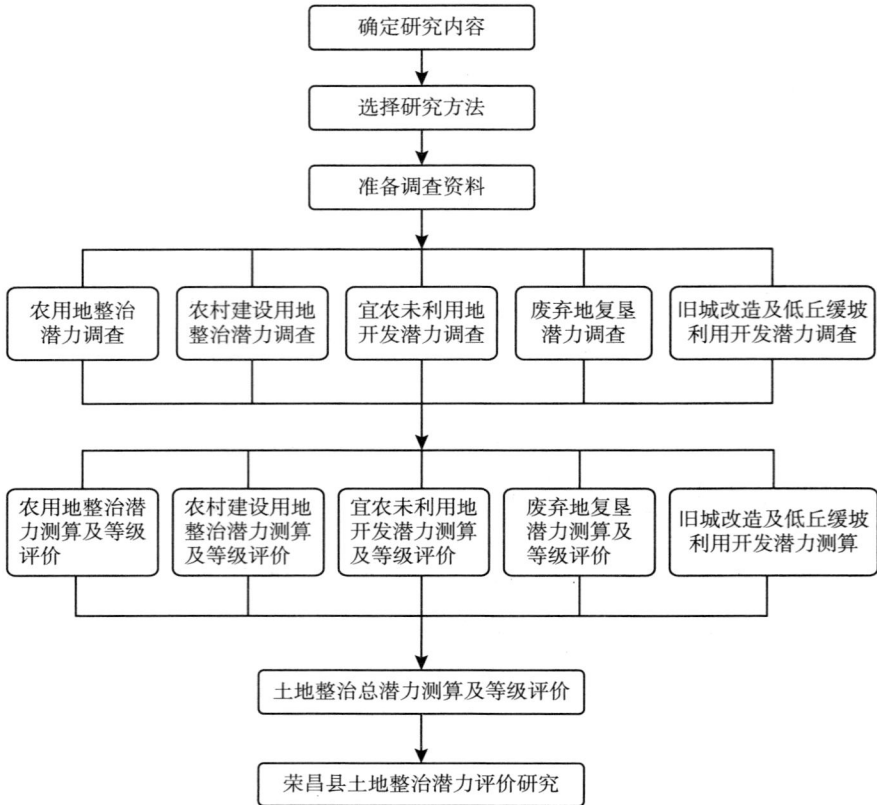

图 4 - 1　技术路线

　　以 2010 年土地利用变更调查数据为基础,经按相关规定进行数据转换,在耕地及所在区域内的农路、沟渠、田坎及林带等线状地物和建设用地、废弃坑塘及荒草地等零星地类基础之上,扣除全县土地利用总体规划确定的新增建设用地、有条件建设区和生态安全控制区,以及已竣工土地整治项目红线范围,便可确定荣昌县农用地整治规模。具体计算公式为:

　　可整治农用地规模 = 毛耕地 + 农村道路面积 + 农田水利用地面积 - 25 度以上耕地面积 - 允许建设区、有条件建设区内耕地面积(这里已扣除 25 度以上耕地面积) - 生态环境安全控制区内耕地面积 - 已竣工土地整治项目的整理实施规模 - 土地利用总体规划新增交通水利建设占用耕地面积

　　净耕地系数是单位耕地图斑面积中净耕地(除去沟、渠、耕作道路、田土坎等 ≥ 1.0 米宽的线状服务设施用地与其他面状非耕地后的耕地面积)面积所占的比例。整治后净耕地系数是耕地集约利用水平的一个重要表征,也是农业利用水平高低的重要反映。根据土地利用地域分异原则,地形、地貌、农田基础设施建设和农业利用方式均会影响整治后净耕地系数的大小。在此采用典型田块调查法确定整治后净耕地系数。典型

田块调查法是选择与待整理区域地形地貌、土地利用方式、农业技术水平相近的已实施土地整治项目进行典型田块调查，然后根据调查获得的典型田块按照上述公式进行整治后净耕地系数计算。又根据《重庆市土地开发整理项目竣工验收管理暂行办法》要求，所有土地整治竣工项目必须按照不同坡度级别、土地利用方式，选择具有代表性和典型性的地块样点测量样方，并完成项目新增耕地面积测算。参照《重庆市第二次土地调查田坎系数测算方案》分区结果及《重庆市第二次土地调查田坎系数测算工作报告》来获得荣昌县不同坡度级的梯田和坡地的净耕地系数。由于2度以下耕地地势平坦，交通通达度较高，经过多年的耕作，大多已集中连片，且净耕地系数很高。根据现状数据库统计，2度以下耕地多以水田为主，比重达97.32%，田坎比重低、占地少，整治后新增耕地潜力基本上已不具有提升空间，整治应以改善耕地质量、提高单位产出水平为主。因此，对2度以下耕地未做整治后净耕地系数提升计算。最终按不同坡度级别（2~6度、6~15度和15~25度）和土地利用方式（梯田和坡地）选取了具有代表性和可操作性的值来代表荣昌县不同坡度下的梯田和坡地的净耕地系数（见表4-2）。

表4-2 荣昌县不同坡度级别耕地整治后净耕地系数

整治后净耕地系数	2~6度		6~15度		15~25度	
	梯田	坡地	梯田	坡地	梯田	坡地
	0.9393	0.9136	0.9226	0.9040	0.8993	0.8712

根据各镇（街）不同坡度级别、土地利用方式的可整治农用地面积、生产设施和其他零星用地占地比例、整治后净耕地系数 λ_i，计算整理前现状净耕地系数 g_i 及新增耕地率 k_i，i 为某单元耕地的某一坡度级。公式如下：

$$k_i = \lambda_i - g_i$$

其中，整治后净耕地系数 λ_i 通过乡镇（街）所属农用地整治类型区的整治后净耕地系数以乡镇（街）不同坡度级别、土地利用方式的待整治农用地面积为加权平均得到；现状净耕地系数 g_i 则根据2010年荣昌县土地利用变更调查数据库，以净耕地（耕地图斑面积扣除线状地物、零星地物、扣除地类的面积）面积占可整治耕地图斑面积的比例确定。

分别以现状净耕地系数和样方测算的整治后净耕地系数结果为依据，结合已筛选出的各镇街不同坡度级的可整治耕地面积，以此推算出荣昌县各镇（街）的新增耕地数量潜力。其测算的公式为：

$$\Delta S_i = m_i \times k_i$$

式中：ΔS_i 为新增耕地数量潜力；i 为某单元耕地的某一坡度级（i = 1，2，3，…，

n）；k_i 为新增耕地率；m_i 为某单元某一坡度级可整理的耕地规模。

（三）农村建设用地整治潜力

农村建设用地是农民从事第二、三产业及其居住生活的空间承载地，包括农村居住用地、农村公共服务及基础设施用地、村办及乡镇企业用地等。而农村居民点用地是宅基地与村办企业用地、道路等基础设施用地、公共服务用地及其他用地的总和。鉴于两者的内涵基本一致，结合荣昌县实际情况，在此所讨论的农村建设用地整治潜力，主要是分析荣昌县农村居民点用地整治的潜力。

农村建设用地整理潜力主要来源于农村集体建设用地中的所有闲置、空置和利用效率较差的土地。可以概括为两个主要类型：农村居民点用地、废弃的"五小"等农村基础设施和公共服务设施用地。2010 年，荣昌县农村居民点用地规模为 11367.01 公顷，人均占地 181.93 平方米。通过对现有农村居民点用地有计划地拆迁和搬迁改造，若将人均建设用地降低至 140 平方米，以及挖掘农村建设用地内部可腾退的闲置面积，荣昌县农村建设用地整治具有较大潜力来源。

依据《重庆市区（县）级土地整治规划编制要点》要求，荣昌县可整治农村居民点用地规模＝农村居民点用地总面积－有条件建设区内农村居民点用地面积－土地利用总体规划新增建设用地占用农村居民点用地面积－2010 年以前已竣工的农村居民点复垦项目实施规模。采用 ArcGIS、MapGIS 等软件对荣昌县农村居民点用地图层进行空间分类统计后，可获得全县农村居民点用地可整治总规模为 10863 公顷。

总结国内学者对农村居民点用地整治潜力的研究，主要的测算方法有"人均建设用地标准"、"闲置宅基地调查"、"城镇体系规划"等方法。结合荣昌县实际，专题中设计了三种测算方案，分别对农村居民点整治的潜力做了测算。最终，通过各方案测算结果加权求和，求得全县农村居民点用地整治的潜力。

测算方案一：人均建设用地标准法。

第一步，预测 2015 年荣昌县各镇街人口数量。以荣昌县 2010 年农村现状人口为基础，结合荣昌县近十年的农村人口增减率及人口结构等诸多因素，采用人口自然增长法、一元线性回归法以及 GM（1，1）三种方法。最终预测出 2015 年荣昌县农村人口将减少至 54.43 万。

第二步，规划人均用地标准确定。根据《镇规划标准（GB50188—2007）》允许调整幅度和本地区人均建设用地标准，将现状人均建设用地大于 140 平方米的乡镇的规划人均建设用地标准设为 140 平方米。

第三步，潜力测算结果。

$$\Delta S = S_{现状} - R \times Q$$

式中：$S_{现状}$ 为 2010 年农村居民点用地面积；R 为目标年农村人口数量；Q_t 为规划人均用地标准；ΔS 为潜力测算结果。

利用上式和人口预测结果，计算可得荣昌县各个镇（街）农村居民点用地整理潜力。

测算方案二：闲置宅基地抽样法。

选取能代表荣昌县农村居民点闲置情况的典型区域作为样点，调查农村居民点内部闲置土地面积，算出土地闲置率，以此测算农村居民点整治潜力。计算公式为：

$$\Delta S = S_0 \times a$$

式中：α 为闲置率；S_0 为可整治农村居民点用地面积；ΔS 为潜力测算结果。

综合全县增减挂钩规划、农村建设用地项目复垦、转户退地进展及镇（街）社会经济发展水平、距离城镇远近等因素，对荣昌县闲置宅基地开展抽样调查，共选定 60 个样本村（社区）开展调查、涉及全部镇（街）。最后，采取"以点推面"的思路和方式将典型样本的农村居民点闲置率平均值推广到各镇（街），从而计算出各镇（街）闲置的农村居民点面积，继而得到农村居民点整治潜力。

测算方案三：城镇体系规划标准方案法。

城镇化水平对农村居民点用地整治潜力有较大影响，表现在规划期内一部分农村人口将转变为城镇人口，城镇化水平提高带来农村居民点用地量减少。根据《荣昌县城乡总体规划（2009～2030 年）》确定的各镇街目标年总人口及城镇人口，进一步测算得出目标年的农村人口。再根据相应的人均建设用地标准测算目标年农村居民点规模，并与现状规模之差为潜力值。其计算公式为：

$$\Delta S = S_{现状} - (R_总 - R_{城镇}) \times B_t$$

式中：$S_{现状}$ 为现状可整治农村居民点面积；$R_总$ 为目标年总人口；$R_{城镇}$ 为目标年城镇人口；B_t 为规划人均建设用地标准（140 平方米／人）。

综合方案：不同测算方案对照。

人均建设用地标准法（方案一）在反映人口自然增长与机械增长动态性的基础上，测算了农村居民点用地整理潜力。方法科学可行，且测算的居民点整理潜力规模较为合理，但该方案是基于历年的发展规律来进行测算的，需要未来经济社会发展政策不发生大的变化，测算结果较为科学，但如社会经济发展形势变化较大，则用该方法测算的结果就会与实际偏差较大。

闲置宅基地抽样法（方案二）算出的居民点整理潜力反映了村庄内部闲置宅基地面积，这部分面积几乎都可转化为现实潜力，缺陷是只考虑了闲置宅基地一方面的潜力，忽略了村庄内部非闲置宅基地的整理潜力，潜力值偏小。而且该方案仅是一个静态方案，没有考虑农村人口、城镇化发展等动态变化，不能指导实现农村居民点整治的规模效益。

城镇体系规划标准方案法（方案三）是根据荣昌县城镇体系规划确定的目标年城镇化水平来对农村居民点整治潜力进行预测，因此该预测结果既能与城市总体规划相衔接，又充分体现了潜力的动态变化特点。但该方案由于测算的城镇化水平较高，造成测算的居民点整治潜力规模偏大，投资需求和社会风险偏高，容易导致理论潜力与实际潜力脱节，影响规划的可操作性和权威性。

综合上述分析，村镇人均建设用地标准方案反映了未来居民点可整治的潜力空间，最具有现实可行性，所以给定的权重高于其他方案；城镇体系标准方案立足于人口城镇化的趋势，从一个侧面体现了整理潜力，考虑农村人口、城镇化发展等动态变化，属于比较重要的方案；抽样调查方案测算的潜力值来自实际调研中的调查问卷，具有一定的现实意义。通过对上述三个方案进行专家多轮打分和反复比较，最终确定各方案测算的权重。

农户意愿修正：确定农村居民点整治意愿修正系数。

农村居民点整治必须遵循公众参与的原则，其整治潜力受农户意愿影响较大。因此，在测算农村居民点整治整理潜力时必须根据农户意愿进行修正。通过调查统计，显示农户意愿主要有以下几方面的原因：（1）政策因素。荣昌县农村居民点整治主要用于地票交易和增减挂钩，受地票交易价格差异性影响，宅基地整治前后收益或补助存在波动性，部分农户依然存在观望心理。此外，户籍改革政策的变化也会使有整治潜力的部分农户产生观望心理。（2）交通因素。调查发现，多数的农户选择了现居住地交通不方便作为愿意整治的原因，而交通位置较优越地区的农户，其整治的意愿不如交通不方便农户强烈。（3）住房条件。该因素是决定农户是否选择整治的重要原因，房屋损毁严重或长期闲置、一户多宅或长期在外工作的农户意愿较为强烈。（4）从众心理。若邻居选择整治，被访农户也会选择整治。从众心理在社会各个人群中都是非常普遍的，在面临较困难及全新的选择时更容易出现从众心理。

除此之外，响应政府的号召、投奔子女、为子女后代考虑、地质灾害、饮水困难也成为农户选择是否整治的原因。结合各个镇（街）农村居民点整治潜力全面调查和典型镇（街）、村的重点调查，最终确定农村居民点整治意愿修正系数。

$$农村居民点整治意愿修正系数 = \frac{规划期内农户愿意整理面积}{宅基地总闲置面积} \times 100\%$$

按各方案权重，并结合农户意愿修正系数，可测算出至2015年，荣昌县农村居民点整治潜力面积为2369.79公顷。根据荣昌县农村居民点用地复垦项目实践，并结合荣昌县新一轮土地利用总体规划，可整治农村居民点土地的光、热、水、土壤等自然条件一般都较好，农村居民点整治潜力中有85%左右可整治复垦为耕地，15%左右可整治成为园地、林地等农用地。据此测算，到2015，荣昌县农村居民点整治可增加耕地的潜力为2017.02公顷。

（四）宜农未利用地开发潜力

1. 未利用地现状分析。据实地调查，全县未利用地呈现以下特点：（1）数量少。

荣昌县其他土地 1288.01 公顷，仅占全县土地总面积的 1.20%，其中，有开发利用价值的荒草地仅有 185.80 公顷，占土地总面积的 0.17%。（2）质量差。受生态保护、湿地保护的需要，结合荣昌县生态保护规划，河流滩涂原则上限制或禁止开发。此外，荣昌县 80% 以上的荒草地以及裸地分布零散细碎，开发潜力不大，适宜开发的未利用地多数是坡度较大石质山地的荒草地和裸土地，普遍缺乏灌溉排水设施，利用条件差，在这些土地上开发出的耕地，一般质量较差。其中，大部分荒草地开发难度大，需要较大的工程投入和经济投入，且需长期不懈的管理维护。（3）空间分布不均。滩涂相对集中于濑溪河与清溪河两岸，荒草、裸地等主要分布在荣昌县北部铜鼓山一带，相对而言，吴家镇、远觉镇和铜鼓镇的未利用地数量较多，而其他区域未利用地数量较少。

2. 宜农未利用地开发潜力来源。理论上，滩涂、裸地、荒草地均可作为宜农未利用地开发的潜力来源。但结合荣昌县实际却发现，全县滩涂用地较少，且负有调节洪涝、保护生物多样性等重要功能，根据县域生态规划，滩涂原则上不宜作为宜农未利用地开发；同时，全县裸地仅有 55.80 公顷，地块零碎、基岩裸露、石砾含量高、地处坡度大多大于 25 度，开发利用价值不大，故也不宜作为宜农未利用地开发。因此，对宜农未利用地开发潜力的测算主要考虑零星的荒草地。

3. 宜农未利用地开发潜力测算。

第一步，确定可开发规模。首先，在现状地类图斑的基础上，扣除荣昌县土地利用总体规划确定的新增建设用地和有条件建设区，以及已竣工土地整治项目红线范围内的未利用地面积。其次，根据耕地后备资源调查与评价技术规程要求，分析未利用地开发的限制性因素，将地形坡度 >25 度、四周土地类型全部为非耕地、单个图斑面积小于 400 平方米的未利用地块剔除，然后以镇（街）为单位进行面积汇总。

第二步，宜农未利用地开发潜力调查。以荣昌县标准分幅土地利用现状图为工作底图，筛选出全县荒草地图斑，以荒草地图斑为单元，对可开发未利用地（全部为荒草地）进行调查。主要核实和了解待开发土地的面积、有效土层厚度、坡度、水源保证情况、土壤质地、有无限制因素及是否适宜开发、可开发为耕地的面积与系数等。调查中，共选取吴家、双河、广顺、铜鼓等 4 个镇（街）10 个行政村的 29 个荒草地图斑（40.64 公顷），占可开发未利用地图斑总数的 36.25%。

第三步，分析土地开发适宜性。由于荣昌县荒草地分布较为分散且大多数所处地势较高，存在开发利用难度，因此评价土地开发的适宜性，查明是否存在限制性开发的因素尤为重要。

（1）确定评价单元。与宜农未利用地开发样本图斑调查相衔接，适宜性评价以可开发未利用地图斑作为评价单元。

（2）选取参评因素、确定权重。根据荣昌县宜农未利用地开发的实践，总结主要影响因素有地形坡度、土壤条件和水源条件，因此选取地形坡度、土壤表层质地、距最近居民点距离、土壤有机质含量、土层厚度以及水源条件等6个指标，作为划分宜农未利用地开发适宜性评价的参评因素。采用层次分析法确定因素权重（见表4-3、表4-4）。

（3）评定适宜性。利用加权指数和法确定其他评价单元的适宜开发等级。计算公式如下：

$$P = \sum_{i=1}^{n} w_i \times p_i$$

式中：P为评价单元分值；w_i为评价因子权重；i为评价因子编号；n为总评价因子数；p_i为评价因子的指数。

根据评价目标，将荣昌县未利用地适宜类型分为宜耕类和不宜耕类。通过评价单元分值频数分布直方图确定适宜等级界限：评价分值≥75的为宜耕类；小于75的为不适宜。最终确定出全县适宜开发未利用地面积为21.41公顷。

表4-3　　　　　　　　　　　适宜性分析因子权重

参评因子	权重值
地形坡度	0.30
土壤表层质地	0.20
距最近居民点距离	0.11
土壤有机质含量	0.09
土层厚度	0.15
水源条件	0.15

表4-4　　　　　　　　　未利用地适宜性评价因素级别与分值对照

评价因子	分级	分值
地形坡度	≤6度	100
	6~15度	75
	≥15度	50
土壤表层质地	壤土	100
	壤土，黏土	80
	砂土，黏土	70
距最近居民点距离	<500米	100
	500~1000米	75
	>1000米	50

续表

评价因子	分级	分值
土壤有机质含量	>20	100
	10 ~ 20	60
	<10	50
土层厚度	≥50 厘米	100
	30 ~ 50 厘米	75
	≤30 厘米	50
水源条件	较好	100
	基本满足	70
	缺乏	50

4. 新增耕地面积测算。荣昌县属于渝西方山丘陵区，参照此区域内开展的土地开发整理项目，以开发土地新增耕地系数经验来推算宜农未利用地开发新增耕地系数，将其确定为 0.85，计算可得到全县通过宜农未利用地开发可新增耕地 18.20 公顷。

第三节 荣昌县土地整治规划编制主要内容

一、土地整治面临的形势

（一）土地整治面临的机遇分析

从中央到地方，各级政府高度重视农村土地整治工作。中央领导多次对土地整治工作作出重要指示，特别要求做好土地整治规划工作，规范有序推进农村土地整治健康发展。为"保耕地红线、促经济发展"，荣昌县党委、政府高度重视土地管理，狠抓土地整治工作，从政府到国土部门做了大量工作，出台了相关文件和制度，并与中信银行签订了融资协议，确保全县农村土地整治项目顺利实施。这些为全县新一轮农村土地整治规划编制工作指明了正确方向，奠定了坚实基础。

重庆市统筹城乡改革发展新形势营造土地整治良好的外围环境。2007 年胡锦涛总书记关于重庆科学发展的"314"总体部署提出后，同年国务院批准重庆市为全国统筹城乡综合配套改革试验区，国土资源部于 2008 年与重庆市政府签订了《推进统筹城乡综合配套改革工作备忘录》，2009 年下发的《国务院关于推进重庆市统筹城乡改革和发展的若干意见》更进一步明确了重庆的经济社会发展目标，并赋予重庆土地整治工作一系列政策支持，这为全市开展农村土地整治创新探索营造了良好的外围环境。在全市以工促农、以城带乡的新形势下，荣昌县是首批列入国家基本农田保护示范区、国家现代农业示范区和全市高标准基本农田示范县的区县，这为全县深入开展农村土地整治搭建了良好平台。

有关文件、法律法规及相关规划的出台和土地基础调查工作的相继完成提供了科学编制土地整治规划的重要依据。土地整治工作开展以来，出台了一系列的政策文件、法律法规和规范标准。这些为科学编制土地整治规划提供了重要依据。同时，与土地整治规划编制相关的规划和土地基础调查工作相继完成，也为科学编制全县土地整治规划提供了坚实的基础。荣昌县农用地分等定级成果、第二次土地调查工作、镇街土地利用总体规划编制、农村土地所有权登记发证工作等相继完成，为编制全县土地整治规划提供了可靠依据和坚实基础。此外，全县土地流转和规模化经营的快速发展，也为集中连片推进土地整治、建设高标准基本农田、促进农业产业结构调整、创新土地整治模式创造了有利条件。

（二）土地整治面临的困难和挑战

土地整治已成为一项综合性社会工程和国家战略部署，充分发挥其在经济社会发展中的战略支撑作用是当前和今后土地整治工作面临的重大挑战。十多年来，我国土地整治的工作格局发生了深刻变化，赋予了新的时代格局。就其功能而言，土地整治已由单纯的自然性工程扩展为综合性社会工程，成为"保发展、守红线、促转变、惠民生"的重要抓手和基础平台，并在国家粮食安全战略、社会主义新农村建设战略、城乡统筹发展战略和节约优先战略中发挥着重要的支撑作用。新的发展形势和战略定位，既为县域土地整治提供了广阔的发展空间，也为土地整治规划编制和实施提出了新的挑战和更高要求。

荣昌县域经济进入快速发展阶段，土地尤其是耕地与建设用地矛盾日趋紧张，"保耕地红线、促经济发展"成为将土地整治向纵深推进的重要课题。随着荣昌县步入经济社会快速发展阶段，城镇建设用地规模不断扩大，各项基础设施建设也全面展开，土地尤其是耕地与建设用地的供需矛盾日趋紧张。同时，荣昌县又是国家基本农田保护示范区、国家现代农业示范区、全市高标准基本农田示范县及西部生态农田建设重点县。在新的经济社会发展形势面前，有效保护并高效利用耕地尤其是基本农田，实现"保耕地红线、促经济发展"双重目标，成为荣昌县当前及今后社会经济发展中的重要课题。破解这些问题，有赖于将土地整治工作向纵深推进。

农村土地整治实施中面临的技术"瓶颈"、管理障碍、资金约束等诸多困难和问题，有待在今后的土地整治实践中克服，这对新一轮土地整治规划及实施提出了更高要求。目前关于农村土地整治的工程建设标准，落实到区县，在具体项目的规划、实施过程中仍然面临着一些工程建设标准上的"瓶颈"。如荣昌县的地形地貌相对平坦，适合集中连片地开展机械化作业，但一些整治项目参照建设标准，规划设计施工的生产路仅 0.6 ~ 0.8 米，难以满足机械化作业。同时，由于管理上的漏洞，个别项目工程质量不佳、后期管护不力等，不仅影响了项目综合效益的发挥，也给土地整治工作造成了一定的负面影响。此外，由于国土与农业、交通、水利等部门间的规划缺乏统筹协调机制，导致涉及土地整治的资金分散投入、聚合困难，不能集中力量办大事。

二、土地整治规划目标与政策导向

（一）土地整治规划目标

按照经济社会发展对土地整治工作的总体要求，依据《重庆市土地整治规划（2011 ~ 2015 年）》、《荣昌县国民经济和社会发展第十二个五年规划纲要》和《荣昌县土地利用总体规划（2006 ~ 2020 年）》，荣昌县土地整治规划的目标主要围绕"保质保量完成耕地补充任务"、"集中连片建成高标准基本农田"、"规范有序推进农村建设用地整治"、"积极开展城镇工矿用地整治"、"加快推进损毁土地复垦再利用"、"进一步完善土地整治保障体系"六个方面设置，具体目标和控制指标略。

（二）政策导向

围绕上述目标的实现，土地整治必须突出主题主线和政策导向，以顺应时代赋予的历史使命。荣昌县土地整治规划的政策导向包括：狠抓高标准基本农田建设，深化农村土地整治；改善和优化农村生产生活条件，稳步实施农村建设用地整治；改善生态环境，促进土地资源可持续利用；节约集约利用土地，统筹城乡土地利用格局。

三、重点整治区域和项目安排

（一）重点整治区域

落实县域发展总体战略，依据自然条件相对一致性，经济社会发展水平相对一致性，土地利用主导用途和主体功能相对一致性，土地利用中的限制因素、存在问题及整治改造途径相对一致性，行政界线相对完整性等原则，进行整治分区，实施差别化政策导向安排，统筹区域土地整治。将全县划分为以下四个土地整治区。

1. 北部深丘中谷生态农田建设土地整治区。位于荣昌县北部，土地面积21603.56公顷，其中耕地面积12289.67公顷，基本农田面积10066.88公顷。区内生态本底条件较为脆弱，自然灾害频发。土地整治以土地生态修复和综合整治为主要方向。主要采取生态型土地整治模式，重点实施西部生态建设地区农田整治任务，加强坡耕地治理和生态退耕区的基本口粮田建设，强化生态保护与修复，发展特色农林牧产业；在吴家西南部和清流北部地区，地势平坦、水源条件较好、耕地集中连片的区域，建设高标准基本农田，发展特色产业基地。同时，结合地质灾害搬迁避让和农业特色产业基地建设，推进农村建设用地整治，加强农村公共基础设施均等化建设，改善农村生产生活条件。

2. 中部中丘粮油基地建设土地整治区。位于荣昌县中北部，土地面积39044.31公顷，其中耕地面积23342.02公顷，基本农田面积20806.73公顷。区内以方山中丘中谷地貌为主，水资源丰富，耕作历史悠久，土壤肥沃，农业生产条件十分优越，70%以上耕地集中连片分布，是荣昌县乃至重庆市重要的粮油生产区。土地整治以耕地尤其是基本农田整治为主要方向。大力开展高标准基本农田建设，加强田、水、路、林、村综合整治，稳步提高粮油综合生产能力，巩固提升其在全县乃至全市的粮油生产基地地位，保障科学发展用地和区域粮食安全。与集中连片实施基本农田整治相适应，开展农村建设用地整治，引导农民集中居住，建设城乡统筹发展示范区。

3. 中部浅丘平坝统筹城乡重点土地整治区。位于荣昌县中部，土地面积30760.85公顷，其中耕地面积14860.20公顷，基本农田面积10857.99公顷。区内土地利用条件优越，以浅丘平坝地形为主，地势起伏较小，水资源丰沛，农业特色产业和城郊经济较为发达。土地整治以城乡建设用地整治和农村土地综合整治为主要方向。积极开展城镇工矿用地整治和城乡建设用地增减挂钩，通过推进工业园区用地节约集约利用，促进经济转型升级；以高标准基本农田建设为重点，大力推进田、水、路、林、村综合整治，保障农业和生态发展空间，促进人口集中、产业集聚、用地集约；以建设特色农业园区为契机，大力发展精品高效的现代农业，并注重发挥城郊地带农田的生态景观功能。

4. 南部低山丘陵采煤沉陷土地综合整治区。位于荣昌县南部，土地面积16262.47公顷，其中耕地8656.97公顷，基本农田7140.55公顷。本区地貌差异明显，山地和浅丘平坝相间分布，以种养殖业与工矿业为主。土地整治以土地复垦和土地综合整治为主要方向。重点加强采煤沉陷区损毁土地复垦，加快棚户区和农村危旧房改造。围绕高标准基本农田建设，大力推进农用地整治，完善农业生产基础设施，提高粮油综合生产能力。依托农户生态家园建设，推进农村建设用地整治与改造，大力发展循环农业，不断提高土地生态环境质量。

（二）各类土地整治项目安排

贯彻落实《重庆市土地整治规划（2011～2015年）》和《荣昌县土地利用总体规划（2006～2020年）》对荣昌县土地整治的安排，结合本轮土地整治规划确定的目标要求，组织安排土地整治项目，并据此推进全县土地整治工作的开展。

1. 项目实施规模安排。统筹区域和各类土地整治，规划期内共安排土地整治项目总规模27032.38公顷，计划投资74041.57万元，预计新增耕地3443.22公顷。其中，农用地整治总规模25403.49公顷，计划投资45594.39万元，预计新增耕地2114.11公顷；废弃地复垦总规模458.68公顷，计划投资2186.05万元，预计新增耕地218.11公顷；宜农未利用地开发总规模7.04公顷，计划投资89.70万元，预计新增耕地5.98公顷；农村建设用地整治总规模1163.17公顷，计划投资26171.43万元，预计新增耕地1105.02公顷。另外，兼顾开展城镇工矿用地整治，其中旧城改造2.28公顷，"城中村"改造0.27公顷。

2. 项目实施数量安排。根据《重庆市土地整治规划（2011～2015年）》下达的整治任务，以荣昌县土地整治分区为基础，计划在2011～2015年内安排以下土地整治项目：

高标准基本农田项目42个（含5个西部生态建设地区农田整治项目），西部生态建设地区农田整治项目8个（含5个西部生态高标准基本农田建设项目），采煤沉陷区土地治理项目10个，一般土地综合整治项目14个。另外安排5个矿山土地复垦项目和79个重点农村集体建设用地复垦项目。

在上一轮规划实施中，还有3个土地开发整理项目已完工未验收、23个在建、11个入库未建，85个农村集体建设用地复垦项目在建。与上一轮规划衔接，本轮规划已将这些项目作为规划项目予以优先安排。

3. 重点项目安排。

（1）高标准基本农田建设项目。至2015年，荣昌县将建成24.18万亩高标准基本农田，其中万亩连片基本农田6片。主要涉及中部中丘粮油基地建设土地整治区的盘龙镇、龙集镇、仁义镇、河包镇、荣隆镇；北部深丘中谷生态农田建设土地整治区的吴家和清流镇；南部低山丘陵采煤沉陷土地综合整治区的清升和清江镇以及其他符合高标准基本农田建设条件的地区。共安排42个基本农田土地整理项目。其中市级全额投资项目20个，实施规模9614.98公顷，可新增耕地671.26公顷，预期投资17876.36万元。县级配套资金项目22个，实施规模6506.94公顷，可新增耕地587.17公顷，预期投资13356.10万元。

（2）西部生态建设地区农田整治项目。西部生态建设地区农田整治项目以改善生态环境为根本。依据《重庆市土地整治规划（2011～2015年）》，规划将项目选址在北部深丘中谷生态农田建设土地整治区和中部中丘粮油基地建设土地整治区，主要集中在吴家、远觉、铜鼓和河包4个镇。规划期内，共安排8个西部生态建设地区农田整治项目，其中市级全额投资项目1个，实施规模556.51公顷，可新增耕地60.32公顷，预期投资1252.14万元，实施规模平均每亩投资1500元；县级配套资金项目7个，实施规模1666.99公顷，可新增耕地165.06公顷，预期投资3412.98万元，实施规模平均每亩投资1363元。扣除划入高标准基本农田建设项目的5个西部生态建设地区农田整治项目，规划期内还有3个西部生态建设地区农田整治项目，实施规模641.37公顷，可新增耕地63.40公顷，预期投资1123.24万元，实施规模平均每亩投资1193元。

（3）采煤沉陷区土地整治项目。2011～2015年，全县规划安排10个采煤沉陷区土地整治项目，涉及永荣矿区内的双河、昌州、荣隆等3个街道。10个项目全部为县级投资，实施规模为2480.27公顷，可新增耕地面积234.70公顷，预期投资3358.55万元。

（4）农村建设用地复垦项目。2011～2015年，全县规划安排79个农村建设用地复垦重点项目，涉及21个镇街。全部为县级投资，实施规模为413.13公顷，可新增耕地面积392.47公顷，预期投资9295.33万元。

（5）其他土地整治项目。在实施上述四类项目的基础上，还需安排一定数量的其他土地整治项目，将这些项目作为农用地整治备选项目，确保规划目标任务顺利完成。规划期内，安排14个土地综合整治项目，实施规模6159.93公顷，预计新增耕地557.58公顷，预期投资9880.14万元。其中，市级项目5个，实施规模3634.54公顷，预计新增耕地327.60公顷，预期投资6542.17万元；县级项目9个，实施规模2525.39公顷，预计新增耕地229.98公顷，预期投资3337.97万元。

四、土地整治资金与效益

（一）资金筹措

土地整治项目资金包括耕地开垦费、土地复垦费、新增建设用地土地有偿使用费、用于农业土地开发的出让金和其他相关专项资金。根据荣昌县"十一五"期间土地开发整理项目资金筹集情况，土地整治资金主要来源于耕地开垦费、新增建设用地土地有偿使用费和其他相关专项资金。耕地开垦费，即按照"占一补一"的要求，建设单位应对建设占用耕地进行补充。耕地开垦费将全额用于县级土地整治项目投资。新增建设用地土地有偿使用费，根据国家对新增建设用地土地有偿使用费的分配，新增建设用地土地有偿使用费30%上缴中央，70%上缴地方政府，专项用于耕地开发整理。根据重庆市历年新增建设用地有偿使用费的分配情况，市财政与远郊区县按 15：85 分配。其他方式，土地整治项目投资中，市级项目由市级统筹新增建设用地有偿使用费解决；其余项目资金缺口可通过县政府委托造地、银行借贷、社会融资及聚合农业、水利、农发的相关部门资金等途径解决。

（二）预期效益分析

1. 经济效益。土地整治促进农村经济发展。一是增加农业产出。土地整治后有效耕地面积的增加、土地生产能力的提高、生产成本的降低等，都会直接影响到土地投入与产出的比率，进而增加农业产出。二是提高农民收入。目前荣昌县有近 20 万个农户，按标准耕作制度种植，全县平均每个农户每年可增加近 170 元收入；按优化耕作制度种植，全县每个农户每年可增加近 960 元收入。三是增加就业机会。土地整治能为农户提供新的收入来源，增加新的生产行业，为农村剩余劳动力提供就业机会，减少劳动力闲置。四是便于推广现代农业技术。土地整治后农田水利设施、交通设施等基础设施的配套完善，为农村规模化、集约化、机械化生产及农户发展多种经营提供一个良好的平台，便于现代化农业技术的推广使用。

2. 社会效益。通过土地整治，全面落实上级下达的 22 万亩旱涝保收的高标准基本农田建设任务，有助于保障县域粮食安全；明确土地权属，调整产权，有助于减少土地纠纷，维护农村社会稳定；健全基础设施体系，有效改善农业生产条件，提高全县农业规模化和产业化水平，有助于促进农业现代化建设；优化土地利用结构布局，提高土地节约集约利用水平，同时将土地整治与新农村建设相结合，加强农村基础设施和公共服务设施建设，可有效改变农村村容村貌，促进城乡统筹发展。

3. 生态效益。规划期末，荣昌县历史遗留损毁土地得到治理，生产建设活动新损毁土地得到及时复垦；集中连片改良中低产田，有效减少水土流失面积，降低土壤侵蚀模数 30%～50%，降低土地退化风险，提高土地生态安全程度和生态效益；形成良好的防护林体系，改善农田小气候，提高林木覆盖率至 45%，增强洪涝灾害抗御能力；通过土地整治和生产建设，提高农田生物多样性；将基本农田等优质耕地大面积连片布局，优化空间格局，构建景观优美、人与自然和谐的川东乡村环境。

五、规划实施保障措施

土地整治规划实施保障措施，一般涉及行政措施、经济措施、技术措施、监督措施四个方面，其中，行政措施又包括组织领导、执行落实、监管体系等内容；经济措施则包括资金渠道、资金管理、激励手段等内容；技术措施则包括信息化建设、科技支撑能力建设、专业机构与人才队伍建设等内容；监督措施则包括宣传工作、信息公开等内容。

第五章

喀斯特高原盆地区土地整治规划编制实践：以贵州省平坝县为例[①]

第一节　平坝县概况及其土地利用特征

一、区域概况

（一）自然条件

平坝县位于贵州省中部，距离省会贵阳48千米，距离安顺38千米，隶属于安顺市，是连接贵阳市和安顺市的纽带，为滇黔交通要道，古有"滇之腹，黔之喉"之称，地跨东经105度59分24秒、北纬26度15分18秒~26度37分45秒，东毗贵阳市，东南邻长顺，南交，西接织金县，北抵清镇市，东西长57.80千米，南北宽41.30千米，土地总面积98709.40公顷。

平坝县地处云贵高原梯状斜坡中断，苗岭山脉西北侧，平坝县境内山地、丘陵、山间平地交错分布。全县地形相对平坦，为全省平均坡度最小的县，境内15度以下缓坡面积为772.65平方千米，占全县面积78.28%。各种地形交错分布，以丘陵和山地为主，其中丘陵占全县面积40%，山地占40%，盆地占15%，台地占2%，水域占3%。

平坝县属于北亚热带季风湿润气候，四季分明，全年气候温和，冬无严寒，夏无酷暑，水热同季，无霜期长，雨量充沛，但多云寡照，辐射能低。年平均气温14.7

---

①　本章内容参考《贵州省平坝县土地整治规划（2011~2020年）》相关成果。

摄氏度，年平均降雨量 1300 毫米，无霜期 273 天。

平坝县土壤共分 6 个土类，18 个亚类，52 个土属，105 个土种。其中山地黄棕壤占土壤总面积的 6.17%，黄壤占土壤总面积的 38.42%，石灰土占土壤总面积的 26.89%，紫色土占土壤总面积的 0.24%，水稻土占土壤总面积的 28.28%。

平坝县水资源丰富，县境内共 7 条主河流，1 条支流，河道长 772.65 千米，河网密度为 0.78 千米/平方千米，县内流域面积 735 平方千米，占全县面积的 74%。

平坝县大部分为二叠系、三叠系地层，矿产资源丰富，已经探明的矿产有铝矿、铁矿、铜矿、硫铁矿、重晶石、磷矿、硅石、碘矿、大理石、石灰石、高岭土、煤矿。其中煤矿分布广，储量大，质量好，是本县的优势矿产资源。

平坝县属于亚热带常绿阔叶林植被带，植被多为次生植被和人工植被。现已经查明木本植物近千种，主要牧草 20 科，75 属 130 种，主要药材植物 221 种，绿肥作物 12 科 123 种，蔬菜作物 12 科 84 种，果桑，茶类 5 科 36 种，全县常见的乔木树种有阔叶林、林木约 39 科 85 种。

（二）社会经济条件

平坝县为滇黔必经之地，贵昆铁路、株六铁路复线、滇黔公路、贵黄高等级公路、清（镇）镇（宁）高速公路横贯全境，东距贵阳市 48 千米，西距 38 千米，南经安顺、可游亚太第一奇景龙宫和世界第二大瀑布黄果树大瀑布，西过三岔河可达世界罕见奇洞——织金洞，东从南湖乘船可览高原明珠——红枫湖，为贵州中部之"黄金通道"。平坝县因具有较好的区位和交通优势，成为贵阳和安顺这两大城市的主要辐射地之一。

2010 年全县生产总值（GDP）达 421785 万元。其中：第一产业 55180 万元，第二产业 246445 万元，第三产业 120160 万元。粮食产量 11.77 万吨，是贵州省重点粮食生产县之一，素有"黔中粮仓"的美誉；财政总收入 6.37 亿元，其中地方财政收入 4.3618 亿元；农民人均纯收入 3650 元。

全县耕地面积 4.10 万公顷，农作物以水稻、玉米、大豆、小麦为主。在高峰、白云、马场等地，平坝面积较大，灌溉方便，水稻种植较集中。经济作物主要有油菜、烤烟、茶叶等。水资源量 6.25 亿立方米，水能资源理论蕴藏量 12.5 万千瓦，可开发量 0.1 万千瓦。森林面积 3.02 万公顷，覆盖率 30.6%，活立木蓄积量 91.86 万立方米，草地面积 8809.18 公顷。野生动物资源有小灵猫、鹭、穿山甲等。野生植物资源有宽叶水韭、榉木等。矿产资源有煤、镁、铝土矿、硫铁矿等。煤主要分布十字乡、乐平乡，硫铁矿主要分布在齐伯乡、十字乡。旅游资源，文物古迹有平林寨飞虎山洞穴，为新石器时代遗址；马场有 34 座六朝古墓，出土文物为生活用器、青瓷器、铜器以及金银、玛瑙、琥珀、琉璃等装饰器具。还有槎白大寨汉墓、明代天台山上寺庙、高峰山摩崖等，民族风情点娄家庄苗寨。

二、土地利用现状及问题

（一）土地利用现状

根据 2010 年土地变更调查数据，全县土地面积 98709.40 公顷，其中耕地 40956.01 公顷，占土地总面积的 41.50%；建设用地 5324.78 公顷，占土地总面积的 5.44%；未利用地 23840.02 公顷，占土地总面积的 24.15%，详见表 5－1。

表 5－1　　　　　平坝县 2010 年土地利用现状统计　　　　　单位：公顷

行政区	总面积	耕地	园地	林地	草地	城镇村及工矿用地	交通运输用地	水域及水利设施用地	其他土地
平坝县	98709.40	40956.01	1299.71	30175.17	8809.18	4098.16	1226.60	2196.73	9947.84
城关镇	6517.63	2209.12	74.84	1608.56	816.79	620.22	224.11	70.26	893.73
白云镇	8442.58	3929.29	61.42	1969.36	222.42	440.55	86.32	120.28	1612.94
高峰镇	11881.49	4981.85	482.12	3071.98	1411.79	618.29	137.41	320.21	857.84
天龙镇	6307.48	3049.28	22.31	1541.05	623.19	290.61	123.01	43.33	614.70
夏云镇	6713.14	3715.56	135.06	953.80	762.60	482.33	165.43	120.57	377.79
马场镇	19353.95	7915.56	407.48	4464.66	3018.68	648.55	191.10	853.49	1854.43
乐平乡	12878.06	5275.47	47.60	5091.14	776.93	325.81	98.11	234.26	1028.74
齐伯乡	8146.54	2032.94	19.25	4667.10	148.18	169.56	58.24	207.49	843.78
十字乡	10988.08	4650.25	23.47	4108.03	542.39	269.02	82.26	102.55	1210.11
羊昌乡	7480.45	3196.69	26.16	2699.49	486.21	233.22	60.61	124.29	653.78

2010 年平坝县耕地总面积为 40956.01 公顷，其中水田 17071.97 公顷，水浇地 0.43 公顷，旱地 23883.61 公顷。耕地分为基本农田和一般耕地两个部分，平坝县基本农田面积 31026.23 公顷，占全县土地总面积的 31.43%，基本完成了平坝县土地利用总体规划确定的基本农田保护任务（31023 公顷），主要分布在地势较平坦的山间谷地区，降雨量丰富、灌溉条件相对较好的乡镇羊昌乡、乐平乡、夏云镇、十字乡、天龙镇、马场镇、齐伯乡。一般耕地面积 9929.78 公顷，占全县土地总面积的 10.06%。缓坡地段，水资源相对缺乏、灌溉条件较差的坡地及山间谷地区，主要包括羊昌乡、十字乡、齐伯乡、白云镇、高峰镇等，详见表 5－2。

表 5 - 2　　　　　　　　　　　平坝县 2010 年耕地利用现状统计　　　　　　　　　　单位：公顷

行政区	耕地	其中		
		水田	水浇地	旱地
平坝县	40956.01	17071.97	0.43	23883.61
城关镇	2209.12	688.01	0	1521.11
白云镇	3929.29	2027.01	0	1902.28
高峰镇	4981.85	3247.17	0	1734.68
天龙镇	3049.28	699.58	0.43	2349.27
夏云镇	3715.56	2031.15	0	1684.41
马场镇	7915.56	3075.07	0	4840.49
乐平乡	5275.47	1558.21	0	3717.26
齐伯乡	2032.94	474.61	0	1558.33
十字乡	4650.25	1121.6	0	3528.65
羊昌乡	3196.69	2149.56	0	1047.13

（二）土地利用存在问题

1. 城乡建设用地结构不尽合理，布局有待优化。2010 年全县农村居民点面积为 2335.04 公顷，占城乡建设用地总量的 72.93%；城镇用地面积 866.83 公顷，仅占城乡建设用地总量的 27.07%，而同期农村人口占总人口的比例为 76%。受不同发展条件、发展水平和历史因素的影响，全县城镇建设用地主要分布在城关镇、马场镇、夏云镇、白云镇、天龙镇、高峰镇，乐平乡。而居民点分布十分散乱，全县范围均有分布。

2. 耕地总量持续减少，人地矛盾形势严峻。经济发展使建设用地需求进一步加大，人均耕地持续减少。中央提出继续实行积极的财政政策、加大基础设施投资、加快城镇化发展、实施小城镇建设和西部大开发战略，这些目标的实施，不可避免要大量占用耕地，土地供需矛盾将越来越尖锐。

生态退耕力度加大，对规划确定的耕地保有量造成较大压力。林业部门提出 25 度以上的坡耕地必须全部退耕，所确定的退耕计划远高于土地利用总体规划所确定的生态退耕指标，平坝县退耕计划一般都超过规划指标，对耕地总量变化将产生重要影响。

3. 耕地质量不断下降。随着耕地数量的不断减少，耕地质量也在不断下降。主要表现在：

首先，耕地环境质量恶化。一是各种污染严重。主要表现为大气、水和土壤污染三方面。二是水土流失严重、自然灾害损毁耕地持续增长。据调查全县水土流失面积占耕地总面积的 37.71%。

其次，耕地肥力下降。耕地土壤肥力是耕地质量的重要表现。全县土壤以黄壤、黄泥土为主，土壤肥力不高，加之大量使用化肥，导致土壤板结严重，造成土壤肥力严重降低。平坝县农用地分等结果显示，上等地占耕地面积的比例为11.80%，中下等地达到88.20%。

最后，补充耕地的质量偏低。从近年耕地补充的情况来看，未利用土地的开发占有相当的比重，而实际建设占用的耕地大都为高产优质农田。在已完成的占补平衡中，往往只强调耕地数量的平衡，而忽视了土地质量，实际的耕地产出比有很大差异。

4. 可开垦后备土地资源少，开垦难度大。随着社会经济的不断发展，全县宜农地开发后备土地资源越来越少，开垦难度大，丘陵山地的地貌特征也决定了全县后备土地资源缺乏，受自然条件和社会经济条件以及交通状况等因素的制约，在全县现有的荒草地及其他土地中，可供开发的未利用地十分有限。

第二节　平坝县土地整治规划编制调查评价

一、平坝县上一轮土地开发整理规划实施评价

（一）平坝县上一轮土地开发整理规划目标执行情况

上一轮规划实施期间，实际开展的土地开发整理总规模为791.60公顷，其中耕地整理面积303.78公顷，建设用地复垦面积25.22公顷，未利用土地开发462.60公顷，实施规模完成率23.53%。新增耕地面积440.69公顷；其中，耕地开发整理新增耕地416.68公顷，建设用地复垦新增耕地24.01公顷，新增耕地完成率达48.40%。规划实施情况与目标相比，开发整理复垦完成率相差51.60%，新增耕地指标完成率相差48.40%，新一轮土地开发整治潜力较大，详见表5-3。

根据上一轮规划指标，从表5-3中可知，实际完成指标与规划目标有一定差距，其原因为：（1）整治工作宣传不到位，耕地整理关系到当地农户的切身利益，只有获得村民的支持才能更好地开展工作；农村人口大量涌入城市后农村劳动力不足，农村地区存在大量的闲置土地，且耕地的利用效率还有待提高。（2）由于自然条件等因素限制，规划项目难以实施。因此，进一步实施土地整治，增加有效耕地数量，提高耕地质量及产能的空间很大。

表 5 – 3　　　　平坝县上一轮土地开发整理规划（2006～2010 年）目标执行情况

	指标	规划目标	实际实施规模	差值（实际指标 – 规划指标）
总体指标	开发整理复垦总规模（公顷）	3256.03	791.60	– 2464.43
	新增耕地规模（公顷）	910.59	440.69	– 469.90
	投资规模（万元）	17267.95	3043.97	– 14223.98
分项指标	开发整理规模（公顷）	3230.81	766.38	– 2464.43
	开发整理新增耕地面积（公顷）	886.55	416.68	– 469.88
	复垦规模（公顷）	25.22	25.22	0
	复垦新增耕地面积（公顷）	24.01	24.01	0

（二）平坝县上一轮土地开发整理规划实施效益评价

1. 评价指标体系构建。土地整治的效益表现为土地整治项目实施前后经济、社会和生态指标的改善。在进行广泛实地调查分析后，获得了大量的相关研究资料，进而构建了土地整治效益的经济、社会和生态指标。在此基础上，考虑一般土地整治项目的共同特点，本着定量、可操作性强等原则，建立了土地整治综合效益评价三层次指标体系，该体系由目标层 A、准则层 B 和方案层 C 构成，将土地整治综合效益设为目标层，经济效益、社会效益和生态效益设为准则层，各单项指标设为方案层，层次结构见图 5 – 1。

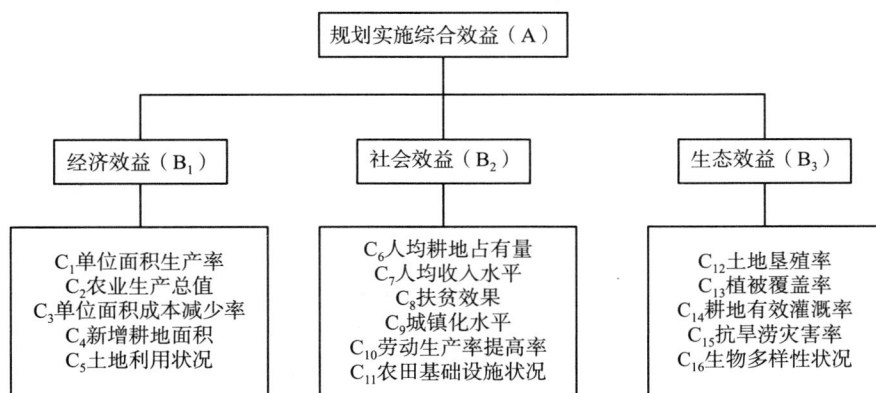

图 5 – 1　平坝县上一轮土地开发整理规划实施效益综合评价指标体系

2. 综合评价值计算与分析。运用层次分析法计算平坝县上一轮土地开发整理规划实施效益评价指标权重，见表 5 – 4。

表5-4 平坝县上一轮土地开发整理规划实施效益综合评价指标权重

层次 B	B_1	B_2	B_3	综合权重 W_i
层次 C	0.6000	0.2006	0.2006	
C_1	0.4087	—	—	0.2452
C_2	0.1610	—	—	0.0966
C_3	0.1431	—	—	0.0859
C_4	0.0528	—	—	0.0317
C_5	0.2340	—	—	0.1404
C_6	—	0.0315	—	0.0063
C_7	—	0.3061	—	0.0612
C_8	—	0.0738	—	0.0148
C_9	—	0.3061	—	0.0612
C_{10}	—	0.1434	—	0.0287
C_{11}	—	0.1391	—	0.0278
C_{12}	—	—	0.0440	0.0088
C_{13}	—	—	0.1007	0.0201
C_{14}	—	—	0.2157	0.0431
C_{15}	—	—	0.5388	0.1078
C_{16}	—	—	0.1007	0.0201

确定了土地整理综合效益评价指标、各指标的权重及分值后，计算土地整理综合效益评价的模型为：

$$P = \sum_{i=1}^{n} C_i \times W_i$$

式中：P 为综合效益评价值；C_i 为第 i 个指标的分值；W_i 为对应指标权重值；n 为评价指标的个数。

借鉴相关土地整治实施评价体系的研究，结合平坝县 2006～2010 年统计年鉴、2006～2010 年土地开发整理实施情况等资料，对全县土地整理评价指标进行量化。指标评定分值最高设为 100，最低设为 0。依据上式中的评价模型计算出平坝县土地整治实施前后综合效益评价值，详见表5-5。

表5-5 平坝县上一轮土地开发整理规划实施效益综合评价值

评价指标	权重值	整治前单项指标分值	整治前单项指标效益评价值	整治后单项指标分值	整治后单项指标效益评价值
C_1	0.2452	80	19.616	90	22.068
C_2	0.0966	80	7.728	90	8.694
C_3	0.0859	70	6.013	90	7.731

评价指标	权重值	整治前单项指标分值	整治前单项指标效益评价值	整治后单项指标分值	整治后单项指标效益评价值
C_4	0.0317	70	2.219	90	2.853
C_5	0.1404	70	9.828	85	11.934
C_6	0.0063	70	0.441	90	0.567
C_7	0.0612	85	5.202	90	5.508
C_8	0.0148	60	0.888	80	1.184
C_9	0.0612	70	4.284	80	4.896
C_{10}	0.0287	80	2.296	90	2.583
C_{11}	0.0278	60	1.668	80	2.224
C_{12}	0.0088	70	0.616	90	0.792
C_{13}	0.0201	70	1.407	90	1.809
C_{14}	0.0431	60	2.586	90	3.879
C_{15}	0.1078	50	5.39	85	9.163
C_{16}	0.0201	50	1.005	80	1.608
综合效益评价值			71.187		87.493

由表 5-5 可知，平坝县土地整治前后综合效益评价值分别为 71.187 和 87.493，相对而言土地整治后综合效益有所增加，效果良好。将土地整治前后各单项指标效益评价值加以比较，得出：各个指标较整治实施前均有所提高，土地整治后各单项指标效益评价值普遍高于土地整治前，土地利用状况、耕地有效灌溉率和抗旱涝灾害率明显提高。从经济效益、社会效益、生态效益三方面来看，经济效益评价值由整治前的 45.404 提高到整治后的 53.28；社会效益指标值由 14.779 提高到 16.962，生态效益指标值由 11.004 提高到 17.251，经济效益指标值增加 7.876，社会效益指标值提高 2.183，生态效益指标值提高 6.246。由此说明，平坝县土地整治后综合效益的增加主要表现在经济效益提高，社会效益和生态效益的提高不是很明显，在新一轮土地整治活动中，应加强土地整治在促进社会效益和生态效益方面的作用，使平坝县新一轮土地整治的综合效益得到进一步的提升。

二、平坝县土地整治潜力分析与评价

（一）耕地整治数量潜力分析与评价

耕地整理新增耕地来源主要有三种方式：一是降低田坎系数、并通过填沟、整理零星地物和利用废弃闲散地等增加耕地面积；二是通过调整田间道路、林网配套、沟渠改造等增加耕地面积；三是调整产业结构比例，使部分园地、林地、草地和水面等改造成耕地，以增加耕地并提高土地生产能力。

1. 待整理耕地面积。规划期内，不对大于25度的坡耕地和2010年年末前已实施土地整治的耕地区域以及土地利用总体规划中确定被占用的耕地进行整理。待整理耕地包括为农业生产服务的田坎、沟渠，生产道路等配施用地及规模小于2公顷的未利用地、规模小于1公顷的废弃砖瓦工矿地等，同时或间有规模较小的农村居民点整理。现有耕地面积以平坝县2010年土地利用变更调查数据为依据。不同坡度耕地结构及待整理面积详见表5-6。

表5-6　　　　　　　　　平坝县2010年耕地坡度分级分类统计

行政区	耕地面积（公顷）	平地 ≤2度 面积	梯田及坡度							
			2~6度		6~15度		15~25度		>25度	
			梯田	坡地	梯田	坡地	梯田	坡地	梯田	坡地
平坝县	40956.01	12338.52	2455.73	4215.16	3974.51	10700.45	734.37	4035.32	447.94	2054.01
城关镇	2209.12	345.63	297.36	659.64	88.06	665.86	1.72	120.44	3.25	27.16
白云镇	3929.29	1283.35	173.47	135.82	504.70	771.16	79.19	450.66	202.72	328.22
高峰镇	4981.85	2799.81	167.22	207.44	771.74	846.76	14.78	146.96	0.61	26.53
天龙镇	3049.28	35.53	457.19	1232.19	154.44	797.64	8.42	108.88	62.95	192.04
夏云镇	3715.56	2505.06	137.15	276.52	98.87	570.62	0.25	104.81	0.03	22.25
马场镇	7915.56	3213.80	365.63	907.01	409.47	2482.62	6.51	411.10	6.95	112.47
乐平乡	5275.47	95.83	412.18	405.00	633.04	1524.61	343.28	1010.89	128.72	721.92
齐伯乡	2032.94	2.16	54.61	34.18	246.13	420.89	142.06	638.47	32.09	462.35
十字乡	4650.25	397.58	249.34	286.99	513.88	2063.72	109.13	891.87	6.75	130.99
羊昌乡	3196.69	1659.77	141.58	70.37	554.18	556.57	29.03	151.24	3.87	30.08

从表5-6可以看出，平坝县耕地有82.25%分布在15度以下，15~25度间的占11.65%，25度以上的仅占6.1%，可见平坝县耕地多分布在地势平坦地区，平坝县还是全省的主要产粮区，被誉为"黔中粮仓""鱼米之乡"。

2. 耕地整治数量潜力测算。采用典型调查耕地整理潜力测算方法，利用2011年贵州省土地整治专项自查清理成果，根据对平坝县历年土地整理项目的新增耕地率的调查及项目完成后沟渠、道路、林网及农业设施用地等地类比重的测算，对不同坡度的耕地整理项目进行统计分析，测算出各乡镇非耕地比重，推算得出相应坡度级的典型调查新增耕地系数。计算公式如下：

$$\Delta S = \sum_{i=1}^{n} (\alpha_{di} \times S_i)$$

$$\alpha_{di} = A_{di} - A_{bi}$$

$$\alpha = \Delta S / S$$

式中：ΔS 为乡镇新增耕地面积；α_{di} 为典型区新增耕地系数；S_i 为与典型样区同坡度级别的待整理耕地区面积；A_{di} 为典型样区中沟渠、道路、林网、田坎、坟地、零星建设用地和未利用地等面积之和占典型样区面积的比例（各坡度级别样区分别计算）；A_{bi} 为设定的与典型样区同坡度类型区集约利用水平较高的耕地中沟渠、道路、林网、田坎等面积之和占耕地区面积的比例；α 为乡镇新增耕地系数；S 为乡镇待整理区总面积。

根据第二次全国土地调查（2009）、《平坝县土地利用总体规划（2006～2020 年)》、2010 年平坝县土地利用变更调查，并结合平坝县实际情况进行典型样区调查，依据上述测算公式，最终获得每个乡镇不同坡度级耕地的新增耕地系数，分析测算出各乡镇新增耕地潜力，详见表 5－7 和表 5－8。

表 5－7　　　　　　　　　　　平坝县 2010 年各乡镇非耕地系数统计

行政区	0～6 度			6～15 度			15～25 度		
	待整理耕地（S_i)/（公顷）	A_{di}	A_{bi}	等整理耕地（S_i)/（公顷）	A_{di}	A_{bi}	等整理耕地（S_i)/（公顷）	A_{di}	A_{bi}
城关镇	1153.09	0.0737	0.0425	667.37	0.0834	0.0527	108.14	0.0916	0.0601
白云镇	1407.37	0.0851	0.0533	1127.44	0.0872	0.0559	468.21	0.0923	0.0619
高峰镇	2886.63	0.0646	0.0329	1471.75	0.0783	0.0472	147.07	0.0818	0.0509
天龙镇	1606.46	0.0862	0.0511	886.70	0.0885	0.0545	109.24	0.0933	0.0608
夏云镇	2269.55	0.0558	0.0244	520.58	0.0632	0.0327	81.69	0.0645	0.0301
马场镇	3809.74	0.0758	0.0434	2455.87	0.0812	0.0496	354.62	0.8610	0.8302
乐平乡	842.08	0.0986	0.0564	1990.01	0.1025	0.0609	1248.96	0.1106	0.0703
齐伯乡	58.43	0.1108	0.0594	428.51	0.1184	0.0678	501.43	0.1257	0.0830
十字乡	916.50	0.0851	0.0519	2529.56	0.0935	0.0610	982.34	0.0928	0.0616
羊昌乡	1638.92	0.0872	0.0523	972.60	0.0875	0.0532	157.85	0.0836	0.0503

表5-8　平坝县2010年各乡镇耕地整治数量潜力

行政区	0~6度		6~15度			15~25度		总潜力(公顷)	α
	整理S(公顷)	α_{di}	ΔS(公顷)	整理S(公顷)	α_{di}	ΔS(公顷)	整理S(公顷)	α_{di}	ΔS(公顷)		
平坝县	16588.76	0.0331	549.49	13050.39	0.0341	445.22	4159.56	0.0354	147.12	1136.14	0.0338
城关镇	1153.09	0.0312	35.98	667.37	0.0307	20.49	108.14	0.0315	3.41	59.98	0.0311
白云镇	1407.37	0.0318	44.75	1127.44	0.0313	35.29	468.21	0.0304	14.23	93.69	0.0312
高峰镇	2886.63	0.0317	91.51	1471.75	0.0311	45.77	147.07	0.0309	4.54	140.57	0.0312
天龙镇	1606.46	0.0351	56.39	886.70	0.0340	30.15	109.24	0.0325	3.55	88.22	0.0339
夏云镇	2269.55	0.0314	71.26	520.58	0.0305	15.88	81.69	0.0344	2.81	89.03	0.0310
马场镇	3809.74	0.0324	123.44	2455.87	0.0316	77.61	354.62	0.0308	10.92	209.20	0.0316
乐平乡	842.08	0.0422	35.54	1990.01	0.0416	82.78	1248.96	0.0403	50.33	168.96	0.0414
齐伯乡	58.43	0.0514	3.00	428.51	0.0506	21.68	501.43	0.0427	21.41	47.64	0.0482
十字乡	916.50	0.0332	30.43	2529.56	0.0325	82.21	982.34	0.0312	30.65	143.04	0.0323
羊昌乡	1638.92	0.0349	57.20	972.60	0.0343	33.36	157.85	0.0333	5.26	95.82	0.0346

通过对全县各村农地区耕地和沟渠、道路、林网、田坎、坟地、零星建设用地和未利用地比重测算，全县待整理面积为33798.71公顷，预计新增耕地面积1136.14公顷，新增耕地率3.38%。以乡镇为基本单元，以耕地整理增加耕地的潜力系数为标准，将全县耕地整理潜力分为三个等级，分级标准见表5-9。即 I 级潜力乡镇为天龙镇、乐平乡、齐伯乡、羊昌乡；II 级潜力乡镇为马场镇、十字乡；III 级潜力乡镇为城关镇、白云镇、高峰镇、夏云镇。

表 5-9　　　　　　　　　　　　平坝区耕地整理数量潜力分级标准

数量潜力分级	I 级	II 级	III 级
新增耕地系数 α	α≥0.0325	0.315≤α<0.0325	α<0.315

3. 耕地整治数量潜力目标确定。从平坝县未来土地整理项目的分布来看，土地整理项目周边的山区由于荒地开发潜力有限，开发难度大，新增耕地潜力主要来自田埂、沟渠、裸地、零星地物及农村道路等非耕地的整理。综合各乡镇土地整理典型项目区的调查和新增耕地潜力的测算，为圆满完成平坝县现行土地利用总体规划保护耕地总体平衡目标，规划期间，平坝县共安排耕地整理项目 29 个，耕地整理规模为17431.92公顷，预计新增耕地面积564.62公顷，其中，2010~2015年完成整理规模9501.51公顷，新增耕地309.63公顷；2015~2020年完成整理规模7930.41公顷，新增耕地256.99公顷，详见表5-10。

表 5-10　　　　　　　　　　　　平坝县 2011~2020 年耕地整理项目汇总

行政区	新增耕地系数	耕地整治规模（公顷）		新增耕地面积（公顷）	
		2010~2015 年	2015~2020 年	2010~2015 年	2015~2020 年
城关镇	0.0311	417.86	—	13.00	—
白云镇	0.0312	1829.30	521.10	57.07	16.26
高峰镇	0.0312	367.72	3065.22	11.47	95.63
天龙镇	0.0339	1254.36	—	42.52	—
夏云镇	0.031	2228.12		69.07	
马场镇	0.0316	981.05	2939.73	31.00	92.90
乐平乡	0.0414	419.33	407.47	17.36	16.87
齐伯乡	0.0482	—	196.69	—	9.48
十字乡	0.0323	518.23	800.20	16.74	25.85
羊昌乡	0.0346	1485.54	—	51.40	—
小计		9501.51	7930.41	309.63	256.99
合计		17431.92		564.62	

（二）农村建设用地整治潜力分析与评价

全县下辖 4 乡 6 镇，城镇数量少，分布相对紧凑。城镇之间的交通体系全部连通，从功能上，城镇之间农业、工业和第三产业各有侧重，形成了优势互补的城镇体系。村组数量多，分布广。由于平坝县村庄分布主要集中在坝区和半山区，山区较稀。全县辖 193 个村（居）委会，1508 个村民小组，分布较分散。

平坝县 2010 年有人口 353777 人，其中非农人口 65772 人，农村人口 288005 人；全县居民建设用地 3201.87 公顷，城镇建设面积 866.83 公顷，农村建设面积 2335.04 公顷。然而据 2010 年平坝县统计数据分析，全县城镇化率达到 36%，由此可知，全县实际居住在城镇的人口约 127359 人，城镇人均住房面积 68.06 平方米，实际居住在农村的人口约 226418 人，农村人均住房面积 103.13 平方米，全县人均住房面积为 90.51 平方米。

1. 农村居民点利用现状。据 2009 年第二次全国土地调查和 2010 年土地变更调查数据统计，2010 年全区农村居民点用地 2335.04 公顷，占土地总面积的 2.37%，详见表 5 - 11。

表 5 - 11　　　　　　　　　平坝县农村基层组织基本情况

行政区	农村居民点面积（公顷）	村委会数量（个）	村民小组数量（个）	总人口数（人）
平坝县	2335.04	206	1508	288005
城关镇	159.73	27	201	27300
白云镇	240.78	24	169	32627
高峰镇	264.53	19	132	25742
天龙镇	140.24	11	55	21510
夏云镇	231.58	18	89	24666
马场镇	420.78	28	260	40222
乐平乡	285.21	28	223	43517
齐伯乡	151.80	17	170	18635
十字乡	239.79	21	123	33376
羊昌乡	200.60	13	86	20410

2. 农村建设用地整治规模预测。采用人均用地估算法预测农村建设用地整理规模。首先进行各乡（镇）农村人口预测，计算公式如下：

$$Q_t = Q_0 \times (1 + r)^t \pm \Delta Q$$

式中：Q_t 为某乡（镇）规划期末农村人口总数；Q_0 为乡（镇）现状农村人口总

数；r 为人口自然增长率；t 为规划期（年）；ΔQ 为人口机械变动量。

平坝县 2020 年农村人口预测结果详见表 5 – 12。

表 5 – 12　　　　　　　　　　　　平坝县 2020 年农村人口预测

行政区	农村人口总数 （Q_0）（人）	人口自然增长率 （r）（‰）	规划期（t）（年）	人口机械变动量 （ΔQ）（人）	Q_t（人）
城关镇	27300	6.81	10	255	29236
白云镇	32627	5.56	10	129	34731
高峰镇	25742	4.48	10	− 139	27194
天龙镇	21510	4.29	10	97	22649
夏云镇	24666	4.65	10	− 153	26018
马场镇	40222	6.46	10	− 161	42601
乐平乡	43517	5.95	10	− 237	45908
齐伯乡	18635	7.22	10	− 215	19509
十字乡	33376	7.42	10	− 191	35449
羊昌乡	20410	7.11	10	− 168	21490

经过预测，规划期末平坝县农村人口为 304785 人，城镇人口 92863 人，扣除长期居住城镇的部分"农村户籍人口"。实际居住在农村的人口约 198823 人。

其次根据农村人口预测及其人均用地标准，预测农村建设用地腾退规模。计算公式如下：

$$S_t = B \times Q_t$$

$$\Delta S = S_0 - S_t$$

式中：S_t 为乡（镇）规划期末农村建设用地面积；B 为规划人均用地标准；S_0 为乡（镇）现状农村建设用地面积；ΔS 为乡（镇）农村建设用地腾退规模。

现状农村建设用地面积 S_0 采用二调和 2010 年变更调查后统计数据，规划人均用地标准 B 依据《村镇规划标准》（GB 50188 – 2007）确定，详见表 5 – 13、表 5 – 14。

表 5 – 13　　　　　　　　　　　　人均建设用地指标分级

级别	一	二	三	四
人均建设用地指标（平方米/人）	60 ~ 80	80 ~ 100	100 ~ 120	120 ~ 140

表 5 - 14 规划人均建设用地指标

现状人均建设用地指标（平方米/人）	规划调整幅度（平方米/人）
60 ~ 80	增 0 ~ 10
80 ~ 100	增、减 0 ~ 10
100 ~ 120	减 0 ~ 10
12 ~ 140	减 0 ~ 15
>140	减至 140 以内

注：规划调整幅度是指规划人均建设用地指标对现状人均建设的增减数值。

平坝县现状人均建设用地标准，详见表 5 - 15。

表 5 - 15 现状人均农村建设用地指标

行政区	总面积（公顷）	农村人口数（人）	人均用地标准（平方米/人）
平坝县	2335.04	288005	91
城关镇	159.73	27300	60
白云镇	240.78	32627	75
高峰镇	264.53	25742	102
天龙镇	140.24	21510	75
夏云镇	231.58	24666	85
马场镇	420.78	40222	104
乐平乡	285.21	43517	75
齐伯乡	151.80	18635	80
十字乡	239.79	33376	75
羊昌乡	200.60	20410	88

平坝县人均农村建设用地分级为三级，城关镇、白云镇、天龙镇、乐平乡、十字乡为一级；夏云镇、齐伯乡、羊昌乡为二级；高峰镇、马场镇为三级。平坝县农村建设用地规划人均建设用地指标为 81.08 平方米/人。

依据以上指标对平坝县各乡（镇）农村建设用地腾退规模进行预测，通过测算，平坝县农村建设用地腾退规模为 285.74 公顷，预测结果详见表 5 - 16。

表 5 - 16 平坝县农村建设用地腾退规模测算

行政区	B(平方米/人)	Q_t(人)	S_0(公顷)	S_t(公顷)	ΔS(公顷)
平坝县	91	304785	2335.04	2049.30	285.74
城关镇	60	29236	159.73	127.42	32.31

行政区	B(平方米/人)	Q_t(人)	S_0(公顷)	S_t(公顷)	ΔS(公顷)
白云镇	75	34731	240.78	223.75	17.03
高峰镇	102	27194	264.53	207.52	57.01
天龙镇	75	22649	140.24	121.53	18.71
夏云镇	85	26018	231.58	195.72	35.86
马场镇	104	42601	420.78	376.31	44.47
乐平乡	75	45908	285.21	261.64	23.57
齐伯乡	80	19509	151.80	132.59	19.21
十字乡	75	35449	239.79	223.12	16.67
羊昌乡	88	21490	200.60	179.7	20.90

3. 农村建设用地整理新增耕地潜力预测。新增耕地系数的确定：利用 2011 年贵州省农村土地整治专项自查清理成果，对安顺地区建设用地整治项目进行统计分析，结合《安顺地区土地利用总体规划（2006～2020 年）》、《平坝县土地利用总体规划（2006～2020 年）》确定的土地整治目标任务确定平坝县农村建设用地整理新增耕地系数。农村建设用地整理新增耕地潜力测算采用如下公式：

$$\Delta S_g = (S_0 - B \times Q_t) \times \alpha$$
$$\Delta S_g = \Delta S \times \alpha$$

式中：ΔS_g 为新增耕地面积；S_0 为现状农村建设用地面积；B 为规划人均建设用地指标；ΔS 为农村建设用地腾退规模；α 为增加耕地率（%）。

计算结果详见表 5－17。

表 5－17　　　　　　　　　平坝县农村建设用整理新增耕地测算

行政区	B(平方米/人)	Q_t(人)	S_0(公顷)	S_t(公顷)	ΔS(公顷)	α(%)	ΔS_g(公顷)
平坝县	91	304785	2335.04	2049.30	285.74	86.30	246.59
城关镇	60	29236	159.73	127.42	32.31	88.24	28.51
白云镇	75	34731	240.78	223.75	17.03	85.73	14.60
高峰镇	102	27194	264.53	207.52	57.01	89.51	51.03
天龙镇	75	22649	140.24	121.53	18.71	88.62	16.58
夏云镇	85	26018	231.58	195.72	35.86	86.27	30.94
马场镇	104	42601	420.78	376.31	44.47	86.59	38.51
乐平乡	75	45908	285.21	261.64	23.57	83.42	19.66
齐伯乡	80	19509	151.80	132.59	19.21	76.81	14.76
十字乡	75	35449	239.79	223.12	16.67	87.05	14.51
羊昌乡	88	21490	200.60	179.70	20.90	83.74	17.50

4. 农村建设用地整理潜力分级。建设用地整理潜力分级，以乡镇为基本单元，以农村居民点整治增加耕地的潜力系数为标准，将全县农村建设用地整理潜力分为三个等级。分级情况详见表 5 - 18。

表 5 - 18 　　　　　　　　　农村建设用地整理分级指标

潜力分级	I 级	II 级	III 级
新增耕地率 α	α≥88%	85%≤α<88%	α<85%

由表 5 - 17 和表 5 - 18 可知，一级潜力区为城关镇、高峰镇、天龙镇、十字乡；二级潜力区为白云镇、夏云镇、马场镇；三级潜力区为乐平乡、齐伯乡、羊昌乡。

（三）土地复垦潜力分析与评价

1. 土地复垦适宜性评价。平坝县共有采矿用地 432.29 公顷，人均有采矿用地 12.23 平方米。以图斑为单位调查待复垦土地资源的自然度、有效土层厚度、土壤质地、水源保证情况、污染程度等。根据全县待复垦土地资源的不同类型，选择不同的评价因素、指标进行分类评价。其中评价挖损地、塌陷地宜耕性主要选择土壤污染程度、地面坡度、积水深度、地下水位、覆土来源保障程度、挖掘塌陷深度六个因素。评价压占土地宜耕性主要选择堆积量、堆积物污染程度、堆积地面坡度、有无覆土源/埋放地、堆积地面原土壤肥力状况、灌溉保证程度六个因素，详见表 5 - 19。

表 5 - 19 　　　　　　　　　待复垦土地资源宜耕性评价指标

土地破坏类型	评价因素	评价标准
挖损地、塌陷地	土壤污染程度	轻微
	地面坡度	<25 度
	积水深度（米）	<3
	地下水位（米）	>1
	覆土来源保障程度	良好
	挖掘塌陷深度（米）	<5
压占地	堆积量（立方米/平方米）	<5
	堆积物污染程度	轻微
	堆积地面坡度	<15 度
	有无覆土源/埋放地	有覆土源/埋放地
	堆积地面原土壤肥力状况	良好
	灌溉保证程度	良好

2. 土地复垦潜力测算与分级。结合待复垦土地资源宜耕性评价指标表和二次调查数据，对全县范围待复垦项目点进行实地踏勘，整合分析废弃地适宜复垦情况。经调查分析，规划期内，全县待复垦土地资源 69.48 公顷，其中宜耕待复垦土地资源约 35.26 公顷，适宜复垦为林地约 7.11 公顷，复垦资源全部为采矿用地。其中面积较大的乡镇分别为乐平乡、马场镇、天龙镇、白云镇、十字乡等清镇公路沿线乡镇，详见表 5-20。

表 5-20　　　　　　　　　　　　平坝县各乡镇采矿用地复垦潜力

行政区	采矿用地 （公顷）	待复垦土地 （公顷）	宜耕土地 （公顷）	新增耕地 面积（公顷）	新增耕地率 （%）
平坝县	432.29	62.37	35.26	30.26	86
城关镇	54.08	2.42	0.24	0.19	83
白云镇	31.66	12.06	10.37	9.23	89
高峰镇	112.82	11.93	1.37	1.26	88
天龙镇	40.52	3.84	2.69	2.10	92
夏云镇	40.20	5.31	0.00	0.00	0
马场镇	45.73	8.42	5.37	4.83	90
乐平乡	37.49	4.25	3.61	2.88	80
齐伯乡	17.75	1.23	0.92	0.71	85
十字乡	27.29	10.37	8.97	7.62	85
羊昌乡	24.75	2.54	1.72	1.43	83

如表 5-20 所示，平坝县土地复垦潜力为 35.26 公顷，以新增耕地系数作为复垦潜力分级指标，分布情况详见表 5-21。

表 5-21　　　　　　　　　　　　平坝县适宜复垦采矿用地分级

潜力分级	Ⅰ级	Ⅱ级	Ⅲ级
新增耕地率 α	α≥90%	80% < α < 90%	α≤80%
行政区	马场镇、高峰镇	城关镇、白云镇、十字乡、夏云镇、羊昌乡	天龙镇、乐平乡、齐伯乡

（四）宜农土地开发潜力分析与评价

1. 平坝县未利用地现状分析。2010 年平坝县未利用地面积为 17905.32 公顷，占土地总面积的 18.14%，其水域水面 2086.05 公顷，滩涂 98.05 公顷，荒草地 8809.18 公顷，裸地 6912.04 公顷。各乡镇未利用地面积悬殊，全县 10 个乡镇中，马场镇未利用地面积最大，为5270.63公顷，齐伯乡最小为917.09公顷。未利用地数量及具体分布详见表5-22。

表5-22　　　　　　　　　　　平坝县未利用地分布

行政区	合计（公顷）	水域（公顷）	滩涂（公顷）	其他草地（公顷）	裸地（公顷）
平坝县	17905.32	2086.05	98.05	8809.18	6912.04
城关镇	1630.49	68.26	0.00	816.79	745.44
白云镇	1623.16	119.18	0.50	222.42	1281.06
高峰镇	2372.16	313.91	4.63	1411.79	641.83
天龙镇	1023.23	42.00	1.11	623.19	356.93
夏云镇	1152.12	119.94	0.25	762.60	269.33
马场镇	5270.63	804.56	43.53	3018.68	1403.86
乐平乡	1408.09	230.60	3.41	776.93	397.15
齐伯乡	917.09	163.86	43.20	148.18	561.85
十字乡	1398.37	100.42	1.42	542.39	754.14
羊昌乡	1109.98	123.32	0.00	486.21	500.45

2. 宜农土地开发适宜性评价。以第二次全国土地调查成果为基础，充分利用平坝县域地形图、土地利用现状图、土壤普查资料和图件、土地利用总体规划资料和图件、农业气候资料以及各种区划资料，对县域内的全部荒草地和裸地进行评价，将每个图斑作为一个评价单元。参评因子主要有坡度、土层厚度、土壤质地和肥力、耕作半径、水利灌溉条件，并参考现状、分布及周边环境。一等适宜：土地在利用上高度适宜，限制因素较少，经济效益好，能持续利用。该类主要是极缓坡（小于6度）的耕地。二等适宜：土地在利用上中度适宜，有一定限制，经济效益一般，利用不当会引起土地退化。该类主要是缓坡（6～15度）的耕地。三等适宜：土地在利用上勉强适宜，受到较大限制，经济效益差，容易引起土地退化。该类主要是陡坡（15～25度）的耕地，详见表5-23。

平坝县土地开发的主要对象为荒草地，潜力较大。通过采取工程技术和生物措施，对适宜开发利用的地块，通过土地平整与改造、配套完善农田水利设施、修建田间道路、营造防护林等措施，增加有效耕地面积，逐步改善土壤环境，提高耕地质量。开发地块选择首先以是否宜耕作为主要评价标准，同时考虑坡度、有效土层厚度、土壤质地、水源保证情况等综合确定。坡度15度以下，周边有水源供给的地块优先纳入土地开发范围。开发地块选择还应充分考虑周边农用地情况，待开发地块最好能处于耕地集中区，开发成高等别耕地，能够形成连片耕地并纳入基本农田进行永久保护。通过开发适宜性评价，并辅助 GIS 空间分析，确定全县适宜开发的荒草地面积 860.13 公顷。

表 5 - 23　　　　　　　　　　　　　宜农土地开发等级

评价指标	宜农等级		
	一等适宜	二等适宜	三等适宜
自然坡度	<6 度	6 ~ 15 度	<25 度
土层厚度	75 ~ 100 厘米	50 ~ 75 厘米	>50 厘米
土壤质地	壤质	偏黏、偏沙	黏土、沙土
土壤肥力	高	中	低
地下水位	>2 米	>1.5 米	>1 米
温度条件	能满足作为生长	能满足作为生长	能满足作为生长
水分条件	有稳定保证	有一般保证	保证率低
海拔	<1100 米	1100 ~ 1500 米	>1500 米
耕作半径	<1 千米	1 ~ 2 千米	>2 千米

3. 新增耕地潜力分析。2006 ~ 2011 年间，平坝县共实施开发项目 42 个，开发规模 437.38 公顷，实现新增耕地 378.98 公顷，新增耕地率达到 90%。以平坝县土地利用现状图为基础，对各乡镇未开发土地（主要为荒草地和裸地）进行全面大调查，发现平坝县现有宜开发利用土地分布较集中，在现有自然条件和工程技术条件，部分乡镇基本已无宜开发土地资源。根据实际调查结果，结合平坝县近几年实施的开发项目，测算出各乡镇宜开发土地潜力分布，详见表 5 - 24。

表 5 - 24　　　　　　　　　　平坝县各乡镇开发潜力统计

行政区	未利用地（公顷）	待开发规模（公顷）	新增耕地（公顷）	新增耕地率（%）
平坝县	17905.32	1154.40	1080.97	93.64
城关镇	1630.49	23.75	21.20	89.25
白云镇	1623.16	0.00	0.00	0.00
高峰镇	2372.16	616.82	572.16	92.76
天龙镇	1023.23	0.00	0.00	0.00
夏云镇	1152.12	0.00	0.00	0.00

行政区	未利用地（公顷）	待开发规模（公顷）	新增耕地（公顷）	新增耕地率（%）
马场镇	5270.63	184.68	179.55	97.22
乐平乡	1408.09	63.58	58.05	91.31
齐伯乡	917.09	0.00	0.00	0.00
十字乡	1398.37	0.00	0.00	0.00
羊昌乡	1109.98	265.57	250.01	94.14

通过对全县各宜农土地开发测算，得到每个乡镇开发新增耕地系数，以乡镇为基本单元，以耕地整理增加耕地的潜力系数为标准，将全区耕地整理潜力分为三个等级：Ⅰ级潜力乡镇马场镇、羊昌乡；Ⅱ级潜力乡镇为高峰镇、乐平乡；Ⅲ级潜力乡镇为城关镇，详见表5-25。

表5-25 平坝县宜农土地开发潜力分级标准

潜力分级	Ⅰ级	Ⅱ级	Ⅲ级
新增耕地率 α	α≥93%	90%≤α<93%	α<90%

4. 宜农土地开发新增耕地目标。适度开发宜农后备土地。在保护和改善生态环境的前提下，依据土地利用条件，有计划、有步骤地推进后备土地资源开发利用。因此，针对平坝县现实情况，此次土地整治规划共安排土地开发项目16个，待开发土地规模860.13公顷，结合近几年土地开发新增耕地情况，预计可新增耕地718.89公顷。

（五）土地整治潜力汇总

通过对小于6度、6~15度、15~25度不同坡度耕地的耕地整理测算，测算出平坝县各乡镇待整理规模为33798.71公顷，新增耕地潜力1136.14公顷；运用"人均建设用地标准测算法"、"宅基地闲置调查法"，测算出平坝县各乡镇农村居民点整理总潜力为285.74公顷，可新增耕地面积144.20公顷，新增其他农用地137.04公顷；通过对平坝县各乡镇废弃建设用地的调查分析汇总，并通过实地调研对废弃建设用地及现有工矿复垦潜力进行了测算，规划期内，全县废弃宜农地复垦潜力35.26公顷，预计可新增耕地30.26公顷；未利用地开发则是在适宜性评价的基础上，得到适宜开发的面积，并通过实地调研对未利用地开发新增耕地潜力进行测算，预测全县宜农未利用地开发规模1154.40公顷，新增耕地1080.96公顷。

综合分析，全县土地整治总潜力为 35274.11 公顷，可新增耕地面积 2391.56 公顷，详见表 5 – 26。

表 5 – 26　　　　　　　　　　　平坝县土地整治潜力汇总

整治类型	待整治面积（公顷）	新增农用地		新增耕地系数	耕地质量潜力		
		面积（公顷）	新增耕地（公顷）		整治前耕地质量等级（等）	整理后耕地质量等级（等）	耕地质量等级潜力级差（等）
耕地整理	33798.71	1194.96	1136.14	0.0336	7～15	8～17	0～3
农村建设用地整理	285.74	281.24	144.20	0.5047	—	7～8	7～8
土地复垦	35.26	35.26	30.26	0.8582	—	6～8	6～8
土地开发	1154.40	1080.96	1080.96	0.9364	6～7	6～9	1～3
合计	35274.11	2592.42	2391.56	0.0678	—	—	—

规划期内，为圆满完成总体规划对于补充耕地的目标任务，综合考虑平坝县域情况，有计划地统筹安排各类型整治规划项目，提高项目的可行性和完成率，确保规划工作的全面实施，全县共安排土地整治项目 53 个，整治规模 18451.50 公顷，预计可新增耕地 1426.52 公顷，新增其他农用地 186.16 公顷，新增耕地率7.73%，详见表 5 – 27。

表 5 – 27　　　　　　　　　　平坝县规划期内各区整治潜力指标

整治类型　　调整至地类	农用地			建设用地（公顷）	新增农用地总面积（公顷）
	合计（公顷）	耕地（公顷）	其他农用地（公顷）		
农用地整理（耕地、农村道路、农田水利用地等）	17431.91	564.31	28.78	0.00	593.09
农村建设用地整理（农村居民点、村庄等）	124.19	113.06	11.13	0.00	124.19
损毁土地复垦（工矿、道路、闲散及废弃土地等）	35.26	30.26	5.00	0.00	35.26
未利用地开发（荒草地、滩涂、苇地等）	860.14	718.89	141.25	0.00	860.14
全县合计	18451.50	1426.52	186.16	0.00	1612.68

三、平坝县土地整治重点区域

（一）邢江河流域土地综合整治区

本区地处平坝县南部，包括高峰、羊昌、天龙、白云4个乡镇。呈带状，地貌由深谷、缓丘、平地组成，该区立体气候明显，雨量充沛，水资源丰富，灌溉条件较好，耕地坡度较平坦。其中洋西村及其邻近村的水田集中连片，地势开阔，有邢江河从该区穿流而过，洋西水库坐落其中，通村路基本全部硬化，交通便利，可建设一定规模高标准、永久基本农田。天龙镇土地种植率相对较高，土壤主要以贵州标准性黄壤为主，土层较后，但土壤肥力相对白云要差，灌溉水资源明显不足，虽然有部分烟水工程项目实施保水工程，实际耕作地区却常年无水可用，烟水配套设施成为摆设，形成资源浪费。该区整治潜力较大，预计可新增耕地562.08公顷。

（二）环黔中新兴产业示范园土地综合整治区

本区地处平坝县东部，接贵阳市的清镇市和花溪区，区位优势相当明显，包括高峰、夏云、城关、马场4个乡镇。该区地势平坦，水源丰富，土壤肥沃，耕地主要以水田为主，属平坝县的主要大米生产区。依托园区的科学技术，结合该区本身的自然条件，发展高效农业和规模养殖，以拓宽市场经济渠道，实现农民增收；加强一定规模高标准、永久基本农田建设，通过综合整治，全区预计可新增耕地1378.96公顷。

（三）撕拉河、乐平河流域保水固土及石漠化整治区

本区地处平坝县西部，包括乐平、十字和齐伯等乡。地势复杂，高低起伏不定，耕地主要分布在丘陵半山区或山间谷地，灌溉条件差异大，属于水土流失，土地石漠化较严重的乡镇。本区整治主要以耕地整理为主，旨在通过坡改梯、土地平整、提高灌溉率等途径整治水土流失和石漠化问题，改善耕地生产率水平，提高农民实际收入。通过整治，全区预计可新增耕地450.55公顷。

第三节　平坝县土地整治规划方案

一、平坝县土地整治规划目标与任务

为落实《平坝县土地利用总体规划（2006～2020年）》所确定的平坝县耕地保有

量、基本农田保护目标和土地整治任务，以及上级土地整治规划所分解的补充耕地任务，结合平坝县土地整治潜力分析成果，规划到 2015 年补充耕地 595.23 公顷，完成高标准基本农田建设 3000 公顷，到 2020 年，补充耕地 1426.52 公顷，完成高标准基本农田建设 6000 公顷。

（1）挖掘农用地整理潜力，规划期内，农用地整理 17431.91 公顷，补充耕地 564.31 公顷。加大高标准农田建设，提高耕地等级。规划期内，高标准农田建设目标为 6000 公顷，其自然质量等别可提高 1～2 等，利用等别可提高 2～4 等，经济等别可提高 2～4 等。加大基本农田集中区建设，到 2020 年形成 6 片万亩以上的连片基本农田集中区。

（2）在保护和改善生态环境的前提下，适度开发宜农后备土地资源，规划期内，到 2015 年，土地开发新增耕地目标为 235.19 公顷；到 2020 年，土地开发新增耕地目标为 718.89 公顷。

（3）积极推进全域城镇化，全面开展建设用地增减挂钩工作，实施迁村并点，整理农村废弃地和闲置宅基地，到 2020 年，整理农村建设用地 124.19 公顷；加快废弃工矿用地复垦，到 2020 年，复垦工矿用地 35.26 公顷。

规划期内，为圆满完成上级下达的目标任务以及"十二五"规划及土地利用总体规划指标，经分析统计，将指标合理分配到各目标乡镇，详见表 5－28。

表 5－28　　　　　　　　　　平坝县土地整治规划指标分解

行政区	耕地整理（公顷）		农村建设用地整理（公顷）		土地复垦（公顷）		土地开发（公顷）		合计（公顷）	
	新增农用地面积	其中耕地面积	新增农用地面积	其中耕地面积	新增农用地面积	其中耕地面积	新增农用地面积	其中耕地面积	新增农用地面积	其中耕地面积
城关镇	13.67	13.00	11.53	10.86	1.87	1.53	23.75	22.09	50.82	47.48
白云镇	76.68	73.33	6.77	6.38	1.55	1.26	0.00	0.00	85.01	80.97
高峰镇	112.32	106.49	16.71	15.74	9.24	8.48	446.00	369.10	584.27	499.81
天龙镇	44.36	42.15	8.20	7.72	2.74	2.15	0.00	0.00	55.30	52.02
夏云镇	71.95	69.07	15.71	14.79	4.85	4.26	0.00	0.00	92.51	88.12
马场镇	130.22	123.90	14.48	13.64	7.85	7.04	134.02	107.44	286.57	252.01
乐平乡	35.90	34.25	11.48	10.81	3.48	2.62	63.58	58.05	114.44	105.72
齐伯乡	8.56	8.14	18.11	17.06	0.86	0.67	0.00	0.00	27.53	25.87
十字乡	45.15	42.59	8.20	7.72	0.98	0.73	0.00	0.00	54.33	51.04
羊昌乡	54.27	51.40	8.85	8.34	1.84	1.52	192.79	162.21	257.76	223.47
平坝县	593.09	564.31	120.04	113.06	35.26	30.26	860.14	718.89	1608.53	1426.52

二、平坝县土地整治总体布局与项目安排

(一) 土地整治类型区

针对平坝县自然条件、社会经济条件、土地利用特点等的一致性和差异性,将全县土地进行整治区域划分,不同整治区域设定不同的土地整治目标,有针对性地提出整治工程措施,为实施土地整治活动提供依据和指导。全县按功能划分为耕地整理区、农村建设用地整理区、土地复垦区、土地开发区等四个土地整治区和一个禁止和限制土地开发整理区。

1. 耕地整理区。规划期内,全区整理潜力面积为 17431.91 公顷,新增耕地 564.31 公顷,新增耕地率 3.24%。本区主要包括白云镇、马场镇、高峰镇、夏云镇、乐平乡、羊昌乡、天龙镇和十字乡等。

2. 农村建设用地整理区。全区农村建设用地整理潜力为 285.74 公顷,新增耕地 144.20 公顷,新增耕地率 50.47%。根据县域自然经济情况,规划期内,安排整理农村建设用地 124.19 公顷,新增耕地 113.06 公顷,新增耕地率 90.06%,整理土地全县均有分布,主要集中在乐平、齐伯、马场、白云、夏云、高峰、十字等乡镇。

3. 土地复垦区。本区主要位于十字、天龙、乐平、马场、白云等公路沿线的乡镇。全区复垦潜力面积 43.37 公顷(适宜复垦为耕地面积为 35.26 公顷,适宜复垦为其他农用地的 8.11 公顷),综合考虑全县情况,本次规划主要针对宜农地进行复垦,复垦规模 35.26 公顷,新增耕地 30.26 公顷,新增耕地率 86%。

4. 土地开发。本区主要位于马场、高峰、羊昌、乐平等乡镇,全区宜农待开发潜力为 860.14 公顷,新增耕地 718.89 公顷,新增耕地率 83.58%。

5. 禁止和限制土地开发区。禁止和限制土地开发整理区主要为坡度大于 25 度以上的土地以及土地利用总体规划期内确定的有条件建设期和允许建设期以及以生态环境保护为主的河流两岸及水土流失严重区域,本区范围较广,各乡镇均有分布。

(二) 工程布局与项目安排

1. 高标准基本农田建设重点工程。为适应发展现代化生态农业的需要,提高耕地综合利用率,落实以质抵量完成好新增耕地指标,实现旱涝保收,平坝县将因地制宜,多种措施确保优质高标准农田的建设。建设满足机械化耕作要求的高标准田块,完善田间道、生产道布局,增加有效耕地面积;配套完善水利基础设施,加强田间灌溉和排水工程建设,增强农田防洪排涝能力,完善农田防护林体系;通过农业生物科

技措施改良土壤，提高耕地质量等级，提升土地利用率和耕地产出效能；结合农业结构调整，改变传统的生产方式，改善管理条件及提高管理水平，提高农业综合生产力。规划到 2015 年，实施高标准基本农田建设项目 7 个，建成高标准基本农田 3000 公顷，到 2020 年，实施高标准基本农田建设项目 13 个，建成高标准基本农田增加到 6000 公顷。

2. 土地综合整治重点工程。平坝县是贵州省主要产粮大县之一，地势平坦，水源丰富，共有万亩以上大坝 6 个，千亩大坝 10 个，除天龙大坝以耕地为主、灌溉条件稍差外，其余大坝均主要以水田为主，灌溉水资源较丰富，交通便利，且土地集中连片，适合建设相当规模的高标准、永久基本农田。然而，总的来看，受自然环境、经济条件、社会风气等影响，村民种地产粮积极性不高，耕地种植和管理比较粗放，土地资源浪费严重，直接导致土地综合利用率和生产力不高，整理潜力巨大。通过综合整治，可改善耕作条件，提高土地利用率，巩固平坝县在贵州省的"米袋子，菜篮子"地位，从而增加农民的收入。

规划期间，安排综合整治项目 6 个，总规模达到 10918.27 公顷，新增耕地面积 349.35 公顷。

3. 土地整治项目库。规划期内，全县共安排整治项目 53 个，总规模 18451.49 公顷，预计新增耕地 1426.52 公顷，详见表 5–29。

三、平坝县高标准基本农田建设

（一）基本农田建设现状

2005 年，平坝县基本农田保护面积为 30988.29 公顷，到 2010 年平坝县实际耕地面积 40956.01 公顷，基本农田保护面积增加到 31026.23 公顷，占总耕地的 75.76%，增加了 37.94 公顷，圆满完成基本农田建设保护任务。基本农田保护面积中，水田 12910.77 公顷，占保护面积的 41.62%；旱地 18115.46 公顷，占保护面积的 58.38%。

基本农田大部分具备耕作所需的普通田间道路，但灌溉沟渠多数为原始沟渠，田间道及其生产道也属于原始自发状态，田间地头基本无排水等基础设施或设施极不完善，总体水平亟待提高。各地基本农田基础设施建设水平参差不齐，土壤肥力和灌溉设施较好的高产稳产农田约占 15%，中低产田占 85%。对照国土资源部《高标准基本农田建设标准》（TD/T1033–2012），全县需整治的基本农田面积约 27923 公顷。

表 5-29　平坝县土地整治规划重点项目数据汇总

单位：公顷、万元、个

规划时段	整治类型	项目数量	项目规模	基本农田		新增耕地面积	新增其他农用地面积	耕地质量潜力			投资规模
				总规模	高标准基本农田建设规模			整治前耕地质量等级	整治后耕地质量等级	耕地质量等级提升级差	
规划近期 (2011~2015年)	耕地整理	17	9501.50	6820.66	3000	309.27	15.28	7~15	9~17	2~4	42756.77
	农村建设用地整理	2	43.12	—	—	39.27	3.85	—	7~8	7~8	5186.13
	土地复垦	2	13.43	—	—	11.50	1.93	—	7~8	7~8	160.08
	土地开发	12	285.39	—	—	235.19	50.20	6~8	7~9	1~3	1497.60
	合计	33	9843.44	6820.66	3000	595.23	71.26	—	—	—	49600.58
规划远期 (2015~2020年)	耕地整理	12	7930.41	6820.27	3000	255.04	13.49	7~14	9~17	2~4	35686.82
	农村建设用地整理	2	81.08	—	—	73.78	7.30	—	—	—	9763.55
	土地复垦	2	21.59	—	—	18.57	3.02	—	—	—	263.04
	土地开发	4	574.98	—	—	483.70	91.28	6~8	7~9	1~3	3018.10
	合计	20	8608.06	6820.27	3000	831.09	115.09	—	—	—	48731.51

（二）高标准基本农田建设任务及目标

"十二五"时期，安顺市国土资源局下达平坝县的高标准基本农田建设任务为2340公顷，按照"相对集中，连片推进"的原则，综合考虑基本农田连片程度、产粮大坝、耕地产能提升潜力、地方财力等因素，为圆满完成"十二五"期间上级下达的目标任务，规划期高标准基本农田建设的目标确定为3000公顷，将合理安排"十二五"时期和规划期高标准基本农田建设任务分解下达至各乡镇，力争到2020年，全县建成高标准基本农田6000公顷以上。

（三）建设内容和项目安排

按照《高标准基本农田建设标准》（TD/T1033－2012）实施高标准基本农田建设工作，具体包括土地平整、灌溉与排水、田间道路、农田防护与生态环境保持等工程。经整治的基本农田平均质量应当提高1个等级以上。通过高标准基本农田建设，有效优化土地利用结构，完善田间基础设施，提高机械化水平和农业综合生产能力，增强抵御自然灾害能力，改善农田生态环境。

为高质量完成高标准基本农田建设任务。经过实地调研，结合平坝县现实环境，规划期内安排土地整理项目29个，总规模17431.91公顷，新增耕地564.51公顷；其中涉及高标准基本农田建设项目的项目11个，总规模13640.93公顷，新增耕地422.82公顷，届时将约束建设完成高标准基本农田6000公顷以上。

"十二五"期间安排整理项目17个，规模9501.5公顷，新增耕地309.27公顷；涉及高标准基本农田建设的整理项目共7个，规模6820.66公顷，新增耕地217.62公顷，约束完成高标准基本农田建设3000公顷以上。

四、平坝县耕地耕作层土壤剥离再利用

（一）耕地耕作层土壤剥离的范围和要求

县域内所有非农建设占用的耕地（包括城乡住宅、公共设施、工矿、交通设施等）和涉及耕地质量建设的项目（包括土地整理、土地复垦、农业综合开发等）有可能被破坏的耕地耕作层土壤均应按要求剥离再利用。对遭到污染不能再利用的耕地经县农业行政主管部门鉴定核准后，耕作层土壤可以不剥离再利用。

耕地耕作层土壤的剥离，应在项目或建设动工之前进行，采取正面分层剥离方法，剥离深度应为20厘米以上，一般分两层剥离并分开堆放，在剥离过程中不能造成土壤和环境污染。

（二）耕地耕作层土壤再利用的操作流程

1. 耕地耕作层土壤再利用地块的确定。耕作层剥离土壤的接受地块应由耕地占用单位或个人自行确定，但必须征得地块所属农户、村、组的同意，坚持农户自愿和平等协商。县农业行政主管部门应加强有关技术指导，一般按照"先补后占、占补平衡"的原则，将所剥离的耕地耕作层土壤用于新开垦的耕地地力提升，以补充与所占用耕地数量和质量相当的耕地。对已交纳土地开垦费的非农建设占用的耕地耕作层土壤，应按照就近利用原则，用于改良所属组、村、乡镇、管理区范围内新开垦的耕地或劣质地。一般应先在本组范围内再利用，本组范围内无法利用的，应在村委会的指导下在本村范围内选址利用，以提高效益，降低成本，减少耕作层土壤的损坏和耕作层养分的流失。

2. 严格落实剥离补充计划。对已有耕地补充计划但暂未开垦好耕地的，应选择合适的堆土场地，将剥离的耕作层土壤正面分层堆积，但在项目竣工验收前，必须将所剥离的耕地耕作层土壤用于补充与其质量相当的耕地。

3. 占用耕地恢复。对涉及耕地质量建设的项目所占用的耕地，建设单位应在项目竣工验收前将所剥离的耕作层土壤就地恢复利用。

（三）耕地耕作层土壤剥离再利用的管理措施

1. 对耕地耕作层土壤剥离的管理。占用耕地的单位或个人剥离所占用的耕地耕作层土壤时，应接受县农业行政主管部门的指导和监督，并按县农业行政主管部门的要求落实，对剥离土壤中直径大于5厘米的石砾应全部清理出土壤。

2. 对剥离的耕作层土壤再利用的管理。耕地占用单位或个人在耕作层土壤再利用时，应在新开垦的耕地平整后将所剥离的土壤用作新开垦耕地的耕作层，并保持新开垦耕地耕作层土壤的均匀和平整，耕作层厚度不得低于20厘米。在竣工时，应当建设好相关的农业基础配套设施，并及时向县农业行政主管部门提出耕地质量验收申请。对未向县农业行政主管部门提出耕地质量验收申请的，县农业行政主管部门不出具相关报告，并按相关规定处理。

3. 加强部门监督。凡对耕地耕作层土壤不按要求剥离再利用的，根据相关管理条例规定，由农业行政主管部门责令限期改正，逾期不改正的，按被占用耕地的实际面积处以相应罚款。

4. 部门联动。县农业部门应加强对耕地耕作层剥离与再利用工作的指导与管理，并与县国土资源、监察、建设、公安、法院等部门加强沟通与协作，各相关部门应加大对县农业部门依法行政的支持力度。

五、平坝县城乡建设用地增减挂钩

（一）规模目标及项目区安排

2010～2020 年，规划项目规模为 289.78 公顷（4346.74 亩）。规划拆旧复垦面积共 146.19 公顷（2192.81 亩）；建新区面积 143.60 公顷（2153.93 亩）；新增耕地面积 1.81 公顷（27.17 亩）。其中建新安置区 8.46 公顷（126.90 亩）；建新留用区面积为 135.14 公顷（2027.03 亩）；建新区占用耕地 135.90 公顷（2038.50 亩），占用其他地类 7.70 公顷（115.44 亩）。拆旧区可复垦为耕地面积 137.71 公顷（2065.67 亩）。拆旧区拆迁户为 3463 户，安置农户 3059 户，共 13886 人，详见表 5-30。

表 5-30　　　　　　　　　平坝县城乡建设用地增减挂钩规划　　　　　　　单位：公顷

指标名称		复垦规模	复垦为耕地	复垦为其他农用地
拆旧复垦区	拆旧区	120.70	113.70	7.00
	复垦区	25.49	24.01	1.48
拆旧复垦区总面积		146.19	137.71	8.48
指标名称		占用规模	占用耕地	占用其他地类
建新区	建新安置区	8.46	1.36	7.10
	建新留用区	135.14	134.54	0.59
建新区总面积		143.60	135.90	7.70
拆旧建新总规模		289.78		

（二）阶段目标及项目区安排

本项目规划期为 2010～2020 年，根据平坝县的实际情况，项目区分四个阶段实施。

第一阶段为 2010～2012 年。实施的乡镇有乐平乡、高峰镇、马场镇、齐伯乡、城关镇 5 个乡镇共 14 个行政村，其中：拆旧地块涉及乐平乡、高峰镇、马场镇、齐伯乡 4 个乡镇的 13 个行政村，建新留用地块只涉及城关镇的陶关村一个行政村。由于第一阶段不存在农民的拆迁安置，所以不存在建新安置区，只有建新留用区。拆旧地块包括地质灾害搬迁点，生态移民搬迁点和废弃工矿用地，并且所涉及图斑上的居民点都已搬迁，目前都为废弃房屋，群众都已搬入新房，不需要重新安置。第一阶段项目建设规模为 26.85 公顷（402.74 亩），增减挂钩指标即拆旧地块总面积 13.52 公顷（202.74 亩），其中农村居民点拆旧面积 145.66 亩，拆旧 459 户；矿山废弃地面积为 57.08 亩。拆旧区经过整理复垦，可复垦为耕地的面积为 12.84 公顷（192.64 亩）；建新留用区涉及城关镇一个乡镇，面积为 13.33 公顷（200.00 亩），占用耕地 12.73 公顷（190.88 亩）；第一阶段新增耕地面积为 0.12 公顷（1.76 亩），可流转指标为 0.18 公顷（2.74 亩）。

第二阶段为 2013～2015 年。增减挂钩指标 50.00 公顷（750.00 亩），拆旧 1126 户，安置 835 户，涉及夏云镇、天龙镇、羊昌乡、十字乡和白云镇，共 5 个乡镇。第二阶段建设规模为 98.60 公顷（1479.00 亩）。其中拆旧复垦区总面积 50.00 公顷，经过整理复垦，可复垦为耕地的面积为 46.55 公顷（698.25 亩）；建新区面积 48.60 公顷，建新区占用耕地面积 45.93 公顷（688.91 亩）。第二阶段新增耕地面积为 0.62 公顷（9.35 亩），可流转指标 1.40 公顷（21.00 亩）。

第三阶段为 2016～2018 年。增减挂钩指标 50.00 公顷（750.00 亩），拆旧 1025 户，安置 929 户。涉及乐平乡、马场镇、天龙镇、齐伯乡、夏云镇、高峰镇、羊昌乡、城关镇、十字乡和白云镇，共 10 个乡镇。第三阶段建设规模为 99.35 公顷（1490.25 亩）。其中拆旧复垦区总面积 50.00 公顷，经过整理复垦，可复垦为耕地的面积为 47.15 公顷（707.25 亩）；建新区面积 49.35 公顷，建新区占用耕地面积 46.39 公顷（695.84 亩）。第三阶段新增耕地面积为 0.76 公顷（11.42 亩），可流转指标 0.65 公顷（9.75 亩）。

第四阶段为 2019～2020 年。增减挂钩指标 32.67 公顷（490.07 亩），拆旧 853 户，安置 765 户。涉及乐平乡、马场镇、天龙镇、齐伯乡、夏云镇、高峰镇、羊昌乡、城关镇、十字乡和白云镇，共 10 个乡镇。第四阶段建设规模为 64.98 公顷（974.75 亩）。其中拆旧复垦区总面积 32.67 公顷，经过整理复垦，可复垦为耕地的面积为 31.17 公顷（467.53 亩）；建新区面积 32.31 公顷，建新区占用耕地面积 30.86 公顷（462.87 亩）。第四阶段新增耕地面积为 0.31 公顷（4.66 亩），可流转指标 0.36 公顷（5.39 亩）。

（三）投资费用估算

预期投资包括农村居民点拆迁补偿安置费和基础设施投入、建新地块征地费用、农村居民点复垦费用、不可预见费用和其他费用。征地费用按照平坝县《关于对县城建成区及九乡镇土地级别与基准地价调整更新结果的批复》进行测算，不可预见费用按补偿安置费、征地费、复垦费用三项之和的 2% 计算，其他费用包括规划设计费和业主管理费。项目预计总投资额为 30833.21 万元。其中居民点拆迁补偿安置费用共 13403.61 万元、复垦费用为 2644.86 万元、总费用为 13512.56 万元、不可预见费用为 641.34 万元。其他费用为 630.84 万元。

六、平坝县土地整治规划投资与效益分析

（一）投资筹措

1. 资金需求估算。根据现有《土地开发整理项目预算定额标准》，结合分析 2011

年贵州省农村土地整治专项自查清理成果中土地整治项目投资预算情况及各项目区的实际条件。规划期内，平坝县土地整治估算总投资 9.83 亿元。其中，耕地整理估算总投资 7.84 亿元，占总投资的 79.77%；农村建设用地整治估算总投资 1.49 亿元，占总投资的 15.2%；废弃采矿用地复垦费 423.12 万元，占总投资的 0.43%；土地开发估算总投资 4515.7 万元，占总投资的 4.59%。

根据近期规划目标任务确定规划近期土地整治估算总投资 4.96 亿元，占总投资的 50.44%。其中，耕地整理估算总投资 4.28 亿元；农村建设用地整治估算总投资 5186.13 万元，废弃地复垦费 160.08 万元，土地开发估算总投资 1497.60 万元。

规划近期，资金投入应当优先保障重点整治区域内的土地整治项目、重点保障民生工程等资金需求。

2. 资金来源。土地整治资金主要来源于政府直接拨款、耕地开垦费、新增建设用地有偿使用费地方结余留存部分、国有土地有偿使用费、土地复垦费和土地闲置费几部分。

（二）效益评价

1. 经济效益。增加有效耕地面积，保障发展用地，促进经济发展。规划期末，通过土地整治可新增耕地 1426.52 公顷，实现建设占用耕地占补平衡；到 2020 年建设高标准基本农田 6000 公顷，整治后耕地自然质量等普遍提高 1～2 等、土地利用等提高 2～4 等、经济等别提升 2～4 等，亩均收入提高 25% 左右，农民人均年收入增加 350 元左右。

2. 社会效益。通过土地整治增加有效耕地面积，提高耕地质量，改善农村人居环境和生产生活条件。通过有效整合土地整治专项资金以及相关部门涉农资金，实现土地整治与农田水利、农村道路建设体系的有机衔接，切实改善农业生产基础条件，促进农田机械化耕作水平，通过城乡建设用地增减挂钩指标流转获得的土地级差收益返投农村，配套建设农村基础设施和公共服务设施，改善农民生产生活条件，促进社会主义新农村建设。

3. 生态效益。规划期末，通过对废弃采矿用地进行复垦、空闲破旧农村居民点进行整治，通过低丘缓坡等未利用土地开发利用，综合运用水利、农业、生物及化学等措施，有效减少坡耕地水土流失，降低土地退化风险，提高土地生态安全程度和生态效益；完善农田基础设施，提高土地对天然降雨的利用率，改善农田小气候，增强防洪排涝和抗旱能力；通过土地整治和生态系统建设，提高农田的生物多样性保护功能，构建景观优美、人与自然和谐的宜居环境。

第六章

喀斯特高原山地区土地整治规划编制实践：以贵州省大方县为例[①]

第一节　大方县概况及其土地利用特征

一、区域概况

（一）自然条件

大方县位于贵州省西北部、乌江上游六冲河北岸，地处在乌蒙山脉东麓的黔西高原向黔中山原丘陵过渡的斜坡上，地理坐标为东经：105 度 15 分 47 秒～106 度 08 分 04 秒，北纬 26 度 05 分 02 秒～27 度 36 分 04 秒。总面积 3188.16 平方千米，境内的最高点（龙昌坪大山）海拔 2325 米，最低点（与毕节、金沙交界的第尔河处）海拔 720 米；最大相对高差 1605 米。大方县具有中部地势高，南北低，地势起伏大，山大坡陡，沟多谷深的高原山地特征。

大方县属中亚热带季风湿润气候区，冬季长、夏季短，春秋相近，多雾、多阴雨，少日照。由于地势突变，气候变化大，山与谷间气温，降雨相差大，有"十里不同天"的说法。根据大方县气象局的统计资料，县内的多年平均气温为 11.8 摄氏度，多年平均降水量为 1126.71 毫米，且降水量年际变化大，属贵州的多雨区之一。

大方县属长江流域，分属于乌江和赤水河水系，共有主干河流 20 条，其中乌江水系 14 条，流域面积占 78%，赤水河水系 6 条，流域面积占 22%；主干河流总长

---

① 本章内容参考《贵州省大方县土地整治规划（2011～2015 年）》相关成果。

490 千米。河流岸坡陡峻，大多在 60～80 度，少数 35～45 度。县内河流总的特征是河道落差大；枯、洪流量变化大；陡涨陡落突出。县内的地表水缺乏，地下水较丰富，但地下水埋深较大。

（二）社会经济条件

2010 年辖 34 个乡镇 335 个村（居）委会，居住着汉、彝、苗、白、仡佬等 23 个民族。全县共 95.15 万人，其中少数民族占总人口 30.44%。2010 年大方县生产总值 567902 万元，其中第一产业 129624 万元，第二产业 210103 万元，第三产业 228175 万元。地方财政收入 48490 万元。粮食产量 331100 吨；农民人均纯收入 3350 元，属贫困山区县。

农民收入主要以种植业和养殖业为主，特殊的自然地理条件制约着农业生产的发展。农业生产条件差，农民收入增长缓慢。土地资源匮乏，由于长期以来经济发展滞后，农村经济基础十分脆弱，农村经济发展的资本积累能力低下。

二、土地利用现状及问题

（一）土地利用现状

根据大方县 2010 年土地利用变更调查数据，大方县土地总面积 318816.57 公顷，其中耕地 114982.61 公顷、园地 575.37 公顷、林地 141466.13 公顷、草地 13548.60 公顷、城镇村及工矿用地 8791.13 公顷、交通运输 3340.88 公顷、水域及水利设施用地 3161.65 公顷、其他土地 32950.20 公顷，分别占土地总面积的 36.07%、0.18%、44.37%、4.25%、2.76%、1.05%、0.99%、10.34%。

耕地中水田 4699.76 公顷，水浇地 89.02 公顷，旱地 110193.83 公顷。分坡度来看，小于 2 度平地面积为 1123.11 公顷，2～6 度面积为 6919.56 公顷，6～15 度面积为 61560.63 公顷，15～25 度面积为 32756.09 公顷，25 度以上面积为 12623.22 公顷。

2010 年，大方县基本农田面积 102689.05 公顷，占全县土地总面积的 32.21%，主要分布在鼎新彝族苗族乡、理化苗族彝族乡、凤山彝族蒙古族乡、安乐彝族仡佬族乡、牛场苗族彝族乡等 30 个乡镇，一般耕地面积 12293.56 公顷，占全县土地总面积的 3.85%，主要分布在双山镇、响水白族彝族仡佬族乡、竹园彝族苗族乡。

全县土地利用存在着以下特点：一是土地资源类型多样，山丘地多，坝地少，全县山丘地高达 90% 以上，而坝地仅为 6.09%。二是土地利用以农用地为主，林地、耕地比重大；农用地占全县土地总面积的 90.89%，农用地中以林地、耕地为主，林地占土地总面积的 44.37%，耕地占土地总面积的 36.07%；园地、牧草地面积偏少。园地占土地总面积的 0.18%，牧草地占土地总面积的 0.43%。

（二）土地利用存在问题

1. 人地矛盾形势严峻。大方县人多地少，人均土地面积 0.35 公顷，相当于全国人均土地面积 0.76 公顷的 46.13%，2010 年大方县农业人口人均耕地仅 0.11 公顷。随着社会经济的发展，人口增长和生态建设的需要，以及大方县循环经济工业园区的建设，煤电、煤化工业的进一步发展，因此，未来还将占用一定数量的耕地，人地矛盾问题突出，人增地减的趋势还将持续下去。

2. 建设用地需求量大，土地供需矛盾日益突出。由于土地资源的稀缺性、位置固定性和土地承载能力的有限性，建设用地和农业用地以及农业用地内部之间矛盾日益突出，尤其是城镇建设用地的需求量增长较快，土地供应日趋紧张。

3. 耕地质量相对较差、后备资源不足。大方县土地垦殖率 36.07%，耕地中低产田比例大，占耕地总面积的 70% 以上。全县其他土地 18786.82 公顷，占土地总面积的 5.89%，土地条件差，土层浅薄，保水抗蚀能力差，大多不宜开垦为耕地。因此，耕地后备资源不足。

4. 村庄数量大、效率低。由于地形地貌特殊，大方县内村庄民居主要为自然院落和散居型，中心村较少，建设杂乱无序，缺乏统一规划，式样各异，村庄用地数量大且效率低，人均用地面积达到 89.39 平方米。

5. 基础设施建设滞后。近几年来，虽然全县交通事业有了较大发展，但仍不能满足经济发展的需要。部分重要干线公路质量较差、等级低、运输能力有限，严重限制了全县各产业的进一步发展。

第二节　大方县土地整治规划编制调查评价

一、大方县上一轮土地开发整理规划实施评价

（一）上一轮土地开发整理规划目标和执行情况

1. 实施规模与新增耕地情况。上一轮规划期间，大方县实际开展的土地整理复垦开发总规模为 1488.85 公顷，其中整理规模 934.53 公顷，复垦规模 86.58 公顷，开发规模 467.74 公顷。规划实施情况与目标相比，整理复垦开发完成率相差

57.82%，新增耕地指标完成率相差 37.63%，详见表 6−1。

表 6−1　大方县上一轮土地开发整理规划（2001～2010 年）目标执行情况一览表

	指标名称	规划目标	实际实施规模	差值（实际指标－规划指标）
总体指标	整理复垦开发总规模（公顷）	3324.22	1488.85	−1835.37
	新增耕地规模（公顷）	763.50	537.39	−226.11
	投资规模（万元）	8844.11	3893.25	−4950.86
分项指标	整理规模（公顷）	2603.19	934.53	−1668.66
	整理新增耕地面积（公顷）	307.16	82.73	−224.43
	复垦规模（公顷）	433.59	86.58	−347.01
	复垦新增耕地面积（公顷）	280.37	61.18	−219.19
	开发规模（公顷）	287.44	467.74	180.30
	开发新增耕地面积（公顷）	175.97	393.48	217.51

2. 土地利用率和产能目标实现情况。通过对大方县已实施土地整理项目开展实地调查，走访村民，大方县耕地整治后粮食产量达 200 千克/亩，比整治前粮食产量提高 20 千克/亩，至 2010 年末，全县粮食总产量达到 344947.83 吨，人均粮食产量为 362.53 千克，提高了单位面积粮食产能和土地利用率。

3. 生态环境目标实现情况。据实际调查，通过实施土地整治，进行林网改造、坡耕地绿化工程，促进了耕地质量保护；有计划地进行营林造林及封山育林，结合退耕还林加强对低效率的林地进行改造，扩大优质林地规模，到 2010 年全县森林覆盖率达到 44.37%。

（二）上一轮土地开发整理规划实施存在的问题

1. 土地整治缺乏有效监督和管理机制。目前，土地整治项目监管工作无论从政策安排、机构设置，还是人员配备都没有形成一个相对完整的体系，缺乏系统性，项目实施监管工作也没有建立起长效监管工作机制。这导致项目监管政策难以落到实处，监管工作难以达到预期目标。

2. 土地整治资金及技术缺乏。上一轮规划期间，大方县土地整理主要以政府投入为主，普遍存在资金不足的问题，特别是县域内自然条件较为恶劣、社会经济条件较差的乡镇表现最为明显，由于交通不便、灌溉困难、缺乏农业产业支撑等原因，群众虽有强烈的整理愿望，却难以获取整理指标和资金，土地整理促进城乡统筹的作用难以发挥。同时，规划期内，大方县大部分土地整理项目的实施从可行性研究到后期的生态管护都缺乏统一的技术指导和规范，从而影响了土地整理工程的质量，在一定程度上制约了土地整理效益的发挥。

3. 土地整治缺乏公众参与。目前土地整理主要是由政府主导，土地整理项目的具体实施和运作也都是由相关政府部门来牵头组织、规划设计、招标施工和竣工验收等，在实际过程中，缺乏公众有效的参与和投入，主要体现在以下几个方面：一是公众参与的方式单一，公众参与主要是调查现状。收集项目区资料，通过咨询、走访等途径征集意见，很少聆听公众对预期规划的想法。二是公众参与的效率低，由于受传统规划思想影响及土地整理项目资金限制，在公众参与上投入较低，而且土地整理主要以增加耕地面积为目标，注重土地整理的经济效益，忽略社会效益和生态效益，导致公众参与产生的综合效益很低，很多涉及公众利益的问题和意见没有被采纳。三是公众参与意识淡薄，农民认为公众参与只是一个形式，对如何参与规划、参与的内容知之甚少，这无疑降低了公众的积极性，消极参与、象征性参与的现象普遍。而作为参与土地整理另一主体行政部门，忽视土地整理项目的服务对象是农民，解决的是农村问题，仅把项目设计的指标任务和产生的经济效益作为考核工作成绩的杠杆。

4. 土地整治后评价缺乏，后续管护不到位。目前实施的土地整理项目大多存在利用不充分的现象，即没有将整理的耕地充分与农业产业结构调整及农业产业化配置结合起来，发展高效、生态、特色农业。由于缺乏管护资金、产业支撑等相关保障系统支持，土地整理没有达到预期目的和发挥应有的社会效果。就实地调研情况看，对整理项目的评价主要集中于见效快的经济效益评价，如新增耕地指标或进行"地票"交易的指标，而见效慢的社会生态影响则缺乏跟踪评价，同时项目验收合格后进行移交时，项目移交合同的签订也没有明确项目后期管护的主体，这使得土地整理项目"重前期建设，轻后期管护"的现象较为普遍，常常处于"钱无人出，工无人派，损坏无人管"的状况。

二、大方县土地整治潜力分析与评价

（一）耕地整理潜力

2010 年，大方县耕地面积 114982.61 公顷，占土地总面积的 36.07%，耕地利用质量等级主要在 4～15 等之间，主要分布在鼎新彝族苗族乡、理化苗族彝族乡、黄泥塘镇、马场镇等乡镇。通过调查，大方县待整理耕地面积 81437.92 公顷，新增耕地潜力 3080.00 公顷，新增农用地 3585.31 公顷，新增耕地率 3.78%。整理后耕地质量等级 4～16 等，耕地质量等级级差 0～1 等。全县分为三个级别：

Ⅰ级：新增耕地率 <3.50%，分布在响水乡、猫场镇、雨冲乡、大方镇、马场镇、双山镇、核桃乡等 9 个乡镇，待整理耕地面积 21651.10 公顷，新增耕地面积

659.10 公顷，平均新增耕地率 3.04%。

Ⅱ级：新增耕地率在 3.50% ~ 4.00% 之间，分布在兴隆乡、百纳乡、高店乡、八堡乡、长石镇、理化乡、牛场乡、东关乡、安乐乡、凤山乡、黄泥乡、六龙镇和鸡场乡等 13 个乡镇，待整理耕地面积 31717.98 公顷，新增耕地面积 1220.24 公顷，平均新增耕地率 3.85%。

Ⅲ级：新增耕地率 > 4.00%，分布在果瓦乡、绿塘乡、文阁乡、沙厂乡、鼎新乡、三元乡、大山乡、星宿乡、黄泥塘镇、瓢井镇、羊场镇、达溪镇等 12 个乡镇，待整理耕地面积 28068.84 公顷，新增耕地面积 1200.66 公顷，平均新增耕地率 4.28%。

（二）农村建设用地整理潜力

2010 年农村居民点面积为 7535.89 公顷，到 2020 年，大方县待整理面积 1358.01 公顷，增加农用地 1270.54 公顷，其中耕地 1012.81 公顷，新增耕地系数为 74.58%，新增耕地质量等级为 8 ~ 9 等。全县分为三个级别：

Ⅰ级：新增耕地率 < 71.00%，分布在牛场乡、六龙镇、大方镇、黄泥塘镇、小屯乡、响水乡、黄泥乡、双山镇等 8 个乡镇，待整理耕地面积 291.83 公顷，新增耕地面积 205.29 公顷，平均新增耕地率 70.35%。

Ⅱ级：新增耕地率在 71.00% ~ 75.00% 之间，分布在马场镇、沙厂乡、竹圆乡、瓢井镇、东关乡、兴隆乡、百纳乡、达溪镇、凤山乡、八堡乡等 10 个乡镇，潜力面积 407.17 公顷，新增耕地面积 295.44 公顷，平均新增耕地率 72.56%。

Ⅲ级：新增耕地率 > 75.00%，分布在核桃乡、羊场镇、文阁乡、果瓦乡、鸡场乡、长石镇、安乐乡、大山乡、绿塘乡、高店乡、鼎新乡、理化乡、雨冲乡、星宿乡、猫场镇、三元乡等 16 个乡镇，潜力面积 659.01 公顷，新增耕地面积 512.08 公顷，新增耕地率 77.70%。

（三）土地复垦潜力

通过对大方县废弃工矿用地、自然灾害损毁地等调查，到 2020 年，待复垦面积 275.92 公顷，增加农用地 224.35 公顷，其中耕地 210.55 公顷，新增耕地率 76.31%，新增耕地质量等级 7 ~ 9 等。全县分为三个级别：

Ⅰ级：新增耕地率 < 71.00%，分布在长石镇、小屯乡、达溪镇、三元乡、鼎新乡、大山乡、鸡场乡、沙厂乡、黄泥乡、安乐乡等 10 个乡镇，待整理耕地面积 92.02 公顷，新增耕地面积 64.17 公顷，新增耕地率 69.73%。

Ⅱ级：新增耕地率在 71.00% ~ 76.00% 之间，分布在牛场乡、凤山乡、高店乡、兴隆乡、双山镇、羊场镇、绿塘乡、马场镇、东关乡、核桃乡、八堡乡等 11 个乡镇，待整理耕地面积49.38公顷，新增耕地面积36.24公顷，平均新增耕地率73.39%。

Ⅲ级：新增耕地率>76.00%，分布在竹圆乡、星宿乡、百纳乡、黄泥塘镇、雨冲乡、六龙镇、猫场镇、文阁乡、响水乡、果瓦乡、大方镇、理化乡、瓢井镇等13个乡镇，待整理耕地面积134.52公顷，新增耕地面积110.14公顷，平均新增耕地率81.88%。

（四）土地开发潜力

待开发面积为6682.94公顷，增加农用地6290.36公顷，其中耕地5461.25公顷，新增耕地率81.72%，新增耕地质量等级7~9级。全县分为三个级别：

Ⅰ级：新增耕地率<80.00%，分布在双山镇、东关乡、理化乡、大山乡、牛场乡、文阁乡、八堡乡、六龙镇、大方镇等9个乡镇，待开发面积562.91公顷，新增耕地面积440.15公顷，新增耕地率78.19%。

Ⅱ级：新增耕地率在80.00%~82.00%之间，分布在黄泥乡、猫场镇、绿塘乡、小屯乡、核桃乡、竹圆乡、三元乡、马场镇、沙厂乡、长石镇、鼎新乡、达溪镇、百纳乡、黄泥塘镇、星宿乡等15个乡镇，待开发面积3395.54公顷，新增耕地面积2758.32公顷，平均新增耕地率81.23%。

Ⅲ级：新增耕地率>82.00%，分布在羊场镇、安乐乡、响水乡、兴隆乡、果瓦乡、鸡场乡、雨冲乡、瓢井镇、凤山乡、高店乡等10个乡镇，待开发面积2724.49公顷，新增耕地面积2262.78公顷，平均新增耕地率83.05%。

（五）土地整治潜力汇总

大方县土地整治总潜力为89754.79公顷，新增农用地面积11370.56公顷，其中新增耕地面积9764.61公顷，详见表6-2。

表6-2　　　　　　　　　　　　大方县土地整治潜力

整治类型	待整治面积（公顷）	新增农用地面积（公顷）	新增耕地（公顷）	新增耕地率（%）	耕地质量潜力		
					整治前耕地质量等级（等）	整治后耕地质量等级（等）	耕地质量等级潜力级差（等）
耕地整理	81437.92	3585.31	3080.00	3.78	4~15	4~16	0~1
农村建设用地整理	1358.01	1270.54	1012.81	74.58	0	9~10	9~10
土地复垦	275.92	224.35	210.55	76.31	0	9~10	9~10
土地开发	6682.94	6290.36	5461.25	81.72	0	9~11	9~11
合计	89754.79	11370.56	9764.61	—	—	—	—

三、大方县土地整治重点区域

（一）乌蒙山区土地综合整治重点区域

本区是大方县落实国家、省、市在乌蒙山区开展土地整治和高标准基本农田建设项目的重点区域，是大方县开展土地整治活动的重点区，该区涉及兴隆乡、八堡乡、猫场镇、马场镇、牛场乡、六龙镇、达溪镇、瓢井镇、文阁乡、长石镇、大山乡、高店乡、理化乡、鸡场乡、凤山乡、响水乡、核桃乡等17个乡镇；该区涉及国家级和省级耕地整理重大项目12个，实施农用地整理面积约为19709.79公顷，高标准基本农田建设面积6907.22公顷，新增耕地面积629.49公顷，估算投资为7.39亿元。

土地利用方向以乌蒙山区扶贫攻坚为契机，借助321国道、326国道和211省道构成的有利交通网，主要发展特色农业、改善农业生产基础条件、推进农村建设用地整理、建设高标准基本农田、发展生态农业、开展硫磺厂等采矿用地复垦工作，提高耕地质量，改善民生，促进区域社会效益、经济效益和生态效益统一协调发展。

（二）以白布河流域为主线的西南片区土地综合整治重点区域

本区是大方县发展旅游、特色农业、农副产品加工以及林业开发、打造生态建设示范区的重点区域，是油杉河—百里杜鹃—支嘎阿鲁湖—九洞天—贵州宣慰府精品旅游线路所在区域，该区涉及猫场镇、鼎新乡、绿塘乡、高店乡、文阁乡、小屯乡、羊场镇、理化乡、马场镇、牛场乡、鸡场乡、黄泥塘镇等12个乡镇；该区涉及土地整治重点项目13个，整治面积约为12402.21公顷，高标准基本农田建设面积496.37公顷，新增耕地面积391.05公顷，估算投资为4.65亿元。

土地利用方向以融合生态建设、经济开发、发展旅游文化为一体的示范工程，完善农业基础设施、农村基础设施建设，推进退耕还林还草、坡改梯工程建设；加强农田水利建设和小流域整理力度，加大中低产田土改造力度，大力实施沃土工程，推进高产稳产基本农田建设，着力提高耕地基础地力和产出能力。

四、大方县低丘缓坡土地综合开发利用

（一）低丘缓坡土地资源现状分析

根据大方县2010年土地利用变更调查数据，结合数字高程模型，利用空间坡度分布情况，通过GIS空间分析，统计出大方县低丘缓坡区域土地资源总量为

228857.96 公顷，占全县土地总面积的 65.39%，其中：农用地 207954.04 公顷，建设用地 7834.52 公顷，未利用地 13069.40 公顷，主要分布在大方、马场、羊场、飘井等乡镇。其中，6~15 度的低丘缓坡土地资源面积为 104867.69 公顷，15~25 度的低丘缓坡土地资源面积为 123990.27 公顷。

（二）低丘缓坡土地资源综合开发利用适宜性分析

根据大方县生态环境条件，结合《贵州省大方县地质灾害防治规划》《贵州省大方县林业保护利用规划（2010~2020 年）》《岩溶地区石漠化综合治理工程贵州省毕节市实施方案》等相关规划，对低丘缓坡土地资源开发利用的限制性条件进行分析，最后确定大方县低丘缓坡土地资源开发利用适宜区域面积为 128669.60 公顷，主要分布在黄泥塘、马场、理化等乡镇，详见表 6-3。

表 6-3　　　　　　大方县低丘缓坡土地资源开发利用适宜性面积

行政单位	低丘缓坡土地资源面积（公顷）	开发利用适宜区面积（公顷）	开发利用限制区面积（公顷）			
			小计	其中：重要生态涵养区	其中：小流域石漠化区域	其中：地质灾害高发区
大方县	139141.65	128669.60	10472.05	758.60	8863.10	850.35
大方镇	4327.17	4327.17	0.00	0.00	0.00	0.00
双山镇	3073.45	3073.45	0.00	0.00	0.00	0.00
猫场镇	3887.42	3816.43	70.99	0.00	0.00	70.99
马场镇	5419.76	5353.01	66.75	66.75	0.00	0.00
羊场镇	3816.22	3616.99	199.23	90.38	0.00	108.85
黄泥塘镇	6368.97	5872.43	496.54	69.09	427.45	0.00
六龙镇	3184.42	3184.42	0.00	0.00	0.00	0.00
达溪镇	4411.86	4411.86	0.00	0.00	0.00	0.00
瓢井镇	4726.88	4726.88	0.00	0.00	0.00	0.00
长石镇	3712.23	3693.06	19.17	0.00	0.00	19.17
东关乡	2479.06	2479.06	0.00	0.00	0.00	0.00
竹圆乡	2112.23	2112.23	0.00	0.00	0.00	0.00
响水乡	4299.66	3996.10	303.56	0.00	0.00	303.56
文阁乡	3181.66	3181.66	0.00	0.00	0.00	0.00
绿塘乡	3014.90	2308.76	706.14	104.35	601.79	0.00
鼎新乡	4107.20	2203.98	1903.22	173.78	1729.44	0.00
牛场乡	4274.45	4274.45	0.00	0.00	0.00	0.00

（三）低丘缓坡土地资源综合开发利用目标

综合大方县经济社会发展水平，依据《大方县国民经济与社会发展第十二个五年规划》《大方县土地利用总体规划（2006～2020年）》《大方县城市总体规划（2010～2030年）》《大方县"十二五"林业发展规划（2011～2015年）》，对可供开发的理论潜力进行分析，确定规划期内可实现重点乡镇为大方、双山、猫场、黄泥塘等共15个乡镇，规划期内全县可实现潜力共计4477.75公顷，占全县土地总面积的1.28%，主要为未利用地开发利用、低产耕地和低效林地的开发利用等（详见表6-4）。

通过对实现潜力的低丘缓坡现状资源分析，全县可实现潜力中未利用地面积1760.04公顷，开发利用为耕地688.17公顷，开发利用为林地723.61公顷，开发利用为建设用地348.26公顷；劣质农用地2477.98公顷，开发为建设用地2477.98公顷；现状建设用地239.73公顷，开发利用为建设用地239.73公顷。

表6-4　　大方县低丘缓坡土地资源可实现潜力分布及开发利用方向统计

行政单位	可实现潜力总面积（公顷）	未利用土地				劣质农用地				现状建设用地开发	
		现状面积（公顷）	开发利用方向			现状面积（公顷）	开发利用方向			现状农村居民点和采矿用地（公顷）	开发利用方向
			耕地	林地	城乡建设用地		耕地	林地	城乡建设用地		城乡建设用地
大方县	4477.75	1760.04	688.17	723.61	348.26	2477.98	0.00	0.00	2477.98	239.73	239.73
大方镇	842.69	148.49	0.00	0.00	148.49	618.88	0.00	0.00	618.88	75.33	75.33
双山镇	665.06	45.49	0.00	0.00	45.49	585.12	0.00	0.00	585.12	34.45	34.45
猫场镇	239.11	239.11	0.00	239.11	0.00	0.00	0.00	0.00	0.00	0.00	0.00
黄泥塘镇	195.25	26.20	0.00	0.00	26.20	136.83	0.00	0.00	136.83	32.22	32.22
达溪镇	451.71	451.71	451.71	0.00	0.00	0.00	0.00	0.00	0.00	0.00	0.00
东关乡	571.51	17.60	0.00	0.00	17.60	528.57	0.00	0.00	528.57	25.34	25.34
响水乡	208.86	27.00	0.00	0.00	27.00	175.88	0.00	0.00	175.88	5.98	5.98
文阁乡	68.81	0.00	0.00	0.00	0.00	61.26	0.00	0.00	61.26	7.55	7.55
小屯乡	10.63	0.40	0.00	0.00	0.40	8.11	0.00	0.00	8.11	2.12	2.12
理化乡	143.40	0.00	0.00	0.00	0.00	133.95	0.00	0.00	133.95	9.45	9.45
凤山乡	360.00	360.00	0.00	360.00	0.00	0.00	0.00	0.00	0.00	0.00	0.00
安乐乡	247.07	141.81	0.00	124.50	17.31	92.03	0.00	0.00	92.03	13.22	13.22
普底乡	197.26	40.80	0.00	0.00	40.80	132.15	0.00	0.00	132.15	24.31	24.31
百纳乡	39.93	24.97	0.00	0.00	24.97	5.20	0.00	0.00	5.20	9.76	9.76
星宿乡	236.46	236.46	236.46	0.00	0.00	0.00	0.00	0.00	0.00	0.00	0.00

第三节　大方县土地整治规划方案

一、大方县土地整治规划目标与任务

根据《毕节市土地整治规划（2011~2015 年）》分解任务，至 2015 年，大方县补充耕地任务 755.00 公顷，完成高标准基本农田建设规模任务 7000.00 公顷。根据《大方县土地利用总体规划（2006~2020 年）》，至 2020 年，大方县补充耕地任务 1810.00 公顷，新增建设用地面积 3920.00 公顷，其中占用耕地面积 1773.27 公顷。大方县土地整治指标控制见表 6 – 5。

表 6 – 5　　　　　　　　　　　　大方县土地整治指标控制

	指标	2015 年	2020 年
一、总量指标 （公顷）	耕地整理规模	15000	25000
	农村建设用地整治规模	20	35
	土地复垦规模	30	45
	土地开发规模	1000	2500
	高标准基本农田建设	7000	10000
二、效益指标 （公顷）	新增耕地总量	2000	3500
	耕地整理新增耕地	375.25	635.9
	农村建设用地整治新增耕地	9.65	17.68
	土地复垦新增耕地	9.79	25.39
	土地开发新增耕地	605.31	1806.03
	耕地质量等级	利用等提高 0~1 个等级	
三、投资估算 （万元）	投资总规模	88275	139612.5
	耕地整理投资规模	56250	93750
	农村建设用地整治投资规模	300	525
	土地复垦投资规模	225	337.5
	土地开发投资规模	31500	45000

1. 确保补充耕地任务得到全面落实。通过各种土地整治活动，提高土地利用率

和产出率，增加耕地数量，补充因建设、生态退耕、灾毁而减少的耕地，确保补充耕地数量和质量。规划到 2015 年补充耕地不少于 1000.00 公顷，展望到 2020 年，补充耕地 2485.00 公顷；挖掘农用地整理潜力。到 2015 年，耕地整理规模目标为 15000.00 公顷，新增耕地不少于 375.25 公顷；展望到 2020 年，耕地整理规模目标为 25000.00 公顷，新增耕地不少于 635.90 公顷。

2. 实现高标准农田建设成效得到显著提高，开展中低产田改造，加大高标准农田建设，提高耕地等级。规划期内，高标准农田建设目标为 7000.00 公顷，到 2020 年，争取建设高标准基本农田达到 10000.00 公顷，其自然质量等别平均提高 1~2 等，利用等别提高 0~1 等，经济等别提高 1~2 等；加大基本农田集中区建设，规划期内建 3~5 片万亩以上的连片基本农田集中区。

3. 农村建设用地整治规范有序推进，加快工矿复垦、其他草地开发进程。开展农村居民点向城镇或中心村集中，实施迁村并点，整理农村废弃地和闲置宅基地。到 2015 年，农村建设用地整理规模为 20.00 公顷；到 2020 年，农村建设用地整理规模为 35.00 公顷；加快工矿废弃地的复垦；到 2015 年，土地复垦目标为 30.00 公顷；到 2020 年，土地复垦目标为 45.00 公顷；在保护和改善生态环境的前提下，适度开发宜农后备土地资源。规划期内，到 2015 年，土地开发目标为 1000.00 公顷；到 2020 年，土地开发目标为 2500.00 公顷。结合以上目标，规范推进城乡建设用地增减挂钩增加耕地，优化城乡土地利用布局，促进城乡统筹发展。

4. 加强土地生态环境保护，坚持以改善生态环境为根本，设定生态国土屏障用地，实施综合治理。规划期间，大方县生态环境建设的目标：利用现代高科技新技术，动员全社会力量，全面开展综合治理工程。山区实施封山育林，植树种草，治理水土流失。开展绿色农田工程，防止农田污染，建设生态农业，改善生产和生活条件，加大综合治理力度，重点完成全县农业生态环境建设具有重大号召力的关键工程，努力使资源、生态与环境步入良性循环的轨道。建立和健全生态环境预防监测和保护体系，使全县农业生态环境出现根本性的改善。

二、大方县土地整治总体布局与项目安排

（一）土地整治类型区

1. 耕地整理区。以开展耕地整理活动、安排土地整理项目为主的区域。包括瓢井镇、高店乡、鼎新乡、六龙镇、八堡乡、兴隆乡、理化乡、鸡场乡、黄泥乡和星宿乡等 10 个乡镇。

土地开发整理利用方向：本区田坎系数达 0.2213，侧重耕地整理，减少田坎面积，兴修抗旱渠道，改良土壤，改造中低产田，开展绿色农田建设，调整产业结构，发展高效农业。

本区共整理 81437.92 公顷，增加农用地 3585.31 公顷，其中耕地 3080.00 公顷。

2. 农村建设用地整理区。以开展农村居民点整理等活动、安排农村居民点整理项目为主的区域。包括黄泥塘镇、响水乡、鼎新乡、文阁乡、雨冲乡、果瓦乡、牛场乡等 7 个乡镇。

土地开发整理利用方向：本区农村居民点人均面积 129.00 平方米，户均 362.00 平方米，侧重农村居民点整理，村庄撒零并散。

本区共整理 1358.01 公顷，增加农用地 1270.54 公顷，其中耕地 1012.81 公顷。

3. 土地复垦区。以开展土地复垦活动、安排土地复垦项目为主的区域，包括大方镇、双山镇、小屯乡、东关乡、猫场镇、文阁乡、安乐乡、百纳乡等 8 个乡镇。

土地开发整理利用方向：本区重点是挖损、压占土地复垦。营造护林带，护林带外复垦为耕地。

本区共开展复垦 275.92 公顷，增加农用地 224.35 公顷，其中耕地 210.55 公顷。

4. 土地开发区。以开展土地开发活动、安排土地开发项目为主的区域。包括马场镇、羊场镇、达溪镇、长石镇、竹圆乡、绿塘乡、凤山乡、沙厂乡、三元乡等 9 个乡镇。

土地开发利用方向：本区重点是开发荒草地，发展经济林木，建立高产优质果园、茶园，逐步建成大方县经果林和茶叶生产基地。

本区开发 6682.94 公顷，增加农用地 6290.36 公顷，其中耕地 5461.25 公顷。

（二）工程布局与项目安排

1. 农用地综合整治重点项目。规划期内，切实抓住国家对乌蒙山区土地整治扶贫攻坚机遇，充分利用大方县加强循环经济开发区发展的契机，整合资源，优化资源配置，依据区域有利条件，做好乌蒙山区域土地整治工作，共安排国家、省级重大项目 14 个，分别为兴隆乡、八堡乡高标准基本农田土地整治项目，马场镇、牛场乡高标准基本农田土地整理项目，六龙镇新林盘营、青林村等基本烟田土地整治项目，达溪镇冷底、新寨、坝子村高标准基本农田土地整理项目，瓢井镇坪兴村土地整治项目，长石镇杨柳村、红山村等高标准基本农田土地整理项目，响水乡凉水村、青山村等基本烟田土地整理项目，文阁乡文阁村、常丰村、三元村土地整治项目，高店乡石栀、安兴、营兴村高标准基本农田土地整治项目，理化乡发乐村、石牛村、大塘村基本烟田土地整理项目，鸡场乡化里村、天堂村基本烟田土地整理项目，凤山乡银川、衫坪村土地整治项目，核桃乡木寨村、双龙村高标准基本农田土地整理项目，大山乡松鹤村、沙土村、松明村高标准基本农田土地整理项目。整治规模 17368.60 公顷，估算总投资 6.51 亿元。

2. 建设用地整治重点项目。建设用地整治重点项目主要包括农村建设用地整治和采矿用地复垦重点项目。规划期间，大方县将有计划、有步骤地稳步推进建设用地整治工作。共安排农村建设用地整治和土地复垦项目 57 个，重点做好安乐乡、猫场镇采矿用地复垦及星宿乡、大山乡及果瓦乡农村建设用地整治工作。

3. 土地开发重点项目。为更好更快地完成《毕节市土地利用总体规划（2006～2020 年）》下达给大方县的耕地保有量和基本农田保护目标，在保护和改善生态环境的前提下，依据土地利用条件，有计划、有步骤地推进后备土地资源开发利用。通过开展宜农后备资源适宜性评价，合理选择开发最优区域，合理开发荒草地和裸地。规划期间，选择条件较好的竹圆乡、达溪镇、安乐乡、星宿乡、鸡场乡、马场镇等乡镇的宜农后备资源进行开发，共安排 109 个土地开发重点项目，开发规模 4113.37 公顷，预计新增耕地 3352.39 公顷，估算投资 18517.79 万元。

4. 土地整治项目库。根据规划目标任务，结合当地自然资源、交通、水利、电力以及社会经济条件，按照科学性、系统性、具有针对性、布局合理性和项目建设要突出重点的原则建立土地整治项目库，实现土地整治项目更新机制，动态监管土地整治项目。

项目库建设明确了各项目整治类型、建设规模、投资规模、安排时序、预计可新增耕地规模等；同时，项目库明确了规划近期重点项目的数量、建设规模、投资规模、安排时序、预计可新增耕地规模等（见表 6-6）。项目库是土地整治规划的重要基础，是土地整治规划及监管的重要支撑。因此，大方县土地整治重点项目全部纳入土地整治项目库。

三、大方县高标准基本农田与烟田建设

（一）高标准基本农田建设

2009 年，大方县基本农田保护面积为 102689.05 公顷。根据《大方县土地利用总体规划（2006～2020 年）》确定的 2020 年规划目标任务，确定基本农田保护面积 96903.00 公顷，全县划定基本农田保护区面积 133324.79 公顷，占大方县土地总面积的 41.82%。

表6-6

大方县土地整治重点项目数据汇总

单位：公顷、万元、年、个

规划时段	整治类型	项目数量	项目规模	基本农田		新增耕地面积	新增其他农用地面积	耕地质量潜力			投资规模
				总规模	高标准基本农田建设规模			整治前耕地质量等级（等）	整治后耕地质量等级（等）	耕地质量等级提升级差（等）	
规划近期 (2012~2015年)	农用地整理	43	25944.60	17653.80	8432.65	820.43	96.29	4~15	4~16	0~1	97292.34
	农村建设用地整理	11	13.99			10.58	2.62	0	9~10	9~10	209.85
	土地复垦	11	27.81			12.17	3.85	0	9~10	9~10	166.86
	土地开发	53	1294.69			1064.31	99.12	0	9~11	9~11	5826.26
	合计	118	27281.09	17653.80	8432.65	1907.49	201.88	—	—	—	103495.31
规划远期 (2015~2020年)	农用地整理	28	13617.21	9938.87	1841.81	436.39	63.93	4~15	4~16	0~1	51064.58
	农村建设用地整理	20	27.36			20.61	5.24	0	9~10	9~10	410.40
	土地复垦	15	74.68			32.50	8.74	0	9~10	9~10	448.08
	土地开发	50	2818.68			2288.08	290.57	0	9~11	9~11	12691.53
	合计	113	16537.93	9938.87	1841.81	2777.58	368.48	—	—	—	64614.59
总计		231	43819.02	27592.67	10274.46	4685.07	570.36	—	—	—	168109.90

根据对历年土地整理项目新增耕地来源的调查及本轮规划对新耕地整理潜力测算，大方县耕地整理主要通过降低田坎系数、整理沟渠、农村道路等农用地中的非耕地来增加耕地面积，新增耕地率一般在 2.50% ~ 5.00% 之间。

大方县未来农用地整理项目主要分布在兴隆乡、八堡乡、长石镇、果瓦乡、安乐乡、鸡场乡、核桃乡、凤山乡等耕地连片程度较高，地势较平缓的区域。由于区域内未利用地开发潜力有限，开发难度大，农用地整理新增耕地潜力主要来自田坎、沟渠及农村道路等非耕地的整理，综合各乡镇农田整理典型项目区的调查和新增耕地潜力的测算，规划期间，大方县农用地整理项目总规模 39065.26 公顷，新增耕地面积 1241.63 公顷。

规划期内，大方县高标准农田建设目标为 7000.00 公顷，争取到 2020 年完成高标准基本农田建设面积 10000.00 公顷。现有耕地在完成整理建设之后，其自然质量等别可提高 1 ~ 2 等，利用等别可提高 0 ~ 1 等，经济等别可提高 1 ~ 2 等。如果按每亩增加粮食产量 50 ~ 75 千克计算，2015 年完成 10.5 万亩高标准农田建设，可增产粮食 5250 ~ 7875 吨，可为建设特色农业基地，提高区域经济水平，保障区域粮食安全做出贡献。

（二）高标准基本烟田整治

为推动烟叶规模化种植和集约化经营为目标，在规划期内，立足烟区实际，对利用不充分的或已开发但未实现规模种植的土地进行统一整治，规模治理，建成集中连片、梯埂牢固、地面平整、土层深厚、土壤肥沃、便于机械耕种的基本烟田。规划期间，大方县共安排烟田土地整理项目 20 个，涉及牛场乡、鼎新乡、马场镇、六龙镇、安乐乡、三元乡、响水乡、竹圆乡、理化乡、鸡场乡、核桃乡、达溪镇和沙厂乡 13 个乡镇。整治规模 2733.33 公顷，估算总投资 1.03 亿元。

四、大方县土地整治规划投资与效益分析

（一）资金供需估算

1. 资金需求。根据现有《土地开发整理项目预算定额标准》，结合分析 2011 年贵州省农村土地整治专项自查清理成果中土地整治项目投资预算情况。采用测算典型项目单位面积投资量，近而估算项目投资量，最终计算出总投资量。

规划期内，大方县土地整治估算总投资 168109.90 万元。其中，耕地整理估算总投资 148356.92 万元，占总投资的 88.25%；农村建设用地整治估算总投资 620.25 万元，占总投资的 0.37%；土地复垦估算总投资 614.94 万元，占总投资的 0.37%；

土地开发估算总投资 18517.79 万元，占总投资的 11.01%。

根据规划近期目标任务确定规划近期土地整治估算总投资 103495.31 万元，占规划期总投资的 61.56%。其中，耕地整理估算总投资 97292.34 万元；农村建设用地整治估算总投资 209.85 万元；土地复垦估算总投资 166.86 万元；土地开发估算总投资 5826.26 万元。规划近期，资金投入应当优先保障重点整治区域内的土地整治项目的资金需求。

2. 资金来源。资金来源为新增建设用地土地有偿使用费、耕地开垦费、土地复垦费、用于农业土地开发的土地出让收益。同时，积极引导农业、林业、水利等相关涉农资金投入土地整治，整合各类资金，按照预算不变、渠道不乱、用途不改的办法，捆绑投入，集中投入土地整治、弥补土地整治资金缺口。

（1）新增建设用地土地有偿使用费。根据大方县土地利用总体规划确定到 2020 年新增建设用地总量 3920.00 公顷，依据《财政部、国土资源部、中国人民银行关于调整新增建设用地土地有偿使用费政策等问题的通知》，大方县属十五等，新增建设用地土地有偿使用费征收标准为 10 元/平方米，预计 2011~2020 年内新增建设用地 3920.00 公顷。新增建设用地有偿使用费 3.92 亿元。

（2）耕地开垦费。耕地开垦费根据《贵州省人民政府办公厅转发〈省国土资源厅、省财政厅关于加强和改进我省土地开发整理及耕地占补平衡工作意见〉的通知》规定，贵州省耕地开垦费按 8000 元/亩标准收取。根据《大方县土地利用总体规划（2006~2020 年）》，到 2020 年新增建设用地占用耕地面积 1773.27 公顷。经计算，到 2020 年可筹集资金 2.13 亿元。

（3）相关涉农资金。以土地整治为平台，以土地整治专项资金为主题，有效聚合农业、林业、水利、交通、环保等相关涉农资金，共同投入项目建设，大方县相关涉农资金为 2.0 亿元。另外，大方县将积极争取贵州省乌蒙山区域"兴地惠民"国家级、省级土地整治重大工程项目资金约 9 亿元。

综上所述，资金来源约 17.05 亿元，资金需求为 16.81 亿元，可以满足土地整治资金需求。

（二）效益评价

1. 经济效益评价。总体效益表现为增加有效耕地面积，保障发展用地，促进经济发展。规划期末，通过土地整治可新增耕地 1907.49 公顷，项目实施到 2020 年，可新增耕地 4669.88 公顷，实现建设占用耕地占补平衡。

经过测算，开发整理前年纯收入 1.36 万元/公顷，开发整理后年纯收入 1.61 万元/公顷。规划实施后增加的年纯收入为 6890.64 万元，投资回收期为 24 年。

2. 社会效益评价。通过土地整理改善了农田基础设施，提高了耕地生产能力，促进了农业结构调整和先进农业生产技术推广，促进农业集约化经营；可以吸收部分农村剩余劳动力，拓宽农民增收渠道，促进当地农村经济发展；通过土地权属调整，明晰土地产权关系，可以减少今后在土地利用过程中可能引发的各种纠纷，有利于保持当地的社会稳定。

（1）促进规模经营与农业劳动力转移。通过土地开发整理，使得项目区人均耕地面积增加近 0.01 公顷，有效增加了项目区耕地数量，同时，通过土地平整、降坡处理，配套改良相应的道路设施与农田水利设施，不仅增加了原有耕地的平整度与联通度，也提升了耕作条件，为农地流转和规模经营打下了基础，促进了农地集约利用。农用地流转及耕作条件改善后节约的劳动力投入，不仅为城镇化发展提供了大量的劳动力支持，而且也拓展了农民收入渠道，为新农村建设提供了支持。

（2）开辟了助推城乡统筹发展的有效途径。通过对农村居民点、基础设施及公益设施、产业条件、生态环境、地质灾害防治等方面的综合整治，在进行农村建设用地复垦时，按照"城市用地农村造，城市资金农村用"的思路，通过城乡建设用地增减挂钩，有效促进了大方县新农村建设和城乡生产资料双向流动，为缩小城乡差距、推进城乡统筹发展提供了条件。

3. 生态效益评价。结合土地利用总体规划"在开发中保护、在保护中开发"的方针，以大方县生态退耕和土地开发整理规模与范围为前提，通过平整土地、配套坡改梯等工程，完善坡面水系、涵养水源、减少地表径流，有效减少了水土流失，生态环境得到明显改善。

第七章

土地整治项目规划方案

第一节 土地整治项目概述

一、土地整治项目概念与类型

(一) 土地整治项目概念

项目是指在一定的约束条件下, 具有特定目标的一次性事业 (或任务)。项目具有三个基本要素: 约束条件、特定的目标和一次性 (齐宝库等, 1998)。

土地整治项目是指在一定的时间和空间限制范围内, 运用资金、人力和物力等要素投入, 按照可持续利用的原则, 根据土地利用总体规划和土地整治规划确定的目标、用途, 综合采用行政、经济、法律和工程等手段, 组织相关业务单位对区域内田、水、路、林、村进行综合整治, 以实现增加有效耕地面积、提高耕地质量、改善生产生活条件和生态环境的一种行为方式。

土地整治项目的内涵包括: (1) 是一种以投资为前提条件的活动形式; (2) 是一个独立的业务单位; (3) 具有明确的目标性、时间和空间性 (曲晓晨等, 2007)。

同时, 土地整治项目除了具有项目的一般特性外, 还具有以下几个方面的特征: (1) 基础性, 实施土地整治项目的目的是改善农业生产条件, 开发和利用农业资源, 提高土地生产力, 增加农民收入, 促进农村富裕, 不仅仅是追求项目本身的直接经济利益; (2) 公益性, 土地整治项目投资多为政府部门, 并由政府部门组织项目的实施, 具有很强的公益性; (3) 综合性, 土地整治项目是对土地进行综合整治, 包括田、水、路、林、村等, 需要多部门的参与, 涉及多学科和工程技术的应用, 具有很强的综合性特征；（4）地域性，不同地区的农业生产条件、社会经济状况、人文背景情况有很大的差异，因此土地整治项目的规划、设计、实施具有明显的地域性特征；（5）效益的滞后性，由于土地生产力的提高是一个缓慢的过程，土地整治项目不像其他项目那么快得到投资效益，需要较长的周期，因此土地整治项目投资效益具有滞后性特征（胡振琪，2007）。

（二）土地整治项目类型划分

1. 按资金来源划分。主要分为财政性资金项目和非农建设项目自行补充耕地项目。

财政性资金项目是指使用新增建设用地土地有偿使用费、耕地开垦费及新增耕地指标置换专项资金和土地出让金用于农业土地开发的部分及其他涉农资金安排的项目。

非农建设项目自行补充耕地项目是指非农建设项目占用耕地的单位为履行耕地占补平衡义务而自行投资实施的项目。

2. 按项目管理渠道划分。主要分为国家级项目、省级项目、市（州、地区）级项目和县（区）级项目等。

国家级、省级项目是指使用中央或省级提留新增建设用地土地有偿使用费、耕地开垦费及新增耕地指标置换专项资金安排的项目。

市级项目是指使用省给各市（州、地区）的新增建设用地土地有偿使用费、市本级收取的耕地开垦费（含指标置换专项资金）和市级土地出让金用于农业土地开发的部分安排的项目。

县级项目是指使用县本级耕地开垦费（含指标置换专项资金）和县本级土地出让金用于农业土地开发的部分安排的项目。

3. 按项目性质划分。主要分为单一性质和综合性质土地整治项目。

单一性质土地整治项目主要包括农用地整治项目、高标准基本农田整治项目、宜农未利用土地开发项目、农村居民点用地整治项目、矿山复垦等。

综合性质土地整治项目主要包括农村土地综合整治项目（农用地＋宜农未利用地＋农村居民点）、城镇用地综合整治项目（旧城镇＋旧工厂＋"城中村"改造）等。

二、土地整治项目立项申报要求

（一）土地整治项目选址要求

土地整治项目选址的基本原则包括：项目系统性与整体性原则、先易后难原则、效益最大化原则。项目选址的具体要求包括：（1）项目合法、合规；（2）以整理和复垦为主；（3）基础设施条件具备；（4）资源与环境条件具备；（5）无权属问题；

（6）投资方向合理；（7）申报单位符合规定；（8）基本控制指标符合规定（邢岩，2006）。

1. 项目合法、合规。主要包括两个方面：一是符合现行法律、法规规定；二是符合相关规划。《中华人民共和国土地管理法》规定："开垦未利用的土地，必须经过科学论证和评估，在土地利用总体规划划定的可开垦的区域内，经依法批准后进行。禁止毁坏森林、草原开垦耕地，禁止围湖造田和侵占江河滩地。"《土地开发整理若干意见》规定："土地开发整理活动必须符合规划。土地开发整理项目的审查、规划设计、项目实施和检查验收，都必须依据土地利用总体规划和土地开发整理规划。"《关于报国务院批准的土地开发用地审查报批工作有关问题的通知》规定："禁止在25度以上坡地和自然保护区内开垦耕地。"《关于进一步规范国家投资土地开发整理项目申报工作有关问题的通知》规定："国家投资项目必须符合土地利用总体规划和土地开发整理规划，符合湿地保护、生态保护等有关法律法规和政策规定。"

2. 以整理和复垦为主。在项目选址时，以整理和复垦为主，适当兼顾开发项目。《关于进一步规范国家投资土地开发整理项目申报工作有关问题的通知》规定："选址国家投资项目以土地整理和复垦为主，严格控制土地开发项目。在充分论证基础上，有利于改善生态环境的荒滩、荒地开发项目，可以适当申报；荒山和严重缺水地区的开发项目，原则上不应申报。"《中华人民共和国土地管理法实施条例》规定："一次性开发未确定土地使用权的国有荒山、荒地、荒滩600.00公顷以下的，按照省、自治区、直辖市规定的权限，由县级以上地方人民政府批准；开发600.00公顷以上的，报国务院批准。"为鼓励土地复垦义务人积极主动复垦，吸引地方政府、社会各方积极参与复垦，《土地复垦条例》推动多元土地复垦模式，综合运用经济、行政手段，针对不同主体规定了相应的激励措施：一是在生产建设中损毁的土地，通过税收退还的政策，促进土地复垦义务人积极主动履行义务；二是对于历史遗留损毁土地和自然灾害损毁土地，遵循"谁投资、谁受益"的模式，通过补充耕地指标奖励、经济补贴等手段鼓励社会资金投入，鼓励土地权利人自行复垦，鼓励地方政府积极作为。

3. 基础设施条件具备。土地整治项目所在区位具备项目实施所必需的主干道路、主干排灌渠系、堤坝、电力等配套基础设施；或已拟定相关的道路、水利、电力工程、村庄改造等方案，有关措施与资金已经落实，拟同步规划、同步实施；或上述几项建设正在实施。

土地整治项目基础设施条件具备主要指项目区周围应具备一定的水利、交通等基础条件，为实现项目总体目标提供了可能性；而项目区内农田灌排条件、交通条件等较差，具有开展土地整治的必要性，通过整治后容易见到成效。

4. 资源与环境条件具备。土地整治项目的选址还应考虑当地的资源条件及生态环境对农业生产活动的承载力。水资源无保障、生态环境十分脆弱的地区不宜开垦为耕地，从事农业生产活动。因资源或环境条件恶劣而曾经撂荒的土地不应纳入土地整治的范围。《全国生态环境建设规划》明确规定："坚决禁止毁林毁草开垦和围湖造地，对过度开垦、围垦的土地，要有计划有步骤地还林还草还湖，逐步将 25 度以上的陡坡耕地退耕还林还草，25 度以下的坡地实现梯田化。"

5. 无权属问题。在选择土地整治项目区时，要摸清项目区土地权属现状，有严重权属问题的土地不应纳入土地整治范围。权属问题主要表现在两方面：一是存在土地权属争议；二是项目受益主体不符合规定要求。存在土地权属争议的，应及时调处；一时无法解决的，暂不将争议土地纳入土地整治的范围。企业或个人以盈利为目的、已租赁经营的土地，暂不申报国家投资项目。

6. 投资方向合理。土地整治项目的主要目的是保障耕地数量和质量，促进土地的节约集约利用。在以基本农田为主的土地整治项目中，应以水利设施配套为重点（苗斌侠，2007）。随着土地整治项目的实施，因土地平整、农田水利建设的受益时间较短，为追求短时间的利益，扩大了部分道路建设的比例。较多的土地整治项目将投资偏重于道路等基础设施的修缮（刘华蓉等，2016）。投资方向不合理，容易造成工程建设质量降低，达不到预期的社会、生态和经济效益要求。

7. 申报单位符合规定。《国家投资土地开发整理项目管理暂行办法》对国家投资项目的申报组织工作作了明确规定："项目申报单位为县（市、区）土地行政管理部门。项目的申报须经地（市）级土地行政主管部门签署意见，省（区、市）土地行政主管部门审核同意后，由省（区、市）土地行政主管部门集中报国土资源部。"表明国家投资项目只能以县（市、区）为单位申报。

8. 基本控制指标符合规定。除国家投资不同类型、不同性质和不同地貌类型项目的建设规模、单片规模、片数符合《国家投资土地开发整理项目管理暂行办法》相关要求外，新增耕地率（等于新增耕地面积除以项目规模）也必须符合规定。即开发项目的新增耕地率不低于 60%，复垦项目的新增耕地率不低于 40%，整理项目的新增耕地率不低于 10%，基本农田整理项目的新增耕地率按不低于 3%。

（二）土地整治项目立项申报材料要求

一般而言，国家级、省级投资土地整治项目立项申报应提交的材料包括：（1）项目立项申请；（2）项目可行性研究报告；（3）项目区土地利用现状图、地形图（1：2000 或 1：10000）及项目主要工程布局图；（4）项目所在县（市、区）级国土资源主管部门出具的项目选址符合县（市、区）、乡（镇）两级土地利用总体规划和县（市、区）级土地整治规划的审核意见；（5）项目涉及村集体经济组织的征求意见；（6）项目所在县（市、区）级国土资源主管部门出具的土地权属情况证明；（7）现场踏勘报告及全面反映项目区的影像、图片资料；（8）其他相关资料。如涉及土地开发，还需提供具有批准权的政府批准文件；涉及工矿用地复垦，需提供相关权益人的书面意见；涉及房屋搬迁，需提供项目所在县（市、区）人民政府关于房屋搬迁方案、资金聚合使用方案等。

市（地）级和县级投资土地整治项目立项申报材料可根据实际需要适当精简。同时，根据简政放权、转变政府职能要求，可适时归并、简化相关材料。

现场踏勘报告的内容主要包括：（1）项目地点、范围、建设规模和项目性质；（2）项目区自然条件和自然资源；（3）项目区社会和经济条件；（4）项目区现有基础设施条件，主要包括已有道路、沟渠及其他工程等级状况和运行状况；（5）项目区土地权属、土地利用状况；（6）项目区拟建设工程布局情况，包括土地平整、农田水利、田间道路和其他工程等；（7）核实项目区拟建设工程是否与农业开发、水利、交通等其他项目已建或新建工程交叉、重叠；（8）公众意见，说明项目涉及村民群众对项目建设及有关工程设计的意见、所在乡（镇）人民政府及相关部门的支持态度等；（9）踏勘结论，必须明确项目是否符合选址要求，建议立项或不立项，并附上参与项目现场踏勘人员信息。

第二节　土地整治项目可行性研究

一、土地整治项目可行性研究概述

（一）可行性研究概念内涵

投资项目可行性研究是指在项目投资决策阶段，对拟议项目进行的全面的技术经济分析论证，它是投资项目前期工作的重要内容与方法，是投资项目周期的重要环节之一。在我国的投资管理活动中，可行性研究通常划分为初步可行性研究（又称项目建议书）与详细可行性研究（一般称为可行性研究）两个不同阶段，其服务功能、研究重点、结构内容和深度要求有所不同。

一般而言，土地整治项目仅做详细可行性研究，不做初步可行性研究。《土地整治重大项目可行性研究报告编制规程》（TD/T 1037 – 2013）规定：中央资金支持建设的土地整治重大项目必须编制可行性研究报告，其他土地整治项目可参照执行。

土地整治项目可行性研究是土地整治项目立项的基础，是确定项目建设方案、编制投资估算、进行建设安排、制订年度计划等的依据，是开展项目绩效评价的基础资料。

（二）可行性研究需解决的主要问题

土地整治项目可行性研究需解决的主要问题包括：（1）分析项目建设的必要性、可行性；（2）理清项目区土地利用中存在的问题；（3）提出解决问题的对策；（4）明确建设的目标和任务；（5）分析技术、经济的可行性；（6）评估项目的综合效益。

二、土地整治项目可行性研究的主要内容

（一）项目及项目区概况

项目概况的主要内容：（1）项目提出的缘由，建设的必要性和意义；（2）项目类型和性质，明确是重点项目、示范项目还是补助项目，说明是土地开发、复垦还是整理。如果是综合项目，应明确各类性质的具体面积；（3）项目位置和范围，项目区的四至关系，用文字描述和经纬度坐标表达，项目区边界参照行政界线，并以完整的图斑地类界线为界；（4）项目规模，明确建设规模和投资规模，将不动工面积扣除在建设规模范围之外，并在图上明确标识不动工范围，做到文、图、表一致；（5）项目建设工期和目标任务，明确项目建设时段，从新增耕地、预期工程建设的效果、耕地质量提升和景观生态改善情况等方面说明项目建设目标任务。

项目区概况的主要内容：（1）自然条件，应明确项目所在地自然地貌类型和项目区微地貌类型，说明土层厚度、土壤类别、土壤质地和土壤基本属性，水文地质与工程地质；（2）资源条件，包括农业气候资源（光照、温度、降水）、水资源以及生物资源，应说明可供项目区利用的水资源，并按照有关要求进行详细的水资源平衡分析；（3）社会经济状况，包括人口情况、经济发展水平、科技发展水平；（4）土地利用现状，包括土地利用结构、土地开发利用程度、土地利用经济效果；（5）基础设施条件，包括交通基础条件、排灌系统骨干设施状况、电力基础设施状况、其他基础设施状况；（6）生产状况及农田基础设施现状，包括农业生产状况、农田基础设施现状。

（二）项目区建设条件分析

项目区建设条件分析的主要内容：（1）项目合法性分析，包括法律、法规对项目的要求，土地利用总体规划和土地开发整理规划对项目的要求；（2）新增耕地潜力分析，包括新增耕地来源说明，新增耕地面积计算过程；（3）水土资源平衡分析，包括灌溉水源分析，需水量预测，可供水量预测，水资源供需平衡分析；（4）土地利用限制因素分析，包括土地利用主要限制因素（主要是自然与社会条件的限制因

素），提出解决上述限制因素的主要对策；（5）土地适宜性评价，一般而言，土地适宜性评价应对项目区建设范围内全部土地及其利用方式进行评价，在实践工作中，重点对土地开发和复垦进行土地适宜性评价；（6）公众参与分析，包括可行性研究阶段公众参与情况，公众对项目的主要意见及其采纳、解决情况。

（三）项目规划方案及建设内容

项目规划方案及建设内容包括：（1）规划原则与建设标准，在遵循相关规划原则下，确定田块规格、灌溉、排水、道路、农田防护工程等各项工程的建设标准，并说明确定标准的依据；（2）项目规划方案比选，需提出两个或多个可行的备选方案，通过对备选方案进行综合比较分析，最后确定规划方案；（3）项目总体布局，包括土地利用布局、农田水利布局、田间道路布局、农田防护及其他工程布局；（4）项目主要工程内容，包括土地平整工程、农田水利工程、田间道路工程、农田防护工程、其他工程，并对工程量进行估算。

（四）项目投资估算

项目投资估算包括：（1）投资估算的依据，定额及材料单价主要根据《土地开发整理预算定额标准》及其他相关定额标准、当期最新的材料价格等，各项工程量估算主要根据可研报告和可研阶段的规划图纸确定；（2）投资费用估算及其构成，主要包括总投资概算表、分片投资概算表、单位估价表、人工单价计算表、主要材料价格计算表、施工机械台班定额基价表等，并在此基础上确定费用构成及其估算标准；（3）资金年度计划，根据施工进度安排，说明分年度投资计划。

（五）土地权属调整与项目实施管理

土地权属调整包括：（1）土地权属及其利用现状；（2）土地权属调整原则；（3）土地权属调整范围；（4）土地权属调整程序。

项目组织实施管理包括：（1）组织机构与人力资源配置，包括项目法人、组织机构设置方案、组织机构适应性分析、人力资源配置等；（2）项目实施进度，包括建设工期、实施进度计划；（3）项目实施过程控制措施，包括项目进度控制措施、项目质量控制措施、项目资金控制措施等；（4）项目建设后运行管护方案，包括管理责任主体、管护措施、经费筹措。

（六）项目效益评价

项目效益评价主要包括：（1）社会效益评价，主要采用新增耕地面积、新增耕地率、新增灌溉面积、人均新增耕地面积、新增耕地可供养人数、粮食单产增加量、人均收入增加量等指标进行测度；（2）生态环境效益评价，主要阐述项目整治后的景观生态效果，水土保持效果，并定性、定量评估项目实施产生的生态影响、水环境影响、土壤环境影响等；（3）经济效益评价，主要采用单位面积投资、新增耕地单位面积投资、粮食生产经营改善系数、静态投资回收期、静态投资收益率等指标进行测度。

（七）可行性研究结论与建议

总结项目必要性、建设条件并说明项目的技术可行性、效益和经济可行性，在此基础上对项目可行性进行综合评价并提出可行性研究结论；对项目实施中需要有关方面协调解决的问题和政策支持的意见、建议。

（八）相关附件

主要包括附图、附表和其他相关证明材料等。

三、土地整治项目可行性研究和规划设计的区别与联系

土地整治项目可行性研究重在论证项目的"技术上可行性、经济上合理性、建设上迫切性"；项目规划设计要求深入研究项目的技术、经济等指标，确定项目各项工程总体布局与设计标准，并编制工程预算。同时，可行性研究和规划设计是土地整治项目管理程序中两个不同的阶段，可行性研究是编制规划设计的依据，而规划设计则是针对可行性研究的进一步深化和延续。

相对于可行性研究而言，土地整治项目规划设计应遵循的几点基本要求：（1）项目区位置和范围不能改变，可行性研究阶段项目边界范围已固定，在编制规划设计阶段原则上不应再调整项目区的位置和范围；（2）项目建设规模和新增耕地率要符合批复要求，国家级项目在下达入库通知时（主要根据可行性研究），已明确了项目建设规模上限和新增耕地率下限，要求在编制规划设计时，项目建设规模不能突破批复上限，新增耕地率不能低于批复下限；（3）项目区现状不能改变，项目可行性研究批复入库后，要求杜绝任何改变项目区现状的行为，包括土地利用现状、权属现状和基础设施现状；（4）项目规划设计方案不能有大的调整，规划设计阶段只需对可行性研究已确定的方案进一步细化，重点做好单项工程的设计，不应该再对项目规划方案做大的调整，如土地平整方案、取水方案等；（5）项目预算与估算投资相差控制在浮动范围内，项目申请预算总投资（规划设计阶段）不能超出可行性研究入库备案估算总投资的15%。

第三节　土地整治项目规划方案编制

一、土地整治项目规划概述

（一）土地整治项目规划内涵与特征

土地整治项目规划是指依据土地利用总体规划和土地整治规划，通过对土地利用结构、地块物理形态和权属结构的调整及基础设施的配套建设，在平面、空间和时间序列上建立合理的用地结构及布局，以充分挖掘土地潜力、提高土地的利用效率所作的安排和布局。土地整治项目规划一般具有以下基本特征：（1）有明确的建设范围；（2）有明确的建设目标；（3）有明确的土地利用结构调整方案；（4）有明确的工程布局方案；（5）有明确的建设内容和建设标准；（6）有明确的工程进度计划；（7）有明确的投资估算及分年度投资计划；（8）有明确的规划效益指标。

（二）土地整治项目规划任务与作用

土地整治项目规划任务主要包括：（1）定性，明确项目建设性质、土地用途、工程的新建或改造、建设标准；（2）定位，项目范围划定、土地利用定局、工程位置等；（3）定时，建设期限、建设时序安排等；（4）定量，确定各项工程建设数量和投资预算。

土地整治项目规划任务主要包括：（1）核实和纠正项目可研结论；（2）深化和优化项目规划方案；（3）控制项目建设标准和投资规模。

二、土地整治项目分析

（一）项目区自然社会经济条件分析

1. 自然条件。

（1）地理位置。说明项目区的位置（即项目建设地点，用所在县、乡、村或土地使用权属关系单位表示）和四至范围（经纬度坐标），并在相关图件上标示。

（2）地形地貌。说明项目区的地形地貌和海拔高度。地形复杂的项目区划分出不同的地形单元，按地形单元说明地形坡度和地形变化情况。海拔高度、地势起伏、地面坡度和坡向特征的不同，使得不同地区在地形地貌上存在较大差异，从而对项目的工程量产生一定影响。

（3）气候。说明项目区的气候条件及其主要特征，主要包括气温、降水量、蒸发量、湿度、无霜期、日照时数、积温等气象特征值。气候对农作物种类和品种的分布、各地区的耕作制度、栽培方式以及农作物的产量与品质产生了较大的影响。绿色植物在光的作用下实现了光合效应、光形态效应和光周期效应而生长发育，同时，热量也会影响着作物的生长发育及其分布界限、种植制度和栽培方式。

（4）土壤。查明项目区各类土壤的分布、组成、结构和物理化学性质等，预测项目对土壤的影响，对土壤质地进行详细的分析并通过必要的工程措施对土壤进行改良。通常来说，农作物的产量是作物、气候、土壤三者综合作用的结果。土壤质地则对土壤的各种性状如养分含量、通气透水性、保水保肥性以及耕作性状等产生了很大的影响。我国土壤质地分类详见表 7-1。

表 7-1　　　　　　　　　　　　我国土壤质地分类

质地	质地名称	不同粒级的颗粒组成		
		沙粒 1~0.05 毫米	粗粉粒 0.05~0.01 毫米	细黏粒 <0.01 毫米
沙土	粗砂土	>70	—	
	细沙土	60~70	—	
	面沙土	50~60	—	
壤土	沙粉土	>20	>40	<30
	粉土	<20		
	沙壤土	>20	<40	
	壤土	<20		
	沙黏土	>50		≥30
黏土	粉黏土	—		30~35
	壤黏土	—		35~40
	黏土	—		40~60
	重黏土	—		>60

（5）水文地质。说明项目区内与灌排相关的各类河流水系特征，包括流域面积、径流量、水质、含泥沙情况、湖泊面积、多年最高水位、最低水位和平均水位、灌溉面积、水质；水库汇流面积、总库容及兴利库容、水位、水质等；地下水包括埋深、分布、水质特征及其动态变化情况，补给水源和水量。地下水通常被选定为取水水源，因此要注意水质污染等问题。同时，地下水位的过高过低都不利于整治项目的实

施，地下水位上升可能会使土壤沼泽化，盐分含量升高，从而使得水体的腐蚀性增大，对土地整理项目的可行性有着重要的影响，地下水位下降会产生地裂、地面下沉等现象，因此需要说明地下水位的减存状况。

（6）工程地质。由于工程地质条件复杂多变，不同类型的工程对工程地质条件的要求又不尽相同，因此工程地质问题是多种多样的，就土地整理项目而言，其主要注意以下几个方面：说明渠系建筑物厂址、输（排）水工程和田间道路沿线的地层岩性、地质构造和岩体风化情况等地质条件；评价地基、边坡和围岩的稳定性，说明软性土质等的分布和性质，对主要工程地质问题提出处理措施。

（7）天然建筑材料。说明项目区及周边与项目建设相关的天然建筑材料的分布、储量、质量和开采运输条件，为项目的实施提供依据，在天然建筑材料缺乏的地区，应提出人工材料来源及质量。项目区以及项目区附近天然建筑材料的数量及其开采和运输条件是影响项目成本高低的重要因素。

（8）自然灾害。说明项目区的旱、涝、地质等主要自然灾害类型、发生频率和主要危害程度及其对土地利用产生的影响。对于土地资源的整治而言，存在着许多影响因素，都会对土地资源的利用效果产生本质影响，在这些因素中，自然灾害无疑是最为重要的影响之一，其不仅严重地威胁到人民群众生命财产安全，而且对于土地的有效利用起到了决定性的影响。因此，必须从土地整治的源头出发，考量自然灾害这一非人为因素对于土地资源的影响，并且予以科学、完善的解决，在避免自然灾害引起巨大损失的同时，最大程度地利用土地资源。

2. 社会经济条件。社会经济条件指标主要包括：项目区涉及的乡（镇）、村的总人口及劳动力状况、经济收入来源、人均年纯收入、人均耕地面积、作物亩均产量等社会经济状况，项目区农业科技发展水平、机械化程度、种植制度、种植结构等农业生产状况。按表7-2编制社会经济情况统计表。

表7-2 经济社会情况统计

项目片区	人口				农业生产状况				经济发展状况				
	总人口（人）	城镇人口（人）	农业人口（人）	农业劳动力（人）	粮食播种面积（公顷）	粮食作物总产量（吨）	单位面积产量（吨/公顷）	农民人均耕地（公顷）	区域生产总值（万元）	近三年GDP平均增长率（%）	一产比重（%）	人均GDP（元）	农民人均纯收入（元/年）
×片区													
合计													

3. 土地利用现状分析。

（1）土地利用结构分析。主要是指对农业用地、非农业建设用地和未利用地的面积及其占区域总面积的比例和内部现状比例进行分析；分析各类地貌类型、土壤类型和不同坡度等自然状况下的土地资源数量。土地利用结构必须根据最新地籍变更结果，按新的土地分类进行统计，权属单位要统计到村或组，可以根据实际情况调整土地利用现状表中的项目，做到图、文、表的对应。

（2）土地利用程度分析。土地利用程度反映土地利用是否充分、科学合理，主要体现在土地利用率、土地垦殖率、净面积和毛面积之比、复种指数、森林覆盖率、农林牧用地比、人均占有土地、人均占有农林牧用地数量和生产、生活用地之比等方面。①土地利用率，即已利用土地面积和土地总面积的百分比，反映土地利用程度和土地资源潜力的指标，土地利用率 =（土地总面积 − 未利用土地面积）/土地总面积 × 100%。②土地垦殖率，即耕地面积与土地总面积的百分比，反映土地开发程度以及种植业的发展程度，土地垦殖率 = 耕地面积/土地总面积 × 100%。③耕地复种率，即全年农作物播种总面积与耕地总面积的百分比，反映耕地的利用效率和程度，耕地复种率 = 全年农作物播种面积/总耕地面积 × 100%。④建设用地占地率，即建设用地面积与土地总面积的百分比，反映建设用地占地情况，建设用地占地率 =（居民点及工矿用地面积 + 交通用地面积）× 100%。⑤水面利用率，即已利用的水面面积占水面总面积的百分比，反映水面利用的程度，水面利用率 = 已利用水面面积/水面总面积 × 100%。

（3）土地利用经济效果分析。土地利用经济效果说明了项目区土地利用投入产出状况，即有限的土地内可能生产的产品和服务的价值。反映土地利用经济效果的指标是土地生产率。土地生产率是指土地在现有利用水平（包括投入水平）下土地的生产能力。土地生产率可用实物型（即单位面积产量）表示，也可用价值型（即单位面积产值）表示，价值型也可用单位面积净产值（产值 − 消耗的生产资料价值）或单位面积纯收入（产值 − 生产成本）表示。

（4）耕地质量现状分析。耕地质量现状反映了耕地用于一定的农作物栽培时，耕地对农作物的适应性、生物生产力的大小（耕地地力）、耕地利用后经济效益的多少和耕地环境是否被污染四个方面。耕地是土地资源中最宝贵的自然资源，耕地质量关系到国家粮食安全、农产品质量安全及生态安全，是保障社会经济可持续发展的、满足人民日益增长的物质需要的必要基础，耕地更是粮食生产的"命根子"。因此，在实施土地整治项目前，要说明耕地土壤养分和农田基础设施状况，分析项目区的耕地质量现状。

（二）项目建设条件分析

1. 基础设施条件。基础设施条件主要包括道路交通设施、田间排灌设施、电力设施、农田防护设施等，并编制相应的基础设施现状表。

（1）道路交通设施。说明项目区对外的交通状况及项目区内田间道路类型、数量、分布和质量状况；分析现状设施对工程布置的影响和要求。项目区现状道路统计详见表 7-3。

表 7-3　　　　　　　　　　　　　　　项目区现状道路统计

项目片区	道路名称	长度 （千米）	路基宽度 （米）	占地面积 （公顷）	路面结构	使用情况	规划利用 方式
×片区	××						
	××						
	小计						
总计							

注：①路面结构包括路面材质、厚度、路基的型式；②使用情况包括废弃、局部缺陷或正常使用；③规划利用方式包括拟修建或不予修建。

（2）田间灌排设施。说明项目区灌排设施等级、类型、数量、质量和运行状况，分析现状设施对工程布置的影响和要求。项目区现状排灌设施统计详见表 7-4。

表 7-4　　　　　　　　　　　　　　　项目区现状灌排设施统计

项目片区	设施名称	设施现状							说明
×片区	泵站	名称	建成年份 （年）	流量（立 方米/秒）	扬程 （米）	灌溉面积 （公顷）	装机容量 （千瓦）	使用 情况	规划利用 方式
		××泵站							
		××泵站							
		小计							
	输水 工程	名称	建成年份 （年）	长度 （米）	流量（立 方米/秒）	灌溉面积 （公顷）	结构	使用 情况	规划利用 方式
		××渠							
		××渠							
		小计							
	排水 工程	××沟							
		××沟							
		小计							
合计									

注：①使用情况包括废弃、局部缺陷或正常使用；②规划利用方式包括拟修建或不予修建。

（3）电力设施。说明相关变电站位置、规模和容量及相关配电、用电设备位置、数量、容量、功率、分布及运营方式，说明项目区内输配电线路的路径，分析现状设施对工程布置的影响和要求。

（4）农田防护与生态环境保护设施。说明项目区防洪、水土保持和防护林等农田防护与生态环境保持设施状况，分析现状设施对工程布置的影响和要求。

2. 农村居民点建设发展状况。农村居民点建设发展现状主要包括居民点的地位和作用、居民点用地结构、居民点建筑情况，其具体需要说明的内容如下：（1）说明待整理农村居民点的人口规模、用地面积、经济发展状况、历史文化特点，根据土地利用总体规划、城市规划和村镇总体规划等说明农村居民点在聚落体系的空间结构、职能结构和等级规模结构中的地位和作用。（2）说明居民点用地总面积和各类用地面积和比例结构。（3）说明建筑用地使用强度和建筑用地经济性，建筑用地使用强度用容积率表示，其表达式为：容积率＝总建筑面积/建筑用地面积；建筑用地经济性用建筑密度表示，其表达式为：建筑密度＝建筑基地面积/建筑用地面积。

3. 土地利用限制因素。项目区土地利用限制因素分析是指对项目区影响土地有效利用的自然因素和社会经济因素进行的分析。目的是通过分析找出影响项目区土地有效利用的主要问题，并提出相应的解决对策。需要结合项目区社会经济条件、土地利用现状，分析土地利用的主要限制因素，明确改善措施。

（1）自然限制因素。分析土壤、气候、水文和水文地质条件等对土地利用的影响，确定限制因素，并提出改善措施。

（2）农业设施限制因素。分析交通、排灌设施、防洪设施等设施状况对土地利用的影响，确定限制因素，并提出改善措施。

（3）其他限制因素。分析社会经济因素等对项目区土地利用的影响，并提出改善措施。

4. 公众参与。主要说明项目规划设计阶段公众参与的形式（如现场会议、填写问卷表格等）、过程、内容和结果。公众参与的主体是项目区村民、乡（镇）人民政府、县级国土资源管理部门及其相关行业主管部门，公众参与的客体是项目区规划设计方案、土地承包权和所有权的调整等。公众参与调查内容主要包括项目区村民对土地整治工作的认识，接受并支持项目的意愿；村民对土地整治规划方案的建议和意见；村民愿意以何种方式参与到工程施工中；村民对土地整治后土地经营、种植结构的建议。公众参与重在收集与分析各相关利益群体对项目区各项工程规划布局的意见和建议，强调在项目规划设计过程中如何落实与协调，并将相关结果反馈给项目区群众。项目区群众对规划设计阶段的意见调查详见表 7-5。

表 7 − 5 项目区群众意见调查

项目名称：			
接受调查人姓名		身份证号码	
所在乡（镇）		所在村组	

您对项目区规划设计的意见和建议：

1.

2.

3.

…

n.

签字（手印）：

年 月 日

（三） 项目新增耕地分析

1. 新增耕地适宜性评价。项目区内通过开发、复垦等方式新增的耕地应进行土地适宜性评价。根据评价结果明确适宜的土地利用方式。土地适宜性评价因子详见表7 − 6。

表 7 − 6 土地适宜性评价

参评因子	单位	开发（复垦）评价区 × ×			开发（复垦）评价区 × ×			……
		权重	适宜程度	得分	权重	适宜程度	得分	
地形坡度	度							
≥10 摄氏度积温	摄氏度							
降水量	毫米							
灌排条件								
土层厚度	厘米							
土壤质地								
土壤 pH 值								
土壤养分	%							
交通条件								
……								
评价结果								

注：①土地开发区土地适宜性评价可参考《耕地后备资源调查与评价技术规程》（TD/T 1007 − 2003）；土地复垦区土地适宜性评价可参考《土地复垦方案编制规程》（TD/T1031.7 − 2011）。②权重的确定应根据项目区自然条件和作物耕作制度，并征询农业、水利、土地等方面专家的意见。

2. 新增耕地面积计算。根据土地利用现状和土地适宜性评价结果，分析通过工程措施实现新增耕地的可行性，统计新增耕地来源、数量。涉及田坎减少增加耕地的应列举计算过程。依据《耕地后备资源调查与评价技术规程》（TD/1007-2003），土地整治新增耕地面积可依据下面的公式进行计算：

$$Mz = (1 - R_2) \times (M_1 - M_2) + (R_1 - R_2) \times M$$

式中：Mz 为整治后净增耕地面积，公顷；M 为待整治农地区的原耕地面积，公顷；R_1 为待整治地区的原田坎系数；R_2 为整治后的田坎系数（视当地实际情况和整治区类型确定）；M_1 待整治农地区非耕地面积总和（含沟渠、道路、园地和林地等），公顷；M_2 待整治农地区后必须保留的非耕地面积总和，公顷（含沟渠、道路、园地和林地等）。

由上式可知，土地整治新增耕地来源主要有两个途径：一是通过降低田坎系数增加一部分耕地；二是通过减少非耕地总面积来增加一部分耕地。

三、项目水资源平衡分析

（一）灌溉设计标准和灌溉制度

1. 灌溉设计标准。规划设计灌溉工程时应坚持"以水定地"的原则，必须首先确定灌溉工程的设计标准。在实际工作中多采用灌溉设计保证率作为灌溉工程的设计标准，有些地区也采用"抗旱天数"进行设计。

灌溉设计保证率是指罐区用水量在多年期间能够得到充分满足的几率。一般以正常供水的年数或供水不破坏的年数占总年数的百分数来表示，即：

$$p = \frac{m}{n + 1} \times 100\%$$

式中：p 为灌溉设计保证率，%；m 为灌溉设施能保证正常供水的年数，年；n 为计算总年数，不宜少于 30 年。

灌溉设计保证率可根据项目区水文气象、水资源类型、作物种植制度、罐区规模、灌水方法及经济效益等因素，进行综合确定。我国西南山地丘陵区灌溉设计保证率一般在 70% ~85% 之间。

所谓"抗旱天数"，是指灌溉设施在无降雨的条件下能满足作物需水要求的天数，它反映了灌溉设施的抗旱能力。以抗旱天数为灌溉设计标准，单季稻罐区可用 30~50 天，双季稻罐区用 50~70 天。我国西南山地丘陵区水稻田基本为单季稻罐区，抗旱天数推荐为 30~35 天。经济较发达、水资源丰富地区，可按上述标准提高 10~20 天。

2. 作物灌溉制度。作物灌溉制度，是指某一作物在一定的气候、土壤等自然条件和一定的农业技术措施下，为了获得较高而稳定的产量，所制定的一整套向农田灌水的制度，包括灌水定额、灌溉定额、灌水时间及灌水次数等。

灌水定额是指一次灌溉到单位面积上的水量，单位为立方米/亩。灌溉定额是指作物全生育期内各次灌水定额之和，单位为立方米/亩。灌水次数是指作物在整个生育期内实施灌溉的次数。灌水时间以年、月、日表示。

（二）可供水量调查与计算

可供水量包括项目区域内可以利用的一切水资源，如河川径流、当地地面径流和地下水等。

1. 河川径流计算。

（1）无坝渠道引水。计算公式为：

$$W = 8.64QT$$

式中：W 为河流可供水量（万立方米）；Q 为设计保证率下的供水流量（立方米/秒）；T 为引水时间，以天计算；86400 为单位换算系数，表示一天的秒数。

（2）有坝渠道引水。引水量大小取决于截引面积的大小、年径流量及分配过程和引水渠的断面尺寸，一般可用下式计算：

$$W = \sum_{i=1}^{12} 0.1FYi\eta$$

式中：W 为可引水量（万立方米）；0.1 为单位换算系数；F 为截引面积，即拦河坝与引水渠拦截的集水面积（平方千米）；Y 为月径流量（毫米）；i 为月份；η 为径流利用率，与月径流量、引水渠尺寸和沿渠土质有关，一般为 0.7~0.8。

（3）机械提水。抽水站提水量可按下式计算：

$$W = 3600Qtn$$

式中：W 为抽水站提水总量（立方米）；3600 为单位换算系数；Q 为抽水站设计流量（立方米/秒）；t 为抽水站每天开机时间，一般为 20~22 小时；n 为抽水天数（天）。

2. 当地地面径流计算。当地地面径流一般是通过塘库蓄积起来，以供当地农业灌溉用水。

（1）水库来水量。计算公式为：

$$W = 1000FCP$$

式中：W 为水库来水量（立方米）；1000 为单位换算系数；F 为水库集水面积（平方千米）；C 为该地区年径流系数，与库区地形、植被、土质等因素有关，一般为 0.3~0.5；P 为年降雨量（毫米）。

（2）塘堰可供水量。在南方丘陵山区，塘堰蓄水对农田灌溉有着重要作用。由于塘堰类型多样，计算其供水量较为困难，一般采用下列两种方法进行估算：

①复蓄次数法：

$$W = NV$$

式中：W 为塘堰供水量（立方米）；N 为塘堰有效容积，为总容积减去因养育等需要留下的垫底容积（平方米）；V 为塘堰复蓄次数，指塘堰在一年之内蓄满的次数，因不同地区而异。

②塘堰径流法：

$$W = 0.001\alpha pf\eta$$

式中：W 为塘堰供水量（立方米）；α 为径流系数；p 为降雨量（毫米）；f 为塘堰汇水面积（平方米）；η 为塘堰蓄水利用系数，一般为 0.5 ~ 0.7。

3. 地下水量计算。土地整治项目以开采浅层地下水为主，由于浅层地下水的补给随气象（降雨、蒸发等）和水文条件而变化，应根据当地水文地质资料分析计算出地下水补给量，以此作为土地整治水资源平衡分析的依据，不能以单井实际抽水量计算。

（1）降雨入渗补给量。降雨是浅层地下水的主要补给源之一，降雨入渗补给量与降雨强度、降雨的雨型、降雨前的土壤状况及地下水等诸要素有关。为简化计算，可根据灌溉设计保证率选取设计降雨年，然后从当地水文地质资料中查得降雨入渗补给系数，由下式计算降雨入渗补给量。

$$W_1 = 0.001KPA$$

式中：W_1 为降雨入渗补给量（万立方米）；K 为降雨入渗补给系数；P 为设计年降水量（毫米）；A 为地下水补给面积（平方米）。

（2）侧向补给量。侧向补给是影响浅层地下水储量的因素之一。根据区域均衡法原理将项目作为一个储水整体，计算一年内区域边界补给或排泄的水量。

$$W_2 = 365Kh_{含}\sum (L_iJ_i)$$

式中：W_2 为侧向补给量（不计为正，排泄为负）（立方米）；K 为含水层渗透系数（米/天）；$h_{含}$ 为补给区中地下水含水层厚度（平方米）；L_i 为补给区边界长度（米）；J_i 为补给区内对应边界的地下水坡度。

（3）灌溉回归水量。项目区内渠灌和井灌水均会部分入渗补给地下水。灌溉回归水量受多种因素影响。因此，一般由当地水文地质资料查得的灌溉回归系数计算灌溉回归水量。

$$W_3 = 10\beta M_{毛}A$$

式中：W_3 为灌溉回归水量（立方米）；β 为灌溉回归系数；$M_{毛}$ 为毛灌溉定额

（毫米）；A 为灌溉面积（公顷）。

（4）地下水总补给量（可开发利用量）。地下水埋深较浅时，潜水蒸发是地下水主要消耗项之一，但平原地区灌区地下水一般埋深较大，通常可不考虑该项。因此，地下水总补给量如下：

$$W_{供} = W_1 + W_2 + W_3$$

（三）需水量调查与计算

需水量计算包括项目区村民生活用水量、工业生产用水量、农业灌溉需水量等，可根据用水项目逐项进行计算汇总。

1. 村民生活用水量计算。

$$W = CP$$

式中：W 为项目区内村民生活用水量（立方米）；P 为项目区内村民人口总数；C 为平均每个村民日用水量（每人每日平均用水 20~40 升，1 升 = 1 千克）。

根据《贵州省行业用水定额》（DB52T725-2011），贵州农村居民生活综合用水定额详见表 7-7。

表 7-7 贵州农村居民生活综合用水定额

名称	集镇	农村生活（1 万人以上）	农村生活（0.2 万~1 万人）	农村生活（0.02 万~0.2 万人）	用水定额单位
用水量	100	90	85	80	升／人·日

2. 工业用水量计算。工业用水量因工业种类、设备、工艺水平而不同，其用水定额可参考表 7-8。

表 7-8 工业用水定额参考标准

工业种类	钢铁（立方米／吨）	水泥（立方米／吨）	化肥（立方米／吨）	制砖（立方米／吨）	榨油（立方米／吨）	毛织物（立方米／吨）	造纸（立方米／吨）	人造丝（立方米／吨）	屠宰（立方米／头）
用水定额	20	1.5~2	2~5.5	0.7~1.2	7~10	600	200	2660	1~2

3. 农业灌溉用水量计算。在用水量计算中，最主要的是农业灌溉用水。在计算农作物灌溉用水时，首先要制定农作物灌溉制度。灌溉制度随着农作物的种类、品种、自然条件、农业技术措施以及灌溉方式的不同而异。在灌溉制度确定后，就可以

根据农作物结构、面积和灌溉定额确定本地区的灌溉用水量。其计算公式如下：

$$W = mAn$$

式中：W 为项目区灌溉用水总量（立方米）；m 为综合毛灌溉定额（立方米/公顷）；A 为灌溉面积（公顷）；n 为复种指数。

上式中的综合毛灌溉定额可用下式计算：

$$m = m'/\eta$$

$$m' = \sum q_i m_i$$

式中：m′ 为灌区综合净灌溉定额（立方米/公顷）；q_i 为各种作物种植比例；m_i 为相应作物的灌溉定额（立方米/公顷）；η 为灌溉水利用系数（取值一般为 0.7 ~ 0.9 之间）。

我国西南山地丘陵区主要农作物灌溉定额详见表 7 – 9。

表 7 – 9　　　　　　　　我国西南山地丘陵区主要农作物灌溉定额统计

名称	单位	四川省（P = 75%）	重庆市（P = 75%）	贵州省（P = 80%）	云南省（P = 75%）
水稻	立方米/公顷	5700 ~ 7950	4200 ~ 4275	5100 ~ 5700	4950 ~ 10650
玉米	立方米/公顷	900 ~ 1650	825 ~ 900	675 ~ 900	1800 ~ 2400
红薯	立方米/公顷	825	1125 ~ 1200	600	900 ~ 1275
小麦	立方米/公顷	750 ~ 1200	825 ~ 1050	600 ~ 1050	2550 ~ 3375
油菜	立方米/公顷	825 ~ 1350	975 ~ 1125	750 ~ 1050	2700 ~ 3525
蔬菜	立方米/公顷	1500 ~ 3225	2250 ~ 2925	900 ~ 1950	3075 ~ 4125

我国西南山地丘陵区降雨丰富，水资源充沛，但降雨时间分布不均，进行作物需水量调查时，主要适宜集中于降雨少而作物处于主要生长期需水量大的时期。该区域在土地整治项目中主要解决作物时段性干旱的问题，灌溉设计标准一般选择使用抗旱天数。因此，该区域在水资源供需平衡分析部分，主要以抗旱天数为基础进行供需水量分析。

我国西南山地丘陵区旱地基本上都是人工点浇灌，当无详细资料获取需水量时，根据调研各地种植经验、大致推算以及经专家讨论推荐，旱作可参考取值 60 ~ 120 立方米/公顷（4 ~ 8 立方米/亩），蔬菜地可参考取值 300 ~ 375 立方米/公顷（20 ~ 25 立方米/亩）。水稻需水量主要包括泡田期和伏旱期。泡田期需水定额与土壤、地势、地下水埋深等因素有关，通常可由相类似田块上的实测资料决定。伏旱期间，若无具体的资料获取结果时，水稻泡田定额可参考取值 675 ~ 900 立方米/公顷（45 ~ 60 立方米/亩）。

4. 家畜家禽用水量计算。家畜家禽的种类不同，其用水量亦不同。贵州省家畜家禽用水定额见表7-10。

表7-10　　　　　　　　　　　贵州省家畜家禽用水量

家畜家禽种类	养殖规模	用水定额升/[天·头(只)]
牛、马	100头以上	60
	20~100头	55
羊	100只以上	30
	40~100只	20
猪	100头以上	30
	40~100头	20
鸡	10000只以上	1.5
	100~10000只	1
鸭	10000只以上	3.5
	100~10000只	3
鹅	10000只以上	6
	100~10000只	5

（四）水量供需平衡分析

分别计算了项目区内的可供水量和需水量之后，对其进行比较，按表7-11编制水资源供需平衡分析表。

表7-11　　　　　　　　　　　项目区水资源供需平衡分析表

项目片区	需水量（万立方米）						可供水量（万立方米）				供需差额（+/-）
	居民生活需水量	工业需水量	农业灌溉需水量	家畜家禽需水量	其他需水量	小计	可利用地表水量	可开采地下水量	其他可供水量	小计	
××片区											
××片区											
合计											

通过对比，就可发现水量的余缺情况，除水量供需平衡外会出现以下两种情况：（1）可供水量大于或等于需水量。在这种情况下，一切水利设施的规划方案，应以总需求量为准，不能因水源丰富，规划超过需水量的水利设施。对用水来说不能进行过量灌溉，可不考虑新增供水工程。（2）可供水量小于需水量。应通过新增供水工

程，加大供水量；或者根据可供水量调整规划灌溉面积，实现灌溉作物水量供需平衡。

四、土地整治项目工程布局

（一）土地平整工程布局

土地平整工程是指为满足农田耕作、灌溉与排水的需要，以及一定的肥力条件而进行的田块修筑和地力保持措施。土地平整工程布局应在保证土地使用权益人利益不受损的基础上，合理规划耕作田块、提高田块归并程度，实现耕作田块相对集中。整治后的田块应有利于作物的生长发育、田间机械作业、水土保持，满足灌溉排水要求和防风要求，便于经营管理。

耕作田块是末级固定田间工程设施所围成的地块，是田间作业、轮作、工程建设和管理的基本单位。耕作田块布局应从有利于作物生长发育、田间机械作业、水土保持，满足灌溉排水要求和防风要求，便于经营管理等方面进行综合考虑。耕作田块的规划主要从田块的规模、长度、宽度、方向、形状等基本要素进行综合规划设计。

（1）耕作田块方向。耕作田块方向的布置应保证耕作田块长边方向受光照时间最长，受光热量最大，宜选用南北向。同时又要针对项目区的不同自然条件，确定耕作田块的方向，一般规则见表 7 – 12。

表 7 – 12　　　　　　　　　　　　耕作田块方向基本要求

工程类型区	基本要求
坡地区	耕作田块宜平行等高线布置，在土壤黏重、过湿情况下，地块长边应沿等高线呈一定角度布置
风蚀区	耕作田块应与当地主害风向垂直或与主害风向垂直线的交角小于 30° ~ 45° 方向布置
盐渍土地区	耕作田块长边应垂直于地下水流向

（2）耕作田块长度。耕作田块长度规划主要是从有利于提高机械作业效率和合理地组织田间生产，有利于组织灌水和平整土地等方面进行考虑，要根据耕作机械作业效率、田块平整度、灌溉均匀程度以及排水畅通度等因素确定耕作田块长度。田块长度一般为 500 ~ 800 米，具体可依自然条件确定。如平原地区田块可长些，丘陵地区要短些，旱作地区可长些，而灌溉要求高的水田应短些。

（3）耕作田块宽度。应考虑田块面积、机械作业要求以及防止风害等要求，同时应考虑地形、地貌的限制。田块要求宽度参考数据详见表7－13。

表7－13 耕作田块宽度基本要求

指标	机械作业	灌溉排水	防止风害
要求宽度（米）	200～300	100～300	200～300

（4）耕作田块形状。为了给机械作业和田间管理创造良好条件，田块形状要求外形规整，长边与短边交角以直角或接近直角为好，形状选择依次为长方形、正方形、梯形、其他形状，长度比不小于4∶1为宜。在自然界（河流、沟谷、山等）较多的地区，最好将自然边界规划为地块的短边，采用自然边界的实际曲线，这样既不影响机械作业又不浪费土地。耕作田块的边界，要结合沟、渠、路、林及其他自然界线，不能随意确定。

（5）耕作田块内部规划。根据地形、地貌、气候等自然特征及土壤质量要求，对耕作田块内部作进一步规划。

①平原地区。水田宜采用格田形式。格田设计必须保证排灌畅通，灌排调控方便，并满足水稻作物不同生长发育阶段对水分的需求。格田田面高差应在±3厘米以内，长度保持在60～200米为宜，宽度以20～40米为宜。格田之间以田埂为界，埂高以40厘米为宜，埂顶宽以10～20厘米为宜，旱地田面坡度应限制在1∶500以内。

②丘陵地区。在丘陵山区的坡耕地上，提高作物产量的一项重要措施是搞好水土保持，因此在这类地区，坡耕地整理的主要形式是修筑梯田（见图7－1）。根据地形、地面坡度、土层厚度的不同可将其修筑成水平梯田、隔坡梯田、坡式梯田等，但以水平梯田为主。梯田应尽量集中，并考虑防冲措施；梯田田面长度应沿等高线布设，梯田形状呈长条形或带形，若自然条件允许，梯田田面长度一般不小于100米，以150～200米为宜；田面宽度应考虑灌溉和机耕作业要求，陡坡区田面宽度一般为5～15米，缓坡区一般为20～40米。

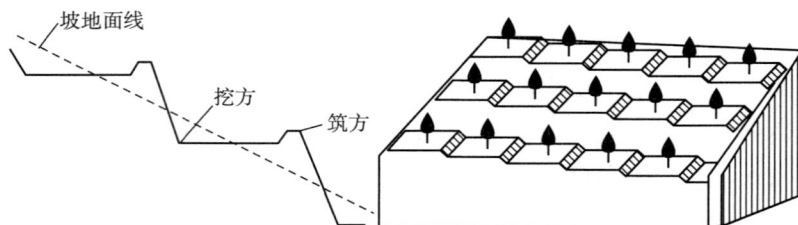

图7－1 梯田示意图

在我国西南山地丘陵区，根据项目区的耕地田块基础条件和农业产业需求，《重庆市土地整治工程建设标准》规定了不同工程类型区宜采取不同的平整方式和内容，详见表 7-14。

表 7-14 重庆市不同工程类型区土地平整工程布局总体要求

工程类型区		土地平整方式和内容		布局指标	
		水田	旱地	平整区集中连片规模（亩）	梯田化率（%）
盆地丘陵低山类型区	缓丘平坝区	格田、缓坡梯田为主	格田、缓坡梯田、漫坡为主，有条件区域可发展新增水田	≥100	≥90
	丘陵宽谷区	格田、缓坡梯田为主	缓坡梯田、漫坡为主，有条件区域可发展新增水田	≥50	≥80
	低山丘陵区	陡坡梯田为主	陡坡梯田为主	≥50	≥70
盆周中低山类型区	河谷平坝区/溶蚀盆地区	格田、缓坡梯田为主	缓坡梯田、漫坡为主，有条件区域可发展新增水田	≥100	≥90
	岩溶槽谷区	格田、缓坡梯田为主	缓坡梯田、陡坡梯田为主	≥100	≥80
	中低山坡地区	陡坡梯田为主	陡坡梯田、石漠化整治为主，宽缓向斜丘陵、台地或坪状低山区可修筑漫坡	≥50	≥70

注：梯田化率指项目建设区内梯田面积占耕地总面积的比例。计算公式：梯田化率＝项目建设区内梯田及已成台坡耕地（田面坡度≤10°）面积/梯田及坡耕地总面积×100%。

（二）灌溉与排水工程布局

1. 总体要求。在进行灌溉与排水工程规划布局时，不仅要考虑灌溉水源、灌溉渠系布置、排水沟系布置及容泄区等灌排本身因素，还有避免沟渠之间的交叉、沟渠与道路的交叉以及水工建筑物与道路等工程的交叉问题，做到既经济又合理。

山区、丘陵区应遵循高水高用、低水低用的原则，采用"长藤结瓜"式的灌溉系统，宜利用天然河道与沟溪布置排水系统。平原（坝）区宜分开布置灌溉系统和排水系统；可能产生盐碱化的平原（坝）区，灌排渠沟经论证可结合使用，但必须严格控制渠沟蓄水位和蓄水时间。

根据项目区的水源特点、地形条件、基础设施现状、田块形状等，不同工程类型区因地制宜采取不同的灌溉与排水系统配置。重庆市灌溉与排水工程布局要求详见表 7-15。

表7-15　　　　　　重庆市不同工程类型区灌溉与排水工程布局总体要求

工程类型区		灌排方式和内容	布局指标	
			农田有效灌溉面积比例（％）	农田有效排水面积比例（％）
盆地丘陵低山类型区	缓丘平坝区	有条件区域可发展提水灌溉，重点保障水田用水。宜采用灌排分离	≥90	≥95
	丘陵宽谷区	蓄水补灌为主。注意排洪设施布设。宜采用灌排结合	≥85	≥95
	低山丘陵区	蓄水补灌为主。注意排水设施和沉沙函布设。宜采用灌排结合	≥80	≥90
盆周中低山类型区	河谷平坝区/溶蚀盆地区	有条件区域可发展提水灌溉，重点保障水田用水。宜采用灌排分离	≥90	≥95
	岩溶槽谷区	蓄水补灌为主。注意排洪设施布设。宜采用灌排结合	≥80	≥90
	中低山坡地区	蓄水补灌为主。注意排水设施和沉沙函布设。宜采用灌排结合	≥75	≥85

注：①农田有效灌溉面积比例指项目建设区内，能达到设计灌溉保证率或设计抗旱天数的灌溉面积占耕地总面积的比例。计算公式：农田有效灌溉面积比例＝项目建设区内满足设计灌溉保证率或设计抗旱天数的耕地面积/耕地总面积×100％。②农田有效排水面积比例指项目建设区内，能达到设计排水标准的耕地面积占耕地总面积的比例。计算公式：农田有效排水面积比例＝项目建设区内满足设计排水标准的耕地面积/耕地总面积×100％。

2. 水源工程布局。

（1）山坪塘布局。地质条件好，工程安全可靠；地形条件好、位置高、库容较大，集雨面积较大，水源有保障；渗漏损失小，自流灌溉面积大；水质较好，无污染；施工条件较好，管理方便。

（2）囤水田布局。在我国西南山地丘陵区，囤水田布局在参照山坪塘布局原则外，还应考虑在冲田的上部新建囤水田，在大冲可沿冲节建田，层层拦蓄，高田高蓄高灌，低田低蓄低灌，做到既能灌溉下游冲田，又能减轻洪水下泄冲毁和淹没下游农田的危害。

（3）小型拦河坝布局。坝址位置应能控制大部分灌溉面积，应布置在河道较窄、地质条件较好的河段，拦河坝的建设应保证对现有河道的行洪不构成威胁，且正常蓄水位不得淹没耕地。

（4）蓄水池与沉砂池布局。蓄水池一般布设在坡面局部低凹或垭口处或坡腰处，与排水沟的终端相连，容蓄坡面排水；蓄水池的分布与容量，应根据坡面径流总量、排蓄关系和修建省工、使用方便的原则，因地制宜具体确定，一个坡面蓄排系统可集中布设一个蓄水池，也可分散布设若干蓄水池，单池容量宜为 50 立方米的倍数；沉砂池的位置一般布设在蓄水池进水口上游附近。

（5）水窖布局。水窖是一种地下埋藏式蓄水工程，在土质地区的水窖多为圆形断面，岩石地区的水窖多采用矩形宽浅式断面；水窖布置区域应选择合理的集雨场、靠近引水渠、溪沟、路边沟等便于引水拦蓄的地方；水窖应有深厚坚实的土层，距沟头、沟边 20 米以上，石质区域的水窖，应修在不透水的基岩上；山区应充分利用地形，多建自流灌溉水窖，节省费用。

3. 输水工程布局。输水工程布置应与行政区划和土地利用总体规划相结合，尽可能利用原有的输水工程设施。工程的结构形式应根据地形地质、水文气象、施工方法、安全经济等条件，优先采用适合当地条件的结构，并尽量利用当地材料。

（1）明渠工程布局。田间灌溉渠道系统应以斗渠、农渠顺序设置固定渠道，灌溉面积较小的可较少渠道级数；田间渠道应结合实际地形走向并与耕作田块布置，并与农机具宽度相适应，农渠长度不宜超过 800 米，间距宜为 100 ~ 200 米，地形复杂等特殊情况可考虑适当增减；渠道应布置在其控制范围内地势较高地带，尽量满足自流灌溉要求。渠线应避免通过风化破碎的岩层、可能产生滑坡及其他地质条件不良的地段；渠线宜短而直，并应有利于机耕，避免深挖、高填和穿越村庄。此外，渠道规划应与排水系统规划相结合，根据地形条件，末级灌溉渠道和排水沟道可采用相邻布置或相间布置。

（2）管道工程布局。管道输水系统可根据地形、水源和用户用水情况，采用环状管网或树状管网，管网布置应力求管道总长度最短、管道短而直，减少拐弯、起伏和折点，尽量避免逆坡布置；管道灌溉宜采用单水源管道系统，平坝区各级管道宜布置在各自控制区域中间，双向供水，干管应尽量垂直等高线布置；低山丘陵区干管宜沿平行于等高线布置。最末一级固定管道的走向应与作物种植方向一致。给水栓和出水口的间距宜为 50 ~ 150 米，各用水单位应设置独立的配水口，单口灌溉面积宜在 0.25 ~ 0.60 公顷，在山丘区梯田中，应考虑在每个台地中设置给水栓。管网压力分布差异较大时，可结合地形条件进行压力分区，采用不同压力等级的管材和不同的灌溉方式。

4. 喷微灌工程布局。

（1）灌水频繁的蔬菜和经济作物区以及地面坡度陡、局部地形复杂区宜选用固定管道式喷灌系统；大田作物灌水次数少，宜选用半固定管道式喷灌系统；地势平坦，固定水源距离较近，能保证系统沿水源正常移动作业，宜选用移动管道式喷灌系统。在水源水位低于或稍高于项目区地面高程，不能以自然压力形成喷灌所需要的水头时，宜选用机压喷灌系统；在自然压力满足喷灌要求的水头时，宜选用自压喷灌系统。

（2）微灌系统按灌水器分为滴灌、微喷灌、渗灌、涌泉灌等。滴灌、渗灌宜用于果树、蔬菜、经济作物及温室大棚灌溉；微喷灌宜用于果树、经济作物、花卉、草坪及温室大棚灌溉；涌泉灌适用于地形较平坦地区的果树灌溉。

5. 排水工程布局。

（1）排水沟路线宜短而直，排水沟应布置在低洼区域，应利用天然冲沟，避免填方，排水沟的终端应连接蓄水池或天然排水道。排水工程布置应与田间其他工程（灌渠、道路、林网）相协调。在平坝地区一般与灌溉渠分离；在丘陵山区，排水沟可选用灌排兼用或灌排分离的形式。排水出口应根据承泄区水位情况采取自排、抽排或自排与抽排相结合的方式。

（2）排水沟在坡面上的比降，根据其排水去处的位置而定，当排水出口的位置在坡脚时，排水沟大致与坡面等高线正交布设；当排水去处位于坡面时，排水沟可基本沿等高线或与等高线斜交布设，各种布设都应做好防冲措施。

（3）田间排水沟长度不宜超过 2000 米，间距宜为 200～1000 米。低山丘陵区排水的长度可适当缩小。对于采用相同断面类型、比降、糙率的排水沟，在设计流量差在 0.1～0.2 立方米内宜采用相同的断面尺寸。

6. 渠系建筑物工程布局。渠系建筑物主要包括水闸、渡槽、倒虹吸、涵洞、跌水陡坡。渠系建筑物的结构型式应优先采用适合当地条件的定型设计形式，应优先采用将位置较近、不同功能的多个渠系建筑物集中联合布置。根据工程特点、作用和运行管理的要求，综合考虑当地习惯、建筑材料供应和施工条件等因地制宜选定；并优先采用实践证明适合当地条件的定型设计形式，尽量采用联合建筑的形式。

（1）水闸应设置在灌溉渠道轮灌组分界处、渠道断面变化较大的地点，在渠道下游宜根据需要设置水闸。

（2）渡槽位置选择应结合渠道线路布置，尽可能修建在有较好地形、地质条件的地方，渡槽的进出口应尽可能与渠道顺直连接，并将衔接段设在挖方地段。

（3）倒虹吸位置选择应根据地质、地形条件，力求与河流、谷地、道路正交，以缩短管长，同时选择较缓的地形，以保证管身稳定和便于施工，在地质上要求避开滑坡、坍塌等不稳定的地段。

（4）渠道穿越道路、圩堤、高地时，宜选用渠道涵洞（简称渠涵），渠道被其他渠道、沟溪或道路穿越时，宜设渠下输水、排洪或交通涵洞（统称渠下涵），涵洞轴线宜短而直，并与溪沟、道路中线线正交，进出口应与上下游渠（沟）道平顺连接；小流量过水涵洞宜采用安装定型预制管的圆管涵，无压涵洞当洞顶填土高度较小时宜选用盖板涵洞或箱涵，有压涵应选用管涵或箱涵。

（5）通过高差较大、坡度较陡地段的渠道上或者渠底高程相差悬殊的上下级渠道结合处，应集中落差设置跌水或陡坡来连接上下游渠道，以保持渠道设计纵坡，避免深挖高填。上下级渠道结合处的跌水或陡坡常与水闸、溢流堰等结合成为渠道上完整的退水、泄水建筑物。跌水陡坡应布置在直线渠（沟）段上，其上下游应有长度大于 10 倍渠（沟）底宽的直线段，中轴线应与渠（沟）道中线线重合。

7. 泵站及输配电工程布局。

（1）由河流取水的泵站，当河道边岸为缓坡时，宜采用引水式布置，河道边岸为陡坡时，宜采用岸边式布置；由渠道取水的泵站，宜在取水口下游侧的渠道上设节制闸；由湖泊或水库取水的泵站，可根据地形及水文情况，采用引水式或岸边式布置。从多泥沙河流上取水的泵站，应设置沉沙、冲沙和清淤设施。建于堤防处且地基条件较好的低扬程、大流量泵站，宜采用堤身式布置；扬程较高或地基条件稍差的泵站，宜采用堤后式布置。排水泵站站址应选择在排水区地势低洼、能汇集排水涝水，且靠近承泄区的地点排水泵站出水口还宜设在迎溜、岸崩或淤积严重的河段。泵房与铁路、高压输电线路、地下压力管道、高速公路及一、二级公路之间的距离不宜小于100 米。

（2）农田输配电工程布设应根据输送容量、供电半径选择输配电线路导线截面和输送方式，并与田间道路、灌溉与排水等工程相结合，合理布设变电台区，确定主变电容量、电压等级、馈线分布、负荷分配及保护方式。

（三）田间道路工程布局

1. 总体要求。

（1）田间道根据用途分为田间干道和田间支道两种类型。连接村庄与村庄宜布置为田间干道，连接村庄与田块宜布置为田间支道。田间道应接通主要村庄和院落，并为大多数田块服务，同其他田间道相交时，宜采用正交，并设置必要的排水设施、下田坡道、错车点、倒车位和安全设施。生产路按其功能分为生产大路和生产路。生产大路主要满足小型农用机械通行，宜布设在耕作条件较好或经济条件较优越区域，与公路、田间道或生产路相连接并形成网状。生产路主要满足人畜行走，宜设置在田块长边，并分旱地区和水田区采取不同方式布置。

（2）田间道路布置应服从田块布局要求，以节约建设与占地成本为目标，尽量少占耕地，尽量避免或者减少道路跨越沟渠等，以最大限度地减少桥、涵、闸等交叉工程的投资。田间道布局应满足交通运输发展的需要，有利于机械化作业，满足农机下田要求，有利于农田的灌排。除连接道外，整治田间干道单条长度不宜小于 300 米，整治田间支道单条长度不宜小于 200 米，生产大路单条长度不宜小于 150 米，生产路单条长度不小于 50 米。不宜修建断头路。

道路布置要力求短而直，符合规模机械化生产要求，田间干道与项目区内、外等级公路相连接；山地丘陵区道路布置应充分利用地形展线，形成沿河线、越岭线、山脊线、山谷线，以减少工程量、降低工程造价。根据项目区内外道路现状及项目区地形特点，田间道路布置应尽量与灌溉和排水工程渠系相协调，与各工程设施结合，且便于工程的运行和管理。《重庆市土地整治工程建设标准》规定了田间道路工程布局主要参数，详见表7-16。

表7-16　　　　　　　重庆市不同工程类型区田间道路工程布局总体要求

工程类型区		道路布置方式与内容		布局指标	
		田间道	生产路	田间道路通达度（％）	道路人口覆盖率（％）
盆地丘陵低山类型区	缓丘平坝区	路面宽度3~6米，可适当新建	路面宽度1.0~2.5米，耕作区内可适当布置生产大路	≥90	≥90
	丘陵宽谷区	路面宽度3~6米，可适当新建	路面宽度0.8~2米，耕作区内可适当布置生产大路	≥80	≥80
	低山丘陵区	路面宽度3~4米，以维修为主	路面宽度0.6~2米	≥70	≥70
盆周中低山类型区	河谷平坝区/溶蚀盆地区	路面宽度3~6米，可适当新建	路面宽度0.8~2.5米，耕作区内可适当布置生产大路	≥90	≥90
	岩溶槽谷区	路面宽度3~6米，可适当新建	路面宽度0.8~2米，耕作区内可适当布置生产大路	≥80	≥70
	中低山坡地区	路面宽度3~4米，以维修为主	路面宽度0.6~2米	≥70	≥70

　　注：①田间道路通达度指集中连片田块中，田间道路直接通达的田块数占田块总数的比例。计算公式：田间道路通达度＝田间道路直接通达的田块个数（或面积）/耕作区田块总数（或面积）×100％。②道路人口覆盖率是指项目区内道路直接服务的人口数量占总人口数量的比例。计算公式：道路人口覆盖率＝项目区内道路（路面宽度≥0.6米）能够直接服务的人口数量（或直接通达的居民点面积）/项目区总人口数量（或居民点总面积）×100％。

2. 工程布设形式。

（1）沟—渠—路形式。道路布置在灌水田块的上端，位于斗渠一侧。这种布置形式对于农业机械入田耕作比较便利，而且当前可修较窄的道路，随着农业机械化程度的提高，道路拓宽比较容易，但田间道要跨过所有的农渠，必须修建较多的小桥或涵管。其断面详见图7-2。

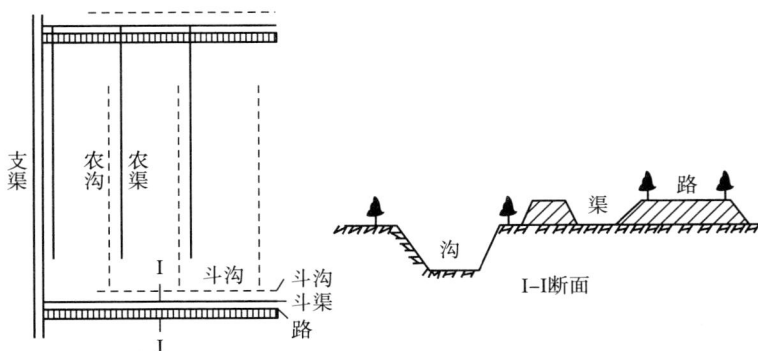

图 7 - 2　沟—渠—路断面示意图

（2）沟—路—渠形式。道路布置在灌水田块的下端，界于灌、排渠沟之间。这种布置形式其道路与末级固定沟渠（农渠、农沟）均不相交，但农业机械进入田间必须跨越沟渠，需修建较多的交叉建筑物，且今后田间道路面拓宽比较困难。其断面详见图 7 - 3。

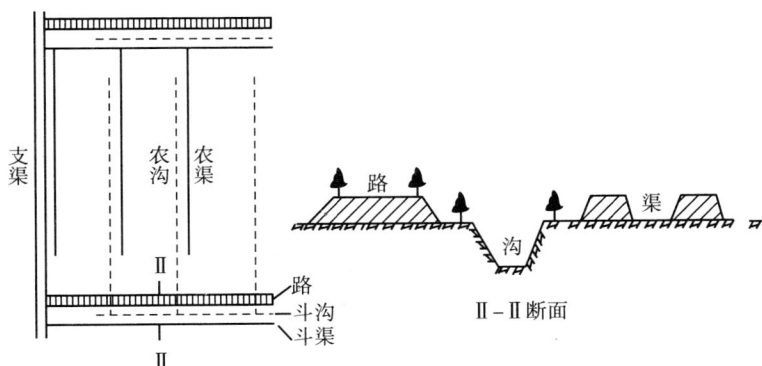

图 7 - 3　沟—路—渠断面示意图

（3）路—沟—渠形式。道路布置在灌水田块的下端，位于排水沟的上侧。这种布置形式道路要与农渠相交，需要修剪桥涵等交叉建筑物，若交叉建筑物过少或孔径不足，则影响排水，且雨季田地和道路容易积水或受淹。其断面详见图 7 - 4。

（四）农田防护与生态环境保持工程布局

农田防护与生态环境保持工程是指为保护项目区土地利用活动的安全，保持和改善生态条件，防止或减少自然灾害而采取的工程和生物措施。包括农田林网工程、岸坡防护工程、沟道治理工程、坡面防护工程等。

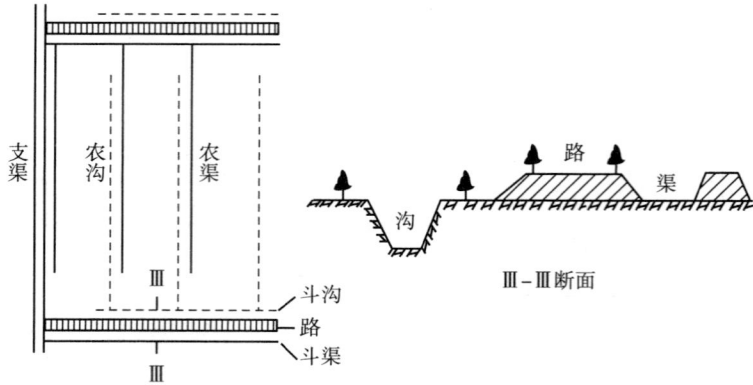

图 7 - 4　路—沟—渠断面示意图

1. 农田林网工程布局。

（1）农田防风林。根据因害设防原则，农田防风林应进行全面规划，综合治理，与田块、沟渠、道路等工程相结合，与农村居民点景观建设相协调。应依据各地主害风向，结合沟渠、道路、田块布置，设计防护林主林带方向。受地形影响，我国西南丘陵区受风沙危害相对较小，不宜大规模建设防风林。

（2）梯田埂坎护岸林。在暴雨集中、流水冲刷过大的区域可以选择适当树种或者草种布置梯田埂坎防护林，但不能影响田间耕作和农作物生长。护岸林布设在田间道路靠沟渠一侧，河道两岸、塘堰四周等水域附近，主要用以巩固路基、河岸、塘岸，防止塌岸和冲刷渠坡。

（3）护路护沟林。在山地丘陵地区的流水易冲刷区、易沉降塌落区和道路的危险地段可适当布置护路护沟林。护路护沟林配置于沟（渠）道与道路两侧岸边上，宜做到与沟（渠）、路、树结合。在渠堤间作道路或一侧为道路时，护渠林与护路林统一规划营造。生产路与分、引渠结合可不宜植树，一般渠沟、内坡水面线以下、排水沟戗台、高填方内坡均不宜植树。

（4）护岸林。护岸林布设在田间道路靠沟渠一侧，河道两岸、塘堰四周等水域附近，主要用以巩固路基、河岸、塘岸，防止塌岸和冲刷渠坡。

2. 岸坡防护工程布局。

（1）堤防工程应修筑在较稳定滩岸上，尽可能利用现有堤防和有利地形，沿高地或一侧傍山布置。堤线布置宜保留适当宽度滩地，要与河势流向相适应，并与大洪水主流线大致平行。堤线应尽量选择建筑物少地带，并考虑建成后便于管理养护、防汛抢险和工程管理单位的综合经营。

（2）护岸工程布置应与河势流向相适应，与大洪水主流线大致平行，并布设在土质较好与稳定的滩岸上，力求平顺，尽量少占耕地。

3. 沟道治理工程布局。

（1）谷坊工程。根据谷坊的建筑材料，可采用土谷坊、石谷坊、植物谷坊，主要修建在沟底比降较大（5%～10%或更大），沟底下切剧烈发展的沟段。一般坝高1～5米，拦沙量小于1000立方米。谷坊坝址宜"肚大口小"，谷口狭窄，在有支流汇合的情况下应在汇合点下游修建谷坊。比降特大（15%以上）或其他原因，不宜修建谷坊的，可在沟底修水平阶、水平沟造林，并在两岸开挖排水沟，保护沟底造林地。

（2）沟头防护工程。沟头防护工程必须在以小流域为单元的全面规划、综合治理中，与谷坊、淤地坝等沟壑治理措施相互配合，以收到共同控制沟壑发展的效果。当坡面来水不仅集中于沟头，同时在沟边另有多处径流分散进入沟道的，应在修建沟头防护工程的同时，围绕沟边，全面地修建沟边埂，制止坡面径流进入沟道。当沟头以上集水区面积较大（10公顷以上）时，应布设相应的治坡措施与小型蓄水工程，以减少地表径流汇集沟头。

4. 坡面防护工程布局。

（1）截水沟。截水沟间距根据地面坡度、土质和暴雨径流情况，通过设计计算具体确定，以20～30米为宜。排水型截水沟排水一端应与坡面排水沟相接，并在连接外做好防冲措施。

（2）拦山堰。当项目区上部有较大面积的坡面来水，坡面下部是耕地，上部是林草或荒坡时，应在其交界处布置拦山堰。在面积较大的连续田面之间，根据横向排水需要可以布置拦山堰。拦山堰的排水一端应与坡面排水沟相接，并在连接处作好防冲措施。拦山堰应与其他排水设施衔接。

第八章

土地整治项目土地平整工程设计

土地平整工程是土地整治项目工程设计的重要组成部分，是进行农业机械化生产和农田灌溉与排水工程、田间道路工程建设的实施基础，其目的是通过土地平整达到便于机械化耕作，发挥机械效率，提高机耕质量，灌水方便均匀，利于排水和改良土壤等，满足作物高产稳产对水分和土质的需要。

土地平整单元的划分应与灌溉排水、道路设施相结合，尽量保持挖填平衡，减少客土、弃土。在平原区，可将整个项目区作为一个平整单元，或以农渠与农渠之间的地块作为一个平整单元；在水田区域，宜以格田、梯田作为土地平整的基本单元；在旱作区域，宜以单块梯田或同一高程上的多块梯田作为土地平整的基本单元。

第一节 土地平整工程耕作田块设计

一、田面设计

（一）格田田面设计

在水稻种植区内用田埂将其分成许多格状水平田块，称为格田。格田田面设计的内容主要包括田块方向、形状、规模和田面设计高程等。

1. 格田田块方向与形状。格田田块以田间主干道路和沟渠为中轴进行布设，并尽量保证田块长边方向受光照时间最长，受光热量最大，长边以选用南北向。在山地丘陵区，田块方向可随地形布置。

格田田块形状要求尽量规整，形状一般为长方形、正方形、梯形等规则几何形状，尽量不要出现三角形或者不规则的多边形。常见格田田块形状如图 8-1 所示。

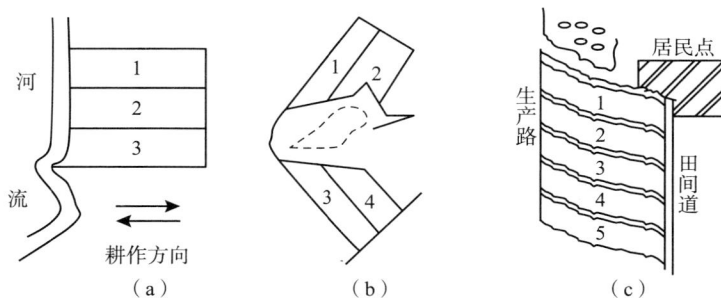

图 8 – 1　格田田块形状示意图

2. 格田田块规模。田块的长度与宽度确定了其规模（面积），不同地区，种植作物的种类、机械化程度、地形条件等方面的差异，导致田块规模差异较大。如种植蔬菜、瓜果等作物与水稻、小麦等粮食作物相比，其田块规模可以相对小一些；机械化耕作的田块比人畜耕作的田块规模要大得多；平原地区田块规模一般较大，而山地丘陵地区其规模则较小。

在山地丘陵地区，格田末级工程间距不宜小于 100 米，单个田块规模一般控制在 5 ~ 15 亩之间，归并田块高差一般应控制在 0.5 米以内。

3. 格田田面设计高程。田面设计高程应根据归并田块的面积及高差，主要考虑土方量挖填平衡来确定。同时按照灌排沟渠的走势从高到低变化，相邻田块之间的高差应满足上下级沟渠的水位衔接要求。地下水位较高的农田，田面设计高程应高于常年地下水位 0.6 米以上。以防涝为主的农田，田面设计高程应高于常年涝水位 0.2 米以上。

（二）梯田田面设计

梯田田块方向应根据地形因地制宜确定，一般应沿着等高线布置田块。梯田田块形状呈长条形或带形。梯田的长度根据地形条件因地制宜地确定，梯田田面宽度应考虑灌溉和机械化耕作要求，陡坡区田面宽度一般为 5 ~ 15 米，缓坡区一般为 20 ~ 40 米。梯田宽度和地面坡度呈反比关系，地面坡度越大，水平梯田田面宽度越小，为减少土地平整土方量，应根据地面坡度、田坎高度确定田面宽度。

在山地丘陵地区，单个田块规模不宜小于 3 亩，归并田块高差一般应控制在 1 米以内，特殊情况不超过 2 米，且超过 1.5 米的田块面积应控制在归并田块面积的10%以内。整治前地形坡度小于 15 度的，坡改梯后区域台面坡度一般应小于 6 度，地形坡度 15 度以上的不应高于 10 度。

梯田田面设计高程应根据归并田块的面积及高差，主要考虑土方量挖填平衡来确定。同时应充分考虑自流灌溉、自流排水等因素，通过田块的形状调整、高程的调整、理顺田块内的串灌串排。地下水位较高的农田，田面设计高程应高于常年地下水位 0.6 米以上。以防涝为主的农田，田面设计高程应高于常年涝水位 0.2 米以上。

二、田坎设计

格田内部采用田埂进行田块分隔。田埂宜采用土埂，埂高以 40 厘米为宜，埂顶宽 30～40 厘米为宜，兼做生产路的田埂其路面宽度不宜小于 40 厘米。田埂用生土填筑，土中不能夹有石砾、树根、杂草等杂物，修筑时应分层夯实。

梯田田坎应坚持安全、占地少、用工省、就地取材的原则，根据地形、地面坡度、土层厚度等确定，可采用土坎、条石、块石等。梯田田坎高度和田坎外侧坡应与地形坡度、降雨量、降雨强度和土质条件相适应，田坎高度还应与田面宽度、筑坎材料相适应，同时必须满足稳定要求。在土壤黏性较好的区域，宜采用土坎。田坎上顶宽 0.5～0.8 米，田坎高度一般应控制在 2.0 米以内。田坎高度大于 1.5 米的应修筑码道，田坎背坡坡比不宜大于 1∶0.5，土壤黏性较差的应适当增加放坡。修筑土坎，应清除新旧土接触层的杂草，分层夯实。土坎应横向整平，不起波浪。在土质稳定较差、易造成水土流失的地区，宜采用石坎。干砌石坎高度一般不应高于 1.5 米，特殊情况下不超过 2.5 米，田坎稳定性要求应按土力学方法进行计算。石坎基础必须置于坚硬的基岩或土质上，需先清理基槽；石材之间应互相嵌实咬紧，石缝错开，分层砌筑，从而保证石坎稳定，不垮塌。

三、田间防渗与配套设施设计

整治后新增的水田以及挖填深度大于 20 厘米的水田平整区，应采取田间防渗措施。一是对犁地层进行全覆盖夯实、打浆和泥浆静置，直至达到防渗要求；二是对新筑土坎（埂）采取"搭田边、糊田坎"处理，土坎（埂）内侧新糊泥浆厚度不宜低于 5 厘米。

在格田区域，当道路与田面高差大于 0.5 米时，应修筑下田坡道。下田坡道应根据机械入田出田位置布设，单个田块不少于 1 个，且原则上应采用土质。下田坡道设计为斜坡式，纵坡不宜超过 30%，宽度 2～3 米，宜采用土方夯筑。实施时应先对水田软土进行开挖，并回填生土，采用分层夯实。

田块之间应修筑放水口，田间工程下应修筑砌体放水口，上下田面高差大于 1 米以上的放水口应考虑散水。放水口断面宜为矩形，宽度 0.3～0.4 米，高度 0.3～0.4 米，可采用现浇混凝土；在放水入口处现浇混凝土槽，并设计放水口钢筋混凝土挡板；在放水口末端设置消力池，可采用现浇混凝土。

第二节　土地平整工程土方量计算

　　土地平整挖填土方量的计算方法有多种。传统计算方法有方格网法、散点法、梯形法（截面法）等。近年来随着计算机技术的发展，一些软件被广泛地应用到土方量计算中。常用的有 ARCGIS 制图计算软件、TFT 土方计算绘图软件、数字高程模型（Digital Elevation Model，DEM）等。

一、方格网法

　　方网格法是计算土地平整工程量常用的一种方法，这种方法适合于地形较平缓或者台阶宽度较大的地段采用。其特点是田块平面形状比较方正的情况下，计算精度较高，但计算方法较为复杂。

（一）计算方法与步骤

　　1. 划分方格网。根据土地平整区域特征，将土地平整区域的田块划分成边长为 10～50 米的方格（边长一般不宜超过 200 米），各方格的顶点均打桩标记，形成方格网。并对各方格进行编号，根据地形图上的测量高程，用插值法确定各方格四个顶点的高程，并绘制方格网点高程图。

　　在地形起伏较大的区域，采用 10 米 × 10 米的方格；在地形相对平坦，采用人力施工的区域，采用 20 米 × 20 米的方格；采用机械施工的区域，多采用 50 米 × 50 米的方格。土地平整规模（面积）相同的区域，采用的方格边长越小，其计算精度越高，计算过程也越复杂。

　　2. 计算田面平均高程。根据各桩点实际高程和方格总数计算田面平均高程，计算公式如下：

$$H_0 = \frac{\sum H_{角} + 2\sum H_{边} + 4\sum H_{中}}{4n}$$

　　式中：H_0 为平整田块的平均高程（米）；$\sum H_{角}$ 为方格网各角点高程之和（米）；$\sum H_{边}$ 为方格网各边点高程之和（米）；$\sum H_{中}$ 为方格网各中点高程之和（米）；n 为方格网个数。

　　方格网各桩点名称详见图 8 - 2。

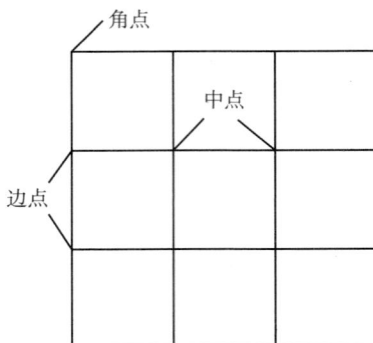

图 8 – 2　方格网点名称

3. 计算设计高程。土地平整区域为水平状态时，设计高程就是平整单元的平均高程（H_0）。田块设计为单向坡度时，设计高程是将已调整平均高程作为田块中心线的高程，田块内任意一点的设计高程计算公式如下：

$$H_{设计} = H_0 \pm li$$

式中：$H_{设计}$ 为田块内任意一点的设计高程（米）；l 为该点至中心线的距离；i 为坡度。

田块设计为双向坡度时，田块内任意一点的设计高程计算公式如下：

$$H_{设计} = H_0 \pm l_x i_x \pm l_y i_y$$

式中：$H_{设计}$ 为田块内任意一点的设计高程（米）；l_x、l_y 分别为该点沿 x – x 和 y – y 方向至中心线的距离；i_x、i_y 分别为该点沿 x – x 和 y – y 方向的坡度。

将设计高程和地面高程分别标注在方格网的右下角和左下角。

4. 计算各角点挖填深度。各角点的地面高程与设计高程的差值，即为各角点的挖（填）深度，也称为施工高度。标在方格网的右上角，挖方为（＋），填方为（－）。方格网各角点表述方法如图 8 – 3 所示。

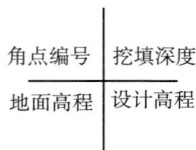

图 8 – 3　方格网角点标识示意图

5. 计算挖填零点位置。根据方格顶点自然高程与田块平均高程的关系，确定填方区与挖方区的分界线。在一个方格网内同时有填方或挖方时，要先算出方格网边的零点（填、挖方的分界点）的位置，并标注于方格网上，连接零点就得零线，即填方区与挖方区的分界线（见图 8 - 4）。零点的位置计算公式如下：

$$X_1 = \frac{h_1}{h_1 + h_2} \times a \quad X_2 = \frac{h_1}{h_1 + h_2} \times a$$

式中：X_1、X_2 为角点至零点的距离（米）；h_1、h_2 为相邻两角点的挖填深度的绝对值（米）；a 为方格网的边长（米）。

方格网的零点、零线如图 8 - 4 所示。

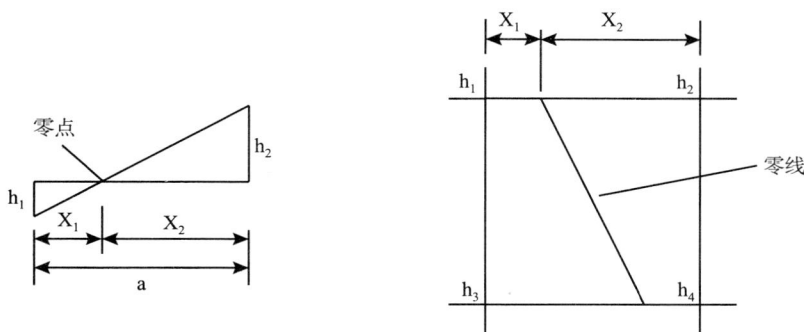

图 8 - 4　方格网零点、零线示意图

6. 计算挖填土方量。以零线为棱边，按方格网地面图形和角点高程，计算各方格网的挖填方量，将各方格网的挖填方量汇总求和得出土地平整单元的挖填土方量。

（1）一点填方或挖方，底图为三角形（见图 8 -5），计算公式为：

$$V = \frac{1}{2}bc\frac{\sum h}{3} = \frac{1}{6}bch_3$$

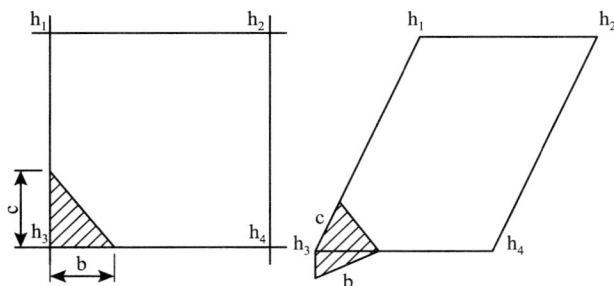

图 8 - 5　底图为三角形的示意图

（2）两点填方或挖方，底图为梯形（见图 8 - 6），计算公式为：

$$V_+ = \frac{(d + e)}{2}a\frac{\sum h}{4} = \frac{a(d + e)(h_2 + h_4)}{8}$$

$$V_- = \frac{(b+c)}{2}a\frac{\sum h}{4} = \frac{a(b+c)(h_1+h_3)}{8}$$

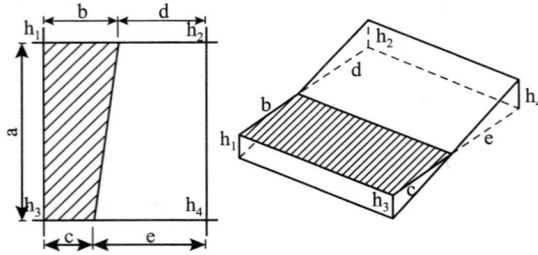

图 8 – 6　底图为梯形的示意图

（3）三点填方或挖方，底图为五角形（见图 8 – 7），计算公式为：

$$V = \left(a^2 - \frac{bc}{2}\right)\frac{\sum h}{5} = \left(a^2 - \frac{bc}{2}\right)\frac{h_1+h_2+h_4}{5}$$

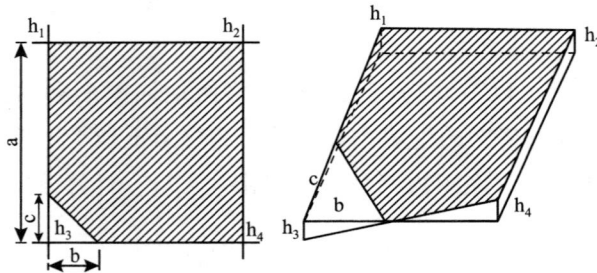

图 8 – 7　底图为五角形的示意图

（4）四点填方或挖方，底图为正方形（见图 8 – 8），计算公式为：

$$V = \frac{a^2}{4}\sum h = \frac{a^2}{4}(h_1+h_2+h_3+h_4)$$

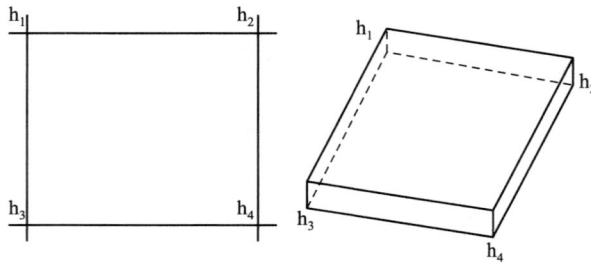

图 8 – 8　底图为正方形的示意图

（二）案例分析

1. 案例内容。某土地整治项目的一个土地平整单元可划分为 6 个边长 20 米 × 20 米的方格，根据项目区地形图，现已知各角点的地面高程，并计算出了各角点的设计高程（见图 8 - 9）。请运用方格网法，计算该平整单元的挖填土方量。

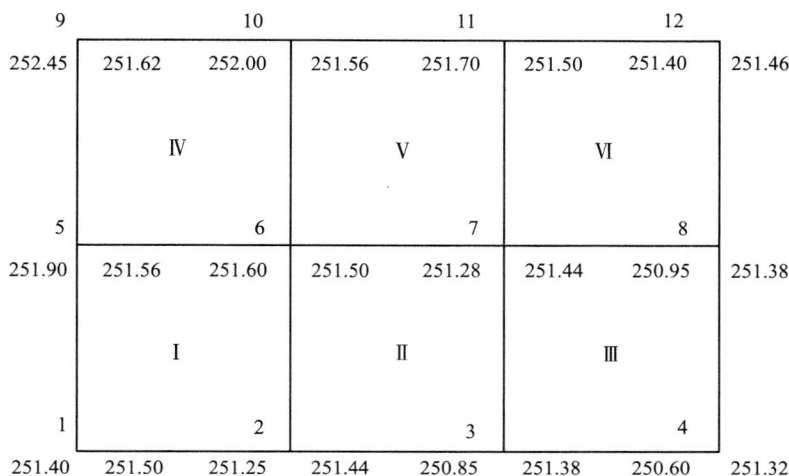

9　　　　　　　10　　　　　　　11　　　　　　　12

252.45　251.62　252.00　251.56　251.70　251.50　251.40　251.46

Ⅳ　　　　　Ⅴ　　　　　Ⅵ

5　　　　　　　6　　　　　　　7　　　　　　　8

251.90　251.56　251.60　251.50　251.28　251.44　250.95　251.38

Ⅰ　　　　　Ⅱ　　　　　Ⅲ

1　　　　　　　2　　　　　　　3　　　　　　　4

251.40　251.50　251.25　251.44　250.85　251.38　250.60　251.32

图 8 - 9　平整单元方格网图

2. 计算过程。由于该项目平整单元已经给定了各角点的设计高程，因此，步骤一就是计算各角点的挖填深度，即施工高程，并标识在方格网的各角点右上角；步骤二为计算方格网各边长的零点位置，进而绘制平整单元的零线；步骤三根据各方格的底图形状及其对应公式，计算各方格网的挖方量和填方量；步骤四为汇总计算该土地平整单元的总挖填土方量；步骤五根据挖填基本平衡原则，检验和调整挖填土方量设计参数。

（1）根据各角点的设计高程和地面高程，计算挖填深度，并标识于方格网中（见图 8 - 10）。

$h_1 = 251.50 - 251.40 = 0.10$（米）；$h_2 = 251.44 - 251.25 = 0.19$（米）；$h_3 = 251.38 - 250.85 = 0.53$（米）

$h_4 = 251.32 - 250.60 = 0.72$（米）；$h_5 = 251.56 - 251.90 = -0.34$（米）；$h_6 = 251.50 - 251.60 = -0.10$（米）

$h_7 = 251.44 - 251.28 = 0.16$（米）；$h_8 = 251.38 - 250.95 = 0.43$（米）；$h_9 = 251.62 - 252.45 = -0.83$（米）

$h_{10} = 251.56 - 252.00 = -0.44$（米）；$h_{11} = 251.50 - 251.70 = -0.20$（米）；$h_{12} = 251.46 - 251.40 = 0.06$（米）

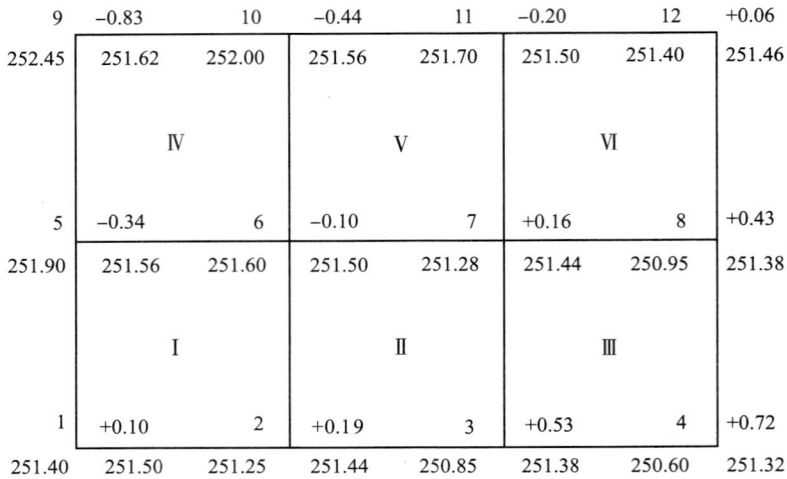

图 8 - 10　土地平整单元方格网参数标识图

（2）计算零点位置距离。从图 8 - 10 可知，方格网桩点 1 - 桩点 5、桩点 2 - 桩点 6、桩点 6 - 桩点 7、桩点 7 - 桩点 11、桩点 11 - 桩点 12 五条方格边长两端的施工高程符号不同，说明此边长存在零点位置，根据公式计算其零点位置距离，并标识在方格网中，进而绘制平整单元的零线（见图 8 - 11）。

桩点 1 - 5：$X_1 = 0.10/(0.10 + 0.34) \times 20 = 4.55$（米）；$X_2 = 15.45$（米）

桩点 2 - 6：$X_1 = 0.19/(0.19 + 0.10) \times 20 = 13.10$（米）；$X_2 = 6.90$（米）

桩点 6 - 7：$X_1 = 0.1/(0.1 + 0.16) \times 20 = 7.69$（米）；$X_2 = 12.31$（米）

桩点 7 - 11：$X_1 = 0.16/(0.16 + 0.20) \times 20 = 8.89$（米）；$X_2 = 11.11$（米）

桩点 11 - 12：$X_1 = 0.20/(0.20 + 0.06) \times 20 = 15.38$（米）；$X_2 = 4.62$（米）

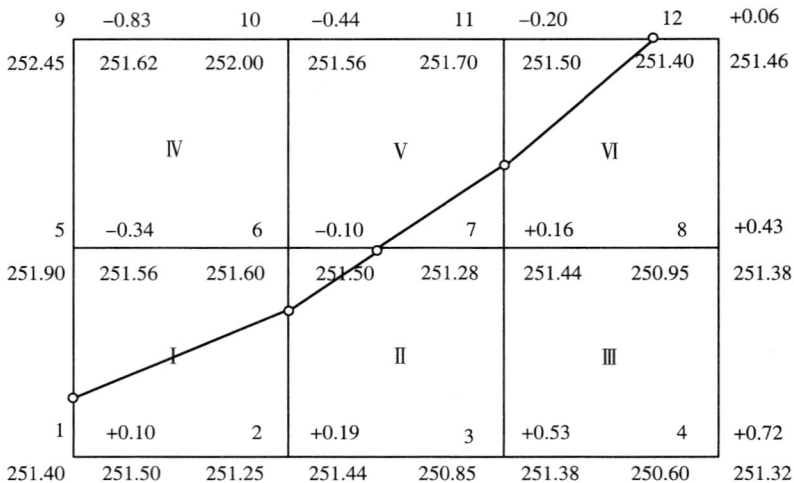

图 8 - 11　土地平整单元方格网零点位置及零线图

（3）计算各方格挖填土方量。根据各方格底图形状和相应的计算公式，分别计算各方格的挖填土方量。

方格Ⅲ、Ⅳ底面形状为正方形，土方量为：

$V_{Ⅲ(+)} = 20 \times 20/4 \times (0.53 + 0.72 + 0.16 + 0.43) = 184$（立方米）

$V_{Ⅳ(-)} = 20 \times 20/4 \times (0.34 + 0.10 + 0.83 + 0.44) = 171$（立方米）

方格Ⅰ底面形状为两个梯形，土方量为：

$V_{Ⅰ(+)} = 20/8 \times (4.55 + 13.10) \times (0.10 + 0.19) = 12.80$（立方米）

$V_{Ⅰ(-)} = 20/8 \times (15.45 + 6.90) \times (0.34 + 0.10) = 24.59$（立方米）

方格Ⅱ、Ⅴ、Ⅵ底面形状为三边形和五边形，土方量为：

$V_{Ⅱ(+)} = 65.73$ 立方米；$V_{Ⅱ(-)} = 0.88$（立方米）

$V_{Ⅴ(+)} = 2.92$ 立方米；$V_{Ⅴ(-)} = 51.10$（立方米）

$V_{Ⅵ(+)} = 40.89$ 立方米；$V_{Ⅵ(-)} = 5.70$（立方米）

（4）计算总挖填土方量，根据各方格挖方量和填方量进行汇总。

总填方量 $\sum V(+) = 184 + 12.80 + 65.73 + 2.92 + 40.89 = 306.34$（立方米）

总挖方量 $\sum V(-) = 171 + 24.59 + 0.88 + 51.10 + 5.70 = 253.26$（立方米）

（5）检验和调整挖填土方量计算参数。

一般情况下，应保持挖填土方量基本平衡，即 $\sum V(+) \approx \sum V(-)$。该土地平整单元挖填土方量计算结果 $\sum V(+) > \sum V(-)$，需要另外找土源进行客土，说明设计高程偏高，需适当调低设计高程。

如果计算结果 $\sum V(+) < \sum V(-)$，则需要丢弃多余土方，说明设计高程偏低，需适当调高设计高程。

二、散点法

（一）计算方法与过程

散点法，又称多点平均法。适用于地形虽有起伏，但变化比较均匀、不太复杂的地形。该方法的优点是测点（桩点）位置不受限制，可以根据地形情况，布设测点（桩点），求平均高程方法较为简单。具体计算过程包括：

1. 布设测点并测出高程值。在划定的土地平整单元的四角四边、田块内的最高点、最低点、次高点、次低点以及一切能代表不同高程的各个位置上打桩作为测点，设共有 n 个点，并测出其高程值分别为 H_1、H_2、$\cdots$、H_n。

2. 计算土地平整单元的田面平均高程（H_a）。计算公式为：

$$H_a = \frac{1}{n}(H_1 + H_2 + \cdots + H_n)$$

3. 计算挖填深度。对比各测点高程与田面平均高程（H_a），小于 H_a 的测点区域为填方区域，大于 H_a 的测点区域为挖方区域。挖填深度计算公式为：

$$h_f = \frac{\sum H_f}{m} - H_a$$

$$h_c = H_a - \frac{\sum H_c}{l}$$

式中：h_f 为挖方区域平均挖深（米）；h_c 为填方区域平均填高（米）；m 为测点高程大于 H_a 的测点数量；l 测点高程小于 H_a 的测点数量，$m + l = n$；$\sum H_f$ 为大于 H_a 的各测点高程之和，$\sum H_f = H_{f1} + H_{f2} + \cdots + H_{fm}$；$\sum H_c$ 为小于 H_a 的各测点高程之和，$\sum H_c = H_{c1} + H_{c2} + \cdots + H_{cl}$。

4. 计算挖填区域面积和土方量。挖填区域面积计算公式为：

$$A_f = \frac{A_a h_f}{h_f + h_c}$$

$$A_c = \frac{A_a h_c}{h_f + h_c}$$

式中：A_f 为挖方区域面积（公顷）；A_a 为土地平整单元总面积（公顷）；A_c 为填方区域面积（公顷）；$A_f + A_c = A_a$。

挖填土方量计算公式为：

$$V_f = A_f h_f$$

$$V_c = A_c h_c$$

式中：V_f 为土地平整单元挖方量（立方米）；V_c 为土地平整单元填方量（立方米）。

5. 挖填土方量平衡检验。令 $\Delta V = V_f - V_c$，如果 $\Delta V = 0$ 或数量较小，则挖填方量基本平衡，所定挖填分界线较为合适。如果 ΔV 较大时，应进行调整计算。

当 ΔV 为正值时，说明挖方过多，应提高设计田面高程，即减小 H_a 值；当 ΔV 为负值时，说明填方需求较大，应降低设计田面高程，即增大 H_a 值。

提高或降低田面高度 $\Delta h = \Delta V / A_a$

（二）案例分析

1. 案例内容。某土地整治项目的一个土地平整单元面积为 14.29 公顷，地势较为平坦，西北高，东南低（见图 8 - 12）。请运用散点法计算其土地平整土方量。

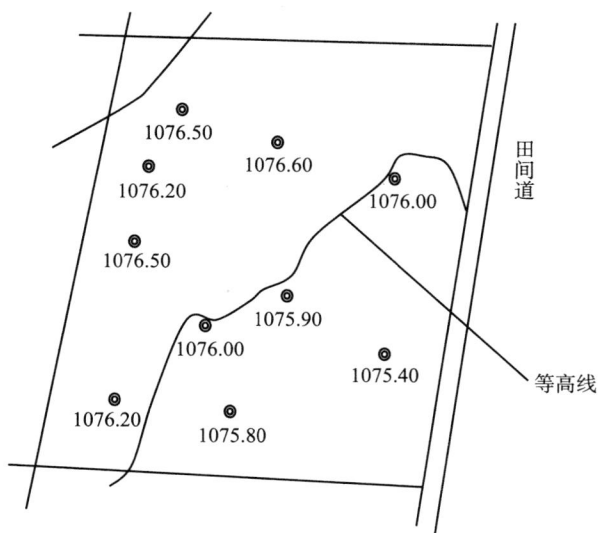

图 8-12　土地平整单元示意图

2. 计算过程。该土地平整单元内一共有 10 个测点（桩点）高程，步骤一根据 10 个测点高程计算平整单元的平均高程 H_a；步骤二计算挖填深度；步骤三计算挖填方区域面积；步骤四计算挖填土方量。

（1）根据测点高程，计算平均高程。

$H_a = 1/10 × （1076.50 + 1076.60 + 1076.00 + 1076.20 + 1076.50 + 1075.90 + 1076.00 + 1075.40 + 1076.20 + 1075.80）= 1076.11 （米）$

（2）计算挖填深度。

通过比较测点高程和田面平均高程，得出需要挖填的测点（详见表 8-1 和图 8-13）。

挖方区域平均挖深：

$h_c = （1076.50 + 1076.60 + 1076.20 + 1076.50 + 1076.20）/5 - 1076.11 = 0.29$（米）

填方区域平均填高：

$h_f = 1076.11 - （1076.00 + 1075.90 + 1076.00 + 1075.40 + 1075.80）/5 = 0.29$（米）

表 8-1　　　　　　　　　　土地平整单元挖填测点高程数据

名称	挖方区域					填方区域				
测点编号	H1	H2	H3	H5	H9	H4	H6	H7	H8	H10
高程值（米）	1076.50	1076.60	1076.20	1076.50	1076.20	1076.00	1075.90	1076.00	1075.40	1075.80

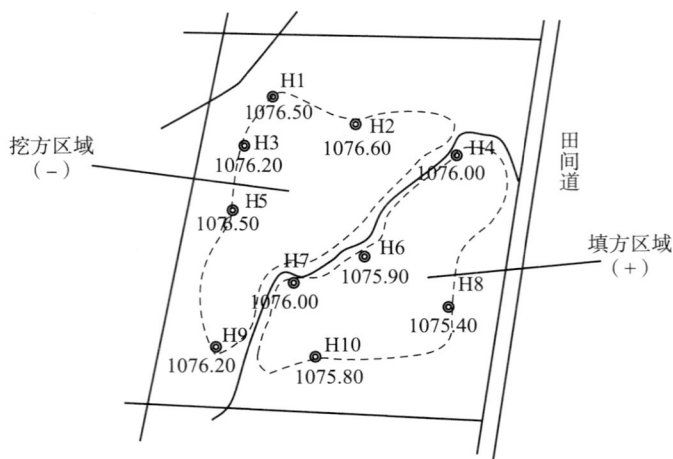

图 8 - 13 土地平整单元挖填方区域示意图

（3）计算挖填方区域面积。

挖方区域面积：$A_c = (14.29 \times 0.29)/(0.29 + 0.29) = 7.145$（公顷）

填方区域面积：$A_f = 7.145$（公顷）

（4）计算挖填土方量。

挖方量：$V_c = A_c \times h_c = 7.145 \times 10000 \times 0.29 = 2.0721$（万立方米）

填方量：$V_f = A_f \times h_f = 7.145 \times 10000 \times 0.29 = 2.0721$（万立方米）

该土地平整单元土方量计算主要参数详见表 8 - 2。

表 8 - 2   土地平整单元土方量计算主要参数

田块面积 （公顷）	平均高程 （米）	平均挖深 （米）	平均填高 （米）	挖方面积 （公顷）	填方面积 （公顷）	挖方量 （万立方米）	填方量 （万立方米）
14.29	1076.11	0.29	0.29	7.145	7.145	2.0721	2.0721

三、截面法

截面法也称为断面法，是最为传统的算法之一。适用于地形起伏变化较大，自然地面复杂的地区，如丘陵或山地等地貌类型的土地平整工程量的计算，计算方法较为简单方便，但精度较低。

在坡改梯区域，梯田田面宽度设计主要考虑地形坡度和土层厚度。在综合考虑施工和耕作要求的前提下，地形坡度大、土层较薄时，田面宽度应适度减小；地形坡度小、土层较厚时，田面宽度可适当增加。根据《水土保持综合治理技术规范——坡耕地治理技术》（GB/T16453.1 - 1996）相关要求，水平梯田断面尺寸参考数值详见表 8 - 3。

表 8 - 3 水平梯田断面尺寸参考数值

适应地区	地面坡度 α（度）	田面净宽 B（米）	田坎高度 H（米）	田坎坡度 β（度）
中国北方	1 ~ 5	30 ~ 40	1.1 ~ 2.3	85 ~ 70
	5 ~ 10	20 ~ 30	1.5 ~ 4.3	75 ~ 55
	10 ~ 15	15 ~ 20	2.6 ~ 4.4	70 ~ 50
	15 ~ 20	10 ~ 15	2.7 ~ 4.5	70 ~ 50
	20 ~ 25	8 ~ 10	2.9 ~ 4.7	70 ~ 50
中国南方	1 ~ 5	10 ~ 15	0.5 ~ 1.2	90 ~ 85
	5 ~ 10	8 ~ 10	0.7 ~ 1.8	90 ~ 85
	10 ~ 15	7 ~ 8	1.2 ~ 2.2	85 ~ 75
	15 ~ 20	6 ~ 7	1.5 ~ 2.6	75 ~ 70
	20 ~ 25	5 ~ 6	1.8 ~ 2.8	70 ~ 65

注：表中田面宽度、田坎坡度适用于土层较厚地区和土质田坎。对于土层较薄地区，田面宽度应根据土层厚度适当减小；对石质田坎的坡度，将结合石坎梯田的施工另作规定。

坡改梯区域的挖填土方设计一般以每块梯田为一个平整单元，在该平整单元内挖填平衡。根据梯田断面（详见图 8 - 14），梯田田面毛宽 B_m、田面净宽 B、田坎高度 H 之间的关系如下：

$$B_m = Hctg\theta$$

$$B_n = Hctg\alpha$$

$$B = B_m - B_n = H(ctg\theta - ctg\alpha)$$

$$H = B/(ctg\theta - ctg\alpha)$$

$$B_1 = H/sin\theta$$

式中：θ 为原地面坡度；α 为田坎坡度；B_n 为田坎占地；B_1 为田面斜宽。

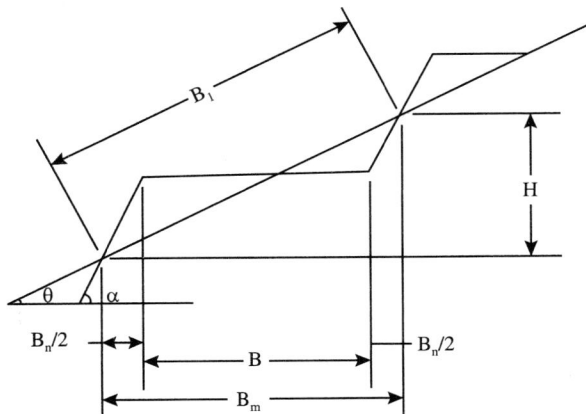

图 8 - 14 梯田断面要素示意图

单块梯田土方量计算公式如下：

（1）断面面积 S（平方米）：

$$S = \frac{1}{2} \times \frac{H}{2} \times \frac{B}{2} = \frac{HB}{8}$$

（2）单位面积土方量（立方米/亩）：

每亩田面长度 L = 666.7/B

每亩土方量 V = SL = 83.3H

第三节　耕作层地力保持工程设计

一、表土保护

设计剥离表土层厚度时，应实地考察现实表土层厚度，根据实际表土层厚度确定表土层剥离厚度，一般应小于 25 厘米，土层较厚的区域经论证可以扩大到 40 厘米。在不能识别现场表土层厚度的情况下，可通过查询资料，以 0~15 厘米或 0~20 厘米厚度作为表土层剥离设计厚度。

剥离的表土层的堆放地点应考虑堆放和回填的便利与运输成本，在降水量大的地区还应修筑简易围栏，防止水土流失和冲刷给下游带来危害。剥离的表土堆置高度不宜大于 5 米，单个堆放体的体积不应大于 5000 立方米，应根据工程进度设计放置地点的面积，堆放点的占地面积计算方法按下式计算：

$$S_{堆} = H \times \frac{S_{剥}}{H_{堆高}}$$

式中：$S_{堆}$ 为设计表土堆放地点的面积（平方米）；H 为表土剥离厚度（米）；$S_{剥}$ 为表土剥离面积（平方米）；$H_{堆高}$ 为表土堆放厚度（米）。

设计堆置地点时，应根据土地平整或坡改梯工程进度，采取下一阶段剥离的表土层直接回填到上一阶段已经完成的地块上的方式，尽可能减少表土层堆置占地和运输成本。剥离的表土层宜全部回填，并使用荷重较低的小型机械或耙犁铺摊均匀。在坡改梯后的耕地上回填土壤，应根据水土保持要求增加竹节沟或梯田田埂设计。

二、客土回填

客土土源要"舍远求近"，尽量接近项目区，减少运输距离，节约运输费用。客土土壤质地应较好，耕作田块的表土应没有污染、避免大的砂砾，能够保墒保水保肥。客土土源宜结合大型土建工程的挖方工程，或者河流、水道、水库、塘坝的清淤、放淤等结合起来；若项目区需要挖方，外运土石方时，也应考虑到当地的生产和生活，就近运输，降低外运成本。

增加耕作层厚度的客土工程一般应使耕作层达到 20 厘米以上。在取得客土土源可能性的基础上，尽可能一次完成。一般客土土源应为质地中等的壤土，并与堆沤腐熟的秸秆等有机肥混合。需客土作为耕作层的田块，回填前田块基层须达到设计回填耕作层底面高程，使用荷重较低的小型机械或耙犁铺摊均匀和适当压实，平整度宜达到田面平整标准要求。

三、土壤培肥

土地平整后的田块应进行翻耕，机械翻耕深度不宜超过 30 厘米，翻耕宜结合进行晒垡、冻融和增施有机肥，加速土壤熟化，翻耕工程量以翻耕面积计。

土壤培肥措施主要包括秸秆还田、绿肥翻压还田和增施有机肥等。每年作物秸秆还田量不小于 300 千克/亩，农家肥按 1500～2000 千克/亩标准施用，商品有机肥按200～300 千克/亩标准施用。土壤培肥应连续实施 3 年以上。

第九章

土地整治项目灌溉与排水工程设计

土地整治项目的灌溉与排水工程主要包括水源工程、输水工程、喷微灌工程、排水工程、渠系建筑物工程等。在进行灌溉与排水工程设计时，应在调查项目区自然社会经济条件和水土资源利用现状的基础上，根据农业生产对灌溉的要求和旱、涝、洪、渍、碱综合治理的原则，论证灌溉水源可供水量，进行项目区内土地分类评价和水资源平衡分析，确定项目区范围和灌排分区，选定灌排设计标准和灌排方式，基本选定项目区总体布置方案，拟定项目区水源工程、灌排渠系和灌排建筑物的规模和主要设计参数。

第一节 水源工程设计

一、山坪塘

山坪塘是我国丘陵季节性干旱地区由集体或个人修建的小型农用蓄水工程，主要解决农村生产生活用水问题，属于小型水利设施，山坪塘坝址剖面详见图 9-1。石坝、堆石坝上、下游坝坡坡比（多级坝坡指平均坡比）应满足表 9-1 相关要求。其他型式的坝坡应通过验算满足稳定安全要求。

上游坝坡应进行护坡，确保建筑物的安全。护坡形式可根据当地实际情况确定。采用块石护坡，厚度不低于 30 厘米；采用现浇或预制混凝土护坡，混凝土强度不低于 C15 砼，厚度不低于 10 厘米；砌石坝上游坝坡应采用 M10 水泥砂浆开槽勾缝，缝宽 2 厘米。

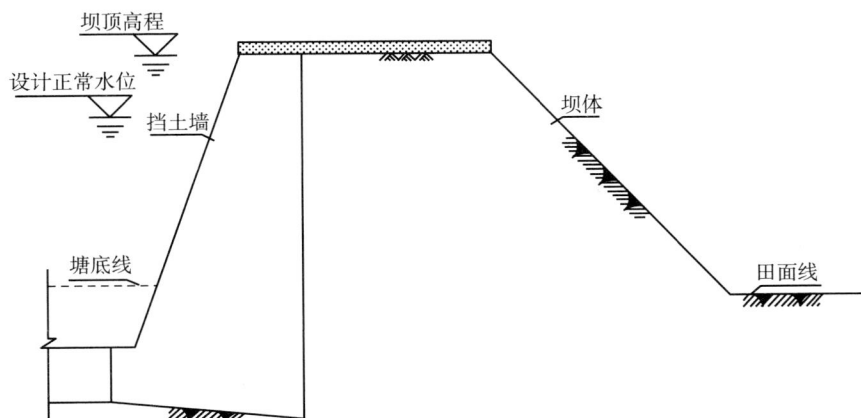

图 9-1 山坪塘坝址剖面示意图

表 9-1   山坪塘的石坝、堆石坝坝坡要求

边坡类型	坝高（米）	上游坝坡	下游坝坡
土质边坡	5~6	1:2.0	1:1.8
	3~5	1:1.75	1:1.5
	<3	1:1.5	1:1.5
堆石、砌石质边坡	5~6	1:1.6	1:1.5
	<5	1:1.4	1:1.3

人通行要求的坝顶应硬化，砼标号不低于 C20，厚度不低于 10 厘米，每隔 6 米分缝，缝宽 2 厘米。坝顶应设置栏杆，栏杆的高度不低于 1.2 米，可采用预制混凝土或浆砌条石、砖等形式。

坝脚应设置排水设施，坝体排水可采用棱体排水、贴坡排水等。（1）棱体排水，排水体顶部宽度不小于 0.8 米，排水体顶高程应超过坝脚最高水位和地面 1.0 米；（2）贴坡排水：排水体厚度（含反滤厚度）不小于 0.5 米，排水体高度高于浸润线出逸点 1.0 米或高于 1/2 坝高且高度不小于 2.0 米；排水底角处应设置排水沟。

塘堰（坝）应设置溢洪道和放水建筑物，溢洪道靠坝一侧应根据基础情况采用混凝土或浆砌石衬砌，混凝土衬砌厚度应不小于 20 厘米，浆砌石衬砌厚度应不小于 30 厘米。放水建筑物可采用涵卧管形式或管道放水，管道放水要保证取水口正常运行，管道与坝体结合部位应设置截水环，管道外设置二道闸阀，闸阀处设置闸阀井，管道材料可用经防腐处理的钢管或者混凝土管无压流放水涵管，涵管尺寸与灌溉面积见表 9-2。

表 9 − 2　　　　　　　　　　山坪塘无压流放水涵洞、涵洞尺寸与灌溉面积

| 流量（立方米/秒） | 比降尺寸 | | 灌溉面积（亩） |
| | 1:100 | 1:200 | |
	圆涵直径（厘米）	圆涵直径（厘米）	
0.02	20	20	200
0.03	20	25	300
0.04	25	25	400
0.05	25	30	500
0.06	30	30	600
0.07	30	35	700
0.08	30	35	800
0.09	35	35	900
0.10	35	40	1000

二、囤水田

囤水田主要由田埂、放水口组成。囤水田蓄水深以 0.8～1 米为宜，特殊情况下不超过 1.5 米，面积宜在 1.5～5 亩之间，放水口尺寸应根据当地实际情况进行确定，放水口尾端宜设置消防冲设施。囤水田需进行开挖的，应进行表土剥离和回覆，囤水田坎基和坎底应做防渗处理。其平面、剖面示意图详见图 9 − 2、图 9 − 3。

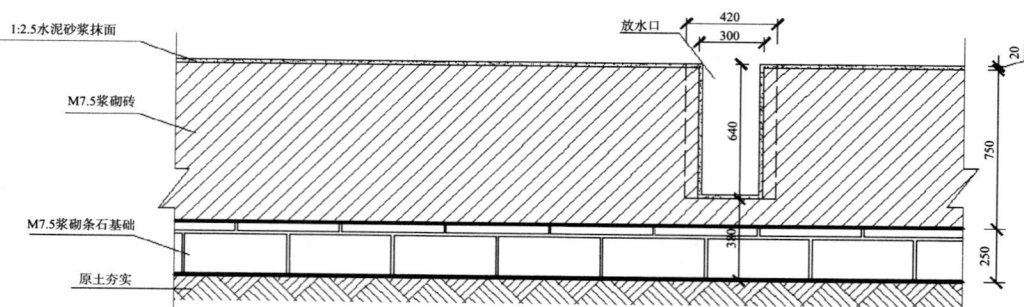

图 9 − 2　囤水田平面示意图

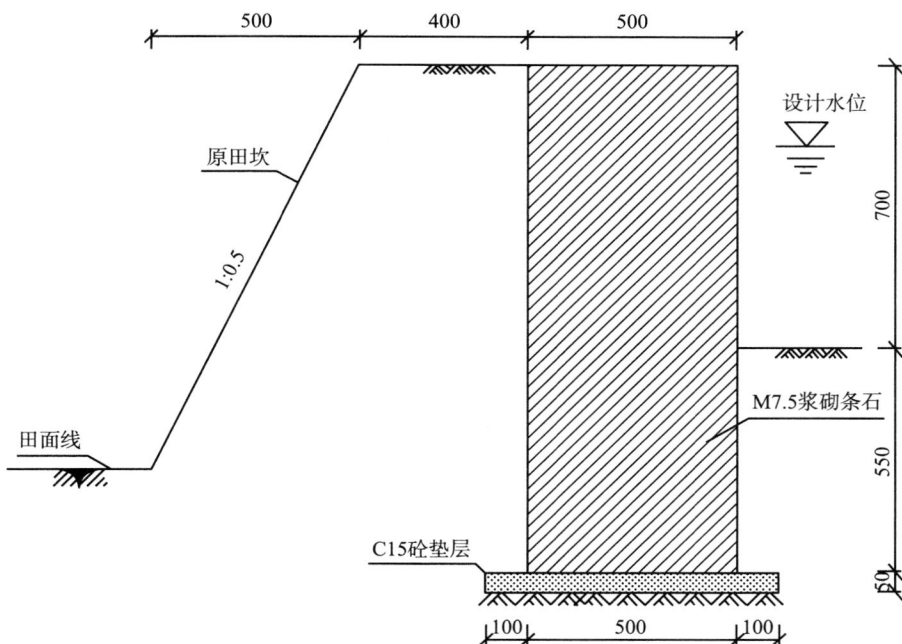

图 9 - 3　围水田剖面示意图

三、小型拦河坝

小型拦河坝由坝体、防渗铺盖、消力池、海漫及防冲槽等部分组成，两岸由上游护坡、翼墙、边墩、下游翼墙和护坡组成。

（一）设计流量与溢流长度计算

溢流坝的设计流量是根据水工建筑物的等级，经过水文分析和水力计算，确定它在正常运用情况下及校核运用情况下所宣泄的最大洪水流量。即以涉及频率的天然洪峰流量作为溢流坝的设计流量，设计流量计算如下：

$$Q_{设} = \varepsilon mB\sqrt{2g}H_0^{\frac{3}{2}}$$

$$H_0 = H + \frac{v_0^2}{2g}$$

式中：$Q_{设}$ 为通过拦河坝坝顶的流量（立方米/秒）；ε 为侧收缩系数，一般取 $0.85 \sim 0.95$；B 为拦河坝坝顶溢流宽度（米）；g 为重力加速度，取 9.8（米/秒平方）；v_0 为上游水流平均流速（米/秒）；H 为上游水深（米）；H_0 为进口水头（米）；m 为流量系数。

根据图 9 - 4，当 $0 < P/H < 3.0$ 时，$m = 0.32 + 0.01 \times \dfrac{3 - \dfrac{P}{H}}{0.46 + 0.75\dfrac{P}{H}}$。

当 P/H≥3.0 时，m = 0.32。

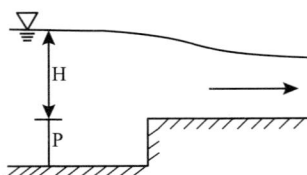

图 9 - 4　小型拦河坝断面示意图

溢流段长度 L 可根据坝顶泄流量 Q 及单宽流量 q 来确定，即 L = Q/q。q 值由河床质地条件选定；对于中小型取水工程，引坝较低不起调洪作用，所以通过坝顶泄量 Q 等于天然河道洪水流量 Q 洪减去取水工程中其他建筑物，如泄洪闸、进水闸或电站等建筑物下泄量，计算如下：

$$Q_{拦} = Q_{洪} - aq$$

式中：$Q_{拦}$ 为通过拦河坝坝顶的流量（立方米/秒）；$Q_{洪}$ 为河道洪水流量（立方米/秒）；q 为通过其他建筑物下泄或引用的流量（立方米/秒）；a 为流量利用系数，一般取 0.75 ~ 0.9。

（二）坝体设计

为满足坝体稳定要求，非岩基上的拦河坝的底宽常较大，一般将坝的下部向上游加宽，以便利用水重来维持坝的水平抗滑稳定，同时两段应嵌入岸坡 1 ~ 2 米；对于非岩基的拦河坝，初步拟定底宽时，坝底宽度可参考表 9 - 3，且地基承载力应满足设计要求。

表 9 - 3　　　　　　　　　　　小型拦河坝坝底宽度

地基土壤性质	坝底宽度与高度关系
砂砾石和砾石	（1.25 ~ 1.75）H
砂壤土和砂土	（1.75 ~ 2.00）H
黏壤土	（2.00 ~ 2.25）H
黏土	（2.25 ~ 2.50）H

对于坝高高于 2.0 米的小型拦河坝应进行稳定分析，抗滑稳定安全系数取 1.0 ~ 1.05，抗滑稳定安全系数计算公式如下：

$$K = \frac{f \sum V}{\sum H}$$

式中：K 为抗滑稳定安全系数，取 K≥1.0~1.05；f 为摩擦系数，取值范围参考表 9-4；$\sum$ v 为坝体上所有垂直力的总和，包括自重、水重、扬压力等；$\sum$ H 为坝体上所有水平力的总和，包括水压力、泥沙压力等。

表 9-4　　　　　　　　小型拦河坝坝体摩擦系数 f 取值范围

地基类别	f 值	地基类别	f 值
软弱黏土	0.2~0.25	砂质壤土	0.35~0.40
中硬黏土	0.25~0.35	细砂	0.40~0.45
坚硬黏土	0.35~0.45	中粗砂	0.40~0.50
粉质壤土	0.25~0.40	砾石、卵石	0.50~0.55

（三）防渗长度计算

小型拦河坝应有足够的防渗长度，防渗长度是指从上游防渗铺盖首端到坝下游护坦末端的长度，防渗长度应满足以下条件：

$$L \geq C \Delta H$$

式中：L 为防渗长度（米）；C 为渗径系数，取值范围详见表 9-5；ΔH 为上下游水位差（米）。

表 9-5　　　　　　　　小型拦河坝渗径系数 C 取值范围

粉砂	细砂	中粗砂	砂壤土	黏土	壤土	砂砾
9~13	7~9	4~7	5~7	3~5	2~3	3~4

（四）消力池设计

为防止河道冲刷，小型拦河坝下游应设置消力池。消力池的深度 S 和长度 L 计算公式如下：

$$h_c'' = \frac{h_c}{2}\left(\sqrt{1 + 8F_{rc}^2} - 1\right)$$

$$\Delta Z = \frac{Q^2}{2gb^2}\left(\frac{1}{\varphi' h_t^2} - \frac{1}{\sigma^2 h_c''^2}\right)$$

$$\sigma h_c'' = h_t + S + \Delta Z$$

$$L = (3.2 - 4.3)h_c''$$

式中：h_c 为收缩断面处单宽流量；$F_{rc} = \dfrac{q}{h_c\sqrt{gh_c}}$ 为收缩断面处弗汝德系数；q 为收缩断面处单宽流量；σ 为安全系数，一般取 1.05~1.10；b 为消力池宽度；φ′ 为消力池流出的水流流速系数，一般取 0.95。

通过上式可求得 h_c''、h_c 和消力池深度 S 和长度 L。

四、蓄水池

蓄水池主要有开敞式和封闭式两种类型，按建筑材料不同可分为：砖池、砌浆石池、混凝土池等，平面形状一般为圆形或矩形（详见图 9 - 5、图 9 - 6、图 9 - 7）。

蓄水池主要建筑物设计如下：（1）荷载组合。蓄水池自重、水压力和土压力。对开敞式蓄水池，荷载组合为池内满水，池外无土；对封闭式水池，荷载组合为池内无水，池外有土。（2）材料。水池受力构件混凝土强度等级不应低于 C25，垫层混凝土不应低于 C10，抗渗等级不应小于 S6。采用砌浆石材料时，水池砂浆标号不应低于 M10。（3）地基。蓄水池底板的基础要求有足够的承载力、平整密实，地基的实际承载力应达到设计要求，不满足时需采取有效的地基处理措施。（4）池体设计。对于钢筋混凝土蓄水池，底板厚度不宜少于 20 厘米，混凝土保护层宜取 5 厘米，底板及池壁设计应符合《给水排水工程钢筋混凝土水池结构设计规程》（SECS138.2002）关于抗浮、抗裂和配筋要求。（5）进水口和溢洪口设计。蓄水池应专设进水口与溢洪口，土质蓄水池的进水口和溢洪口，应进行石料衬砌。一般口宽 40 ~ 60 厘米，深 30 ~ 40 厘米。（6）安全及使用设计。蓄水池顶部需设置 1.2 米高栏杆及取水梯道。

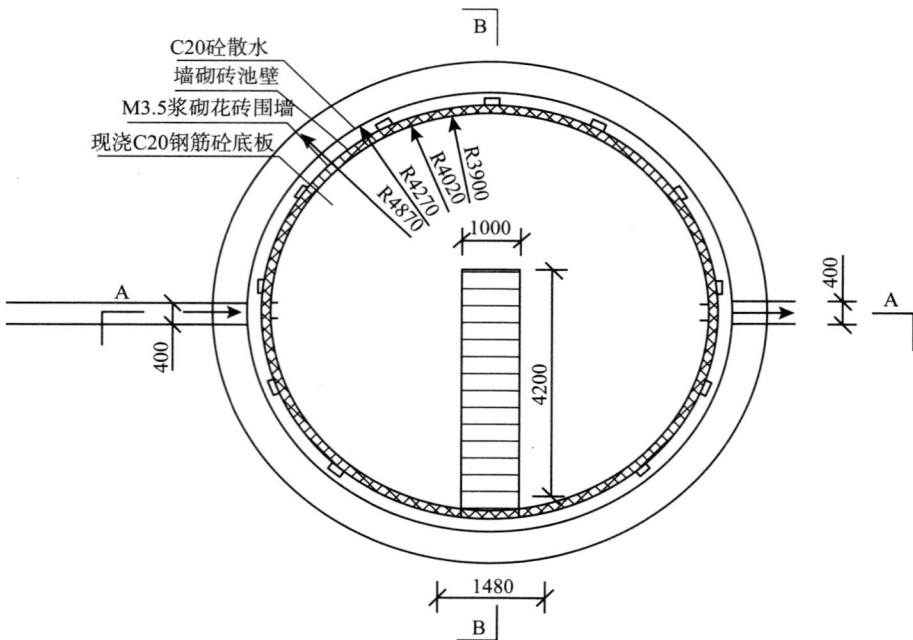

图 9 - 5 100 立方米圆形砖墙蓄水池示意图

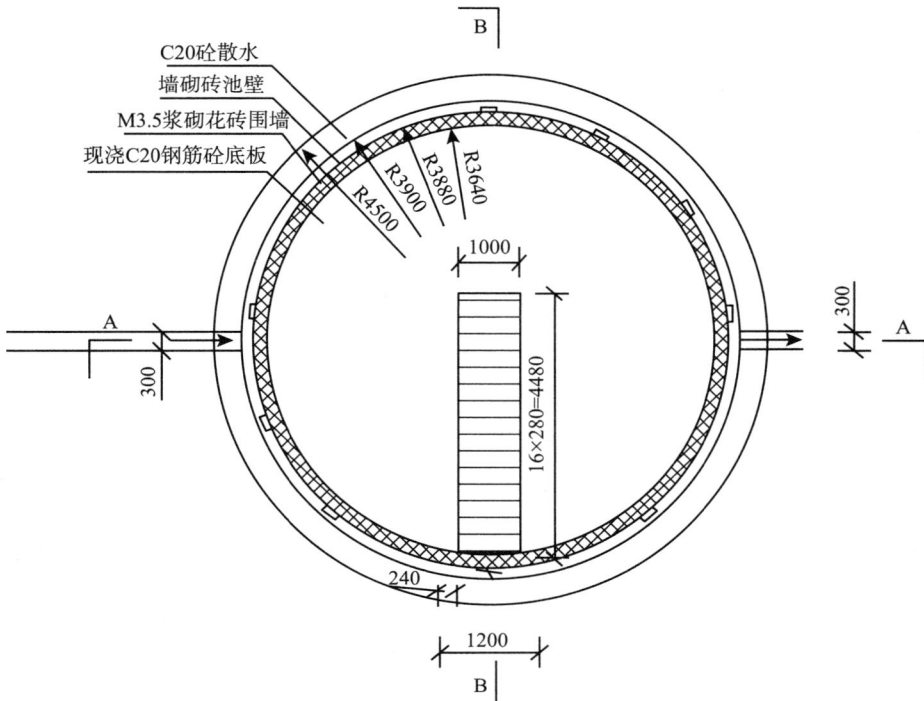

图 9 - 6　100 立方米圆形钢筋混凝土墙蓄水池示意图

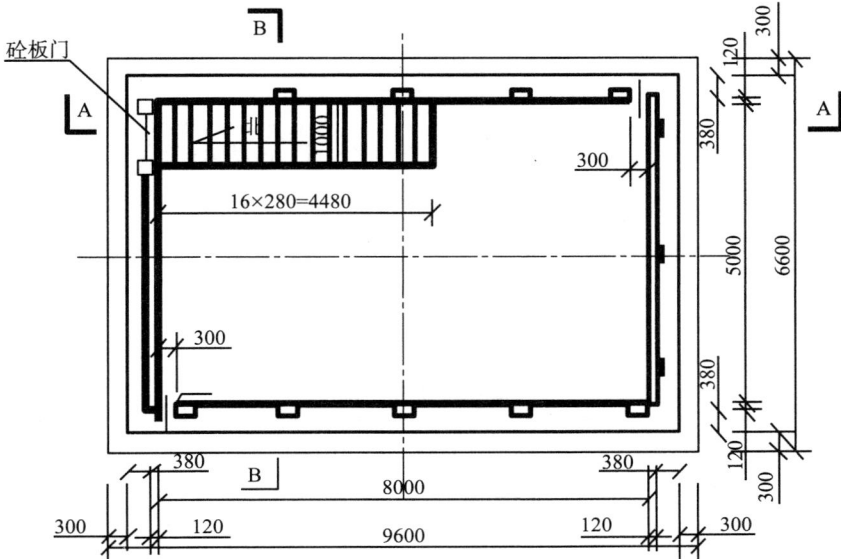

图 9 - 7　100 立方米矩形块石墙蓄水池示意图

第二节　输水工程设计

一、明渠输水

输水渠道按其使用寿命分为固定渠道和临时渠道两种。按照控制面积大小和水量分配层次可以把输水渠道分为若干等级，一般为干、支、斗、农四级固定渠道。明渠输水系统的一般设计程序为：灌溉方式及灌溉制度的确定→需水量计算→各级渠道设计流量的计算→确定渠道横断面尺寸（渠系建筑物设计、田间灌溉要求的水位推求）→绘制渠道纵断面图→渠首设计和其他建筑物设计→计算工程量。

（一）渠道损失流量

由于渠道渗漏、水面蒸发等原因，部分水量在渠道输水过程中损失，不能进入田间为农作物所利用，这部分损失的流量称为渠道损失流量。渠道损失流量常用经验公式和经验系数两种方法进行计算。

1. 经验公式法。

$$Q_{损} = \frac{\sigma}{100} Q_{净} L$$

$$\sigma = \frac{A}{Q_{净}^{m}}$$

式中：$Q_{损}$ 为渠道的输水损失流量（立方米/米）；σ 为渠道每千米长度输水损失流量占净流量的百分数；$Q_{净}$ 为渠道的净流量（立方米/米）；L 为渠道工作长度（千米）；A 为土壤透水性系数，取值详见表 9 − 6；m 为土壤透水性指数，取值详见表 9 − 6。

表 9 − 6　　　　　　　　　土壤透水性参数

渠床土壤	透水性	A	m
重黏土及黏土	弱	0.70	0.30
重黏壤土	中下	1.30	0.35
中黏壤土	中等	1.90	0.40
轻黏壤土	中上	2.65	0.45
沙壤土及轻砂壤土	强	3.40	0.50

2. 经验系数法。

（1）田间水利用系数。是指实际灌入田间的有效水量（对旱作农田，指蓄存在计划湿润层中的灌溉水量；对水稻田，指蓄存在格田内的灌溉水量）与末级固定渠道（农渠）净流量的比值。计算公式如下：

$$\eta_{田间} = \frac{A_{农}\, m_{净}}{W_{农净}}$$

式中：$A_{农}$ 为农渠的灌溉面积（亩）；$m_{净}$ 为净灌水定额（立方米/亩）；$W_{农净}$ 为农渠供给田间的水量（立方米）。

田间水利用系数是衡量田间工程状况和灌溉技术水平的重要指标。在田间工程完善，灌溉技术良好的条件下，旱作农田的水利用系数可以达到 0.9 以上，水稻田的田间水利用系数可以达到 0.95 以上。

（2）渠道水利用系数。是指某渠道净流量与毛流量的比值，计算公式如下：

$$\eta_{渠道} = \frac{Q_{净}}{Q_{毛}}$$

（3）渠系水利用系数。是指某渠道系统中所有末级固定渠道放入田间的净流量与该渠道系统中最上一级渠道引水口出的毛流量的比值，计算公式如下：

$$\eta_{渠系} = \eta_{干}\eta_{支}\eta_{斗}\eta_{农}$$

我国自流灌区渠系水利用系数参见表 9 - 7。

表 9 - 7 自流灌区渠系水利用系数范围值

灌溉面积（万亩）	< 1.0	1.0 ~ 10	10 ~ 30	30 ~ 100	> 100
渠系水利用系数	0.85 ~ 0.75	0.75 ~ 0.70	0.7 ~ 0.65	0.60	0.55

（4）灌溉水利用系数。是指灌入田间可被利用的水量（田间净流入量）与干渠渠首引水总流入量的比值，计算公式如下：

$$\eta_{灌溉} = \frac{Am_{净}}{W_{引}}$$

式中：A 为全灌区面积（亩）；$m_{净}$ 为净灌水定额（立方米/亩）；$W_{引}$ 为渠首引入的总水量（立方米）。

（二）渠道配水方式

渠道的配水方式一般分为续灌和轮灌两种，输水方式不同其设计流量的计算方法也不同。

1. 续灌。在一次灌水延续时间内，自始至终连续灌水的渠道称为续灌渠道，这种输水方式称为续灌。一般干、支渠多采用续灌。

2. 轮灌。同一级渠道在一次灌水延续时间内轮流输水的工作方式称为轮灌。实行轮灌有利于减少输水损失，提高灌水效率，但同时增大了设计流量，增加了工程量。

一般在较大的灌区，斗渠以下实行轮灌，轮灌方式有集中轮灌和分组轮灌两种形式。分组形式有以下两种：（1）集中编组，将临近的几条渠道编为一组，上级渠道按组轮流供水。上级渠道工作长度最短，输水损失最小，但可能引起灌水时劳动紧张。（2）插花编组，将同级渠道按编号的奇数或者偶数分别编组，上级渠道按组轮流供水。

（三）渠道设计流量推算

1. 轮灌渠道设计流量推算。假设支渠为末级单个定续灌渠道，斗、农渠集中编组轮灌，同时工作的斗渠有 n 条，每条斗渠同时工作的农渠有 k 条。

（1）自上而下分配末级渠道的田间净流量。

①计算支渠的设计田间净流量：

$$Q_{支田净} = A_支 q_设$$

式中：$Q_{支田净}$ 为支渠的田间净流量（立方米/秒）；$A_支$ 为支渠的灌溉面积（万亩）；$q_设$ 为设计灌水模式（立方米/秒·万亩）。

②设计斗渠的田间净流量：

$$Q_{斗田净} = \frac{Q_{支田净}}{n}$$

式中：$Q_{斗田净}$ 为斗渠的田间净流量（立方米/秒）；n 为同时工作的斗渠数量。

③计算农渠田间净流量：

$$Q_{农田净} = \frac{Q_{斗田净}}{k} = \frac{Q_{支田净}}{nk}$$

式中：Q 农田净为农渠的田间净流量（立方米/秒）；k 为农渠轮灌组内的农渠数量。

（2）自下而上推算渠道设计流量。

①计算农渠的净流量：

$$Q_{农净} = \frac{Q_{农田净}}{\eta_田}$$

②计算各级渠道的设计流量：

根据农渠的净流量自上而下逐级计入渠道输水损失，得到各级渠道的毛流量，即设计流量。由于有两种估算渠道输水损失水量的方法，由净流量推算毛流量也就有两种办法。

第一，经验公式法。

$$Q_毛 = Q_净(1 + \sigma L)$$

式中：$Q_毛$ 为渠道的毛流量（立方米/秒）；$Q_净$ 为渠道的净流量（立方米/秒）；σ 为千米渠道损失水量与净流量的比值；L 为最下游一个轮灌组灌水渠的平均工作长度（千米）。计算农渠毛流量时，可取渠道长度的一半计算。

第二，经验系数法。根据渠道的净流量和渠道水利系数计算渠道的毛流量。

$$Q_毛 = \frac{Q_净}{\eta_{渠道}}$$

为简化计算，通常选取一条有代表性的典型支渠（作物种植、土壤性质、灌溉面积等影响渠道流量的主要因素具有代表性）进行计算，以此作为扩大指标，计算其余支渠的设计流量。再以典型支渠范围内各级渠道水利用系数作为扩大指标，计算出其他支渠控制范围内的斗、农渠的设计流量。

2. 续灌渠道设计流量计算。续灌渠道一般为干、支渠道，上下游流量相差较大，要求分段计算。各级渠道的输水时间等于灌区灌水延续时间，可以直接由下级渠道的毛流量推算上级渠道的毛流量，逐级自下而上分段进行推算。

由于渠道水利用系数的经验值是根据渠道全部长度的输水损失情况统计出来的，它反映不同流量在不同渠道上运行时输水损失的综合情况，而不能代表某个具体渠段的水量损失情况。所以在分段推算续灌渠道设计流量时，一般不用经验系数估算输水损失量，而用经验公式估算。续灌渠道的设计流量可按下式计算：

$$Q_续 = \frac{q_s A_s}{\eta_s}$$

式中：$Q_续$ 为续灌渠道的设计流量（立方米/秒）；q_s 为设计灌水率（立方米/秒·公顷）；A_s 为渠道轮灌组平均灌溉面积（公顷）；η_s 为改续灌渠道至田间的灌溉水利用系数。

3. 输水渠道最小流量和加大流量计算。最小流量是指在典型年内渠道需要通过的最小灌溉流量，常用 $Q_{最小}$ 表示。用修正灌水模数图上的最小灌水模数值和灌溉面积进行计算。应用渠道最小流量可以校核对下一级渠道的水位控制条件和确定修建节制闸的位置等。

加大流量是考虑到在灌溉工程运行过程中可能出现一些难以准确估计的附加流量，把设计流量适当放大后所得到的安全流量，常用 $Q_{加大}$ 表示。加大流量是设计渠堤堤顶高程的依据。加大流量的计算是以设计流量为基础，以设计流量乘以"加大系数"得到，计算公式如下：

$$Q_{加大} = J Q_设$$

式中：$Q_{加大}$ 为渠道加大流量（立方米/秒）；J 为渠道加大流量系数（其取值范围参见表 9 - 8）；$Q_设$ 为渠道设计流量（立方米/秒）。

表 9 - 8 渠道流量加大系数参考范围

设计流量（立方米/秒）	< 1	1 ~ 5	5 ~ 20	20 ~ 50	50 ~ 100	100 ~ 300	> 300
加大系数	1.35 ~ 1.30	1.30 ~ 1.25	1.25 ~ 1.20	1.20 ~ 1.15	1.15 ~ 1.10	1.10 ~ 1.05	< 1.05

（四）渠道断面设计

1. 渠道纵断面设计。渠道纵断面设计应根据现状地面线设计水面线、校核水面线、渠底线、渠顶线，以及渠道上建筑物的位置。已有渠道应明确现状渠底线、渠顶线。为保证水稻农渠后，渠道对所控制的灌溉范围都能进行自流灌溉，斗、农渠在分水点处应具有足够的水位高程。各级渠道进水口的设计水位，应从水源引水高程自上而下和从项目区控制点高程自上而下逐级追求，并计入沿程水头损失和各种建筑物的局部水头损失，反复调整确定，并画出渠道相应的纵断面设计图，为确定渠系建筑物的水位高程和渠道方量计算（结合横断面图）提供依据。渠道设计水面高程可按下式计算：

$$H_设 = H_0 + \Delta h + \sum Li + \sum \Phi$$

式中：$H_设$ 为渠道进水口设计水位（米）；H_0 为渠道控制灌溉面积内参考点高程（米）；Δh 为参考点与该处末级固定渠道水位的高差（米），取值为 0.1 ~ 0.2 米；$\sum Li$ 为沿程水头损失之和；L 为各级渠道长度（米）；i 为各级渠道比降；Φ 为水流通过渠系建筑物的水头损失（米）；取值详见表 9 - 9。

表 9 - 9 渠系建筑物水头损失最小数值

建筑物	农门	斗门	渡槽	倒虹吸管	节制闸	涵洞
水头损失	0.05	0.05	0.10	0.15	0.05	0.10

注：渡槽、倒虹吸管为局部水头损失，沿程损失应按《灌溉与排水工程设计规范》（GB50288 - 1999）的规定方法计算，并考虑在水头损失中。

2. 渠道横断面设计。渠道横断面形式的确定应结合当地项目区自然经济条件、农业生产条件和灌溉习惯，因地制宜地进行选择。按明渠均匀流公式设计渠道的横断面，过水断面水力要素计算见表 9 - 10，灌溉渠道水力计算可按以下公式：

$$Q = AV = AC\sqrt{Ri}$$

$$C = \frac{1}{n}R^{\frac{1}{6}}$$

$$R = \frac{A}{X}$$

式中：Q 为渠道灌溉流量（立方米/秒）；A 为渠道过水面积（平方米）；C 为谢才系数；i 为水力比降，均匀流中与渠底比降相同；R 为渠底的水力半径（米）；n 为渠床糙率；X 为湿周（米）。

表 9 - 10		过水断面水力要素	
断面形式	过水断面面积 A	湿周 X	水力半径 R
矩形	hb	$b + 2h$	$\dfrac{bh}{b + 2h}$
梯形	$(b + mh)h$	$b + 2h\sqrt{1 + m^2}$	$\dfrac{(b + mh)h}{b + 2h\sqrt{1 + m^2}}$
U 型	$\dfrac{\pi r^2}{2} + 2\pi r$	$\pi r + 2a$	$\dfrac{\dfrac{\pi r^2}{2} + 2\pi r}{\pi r + 2a}$

注：h 为设计水深（米）；r 为 U 型槽内半径（米）；a 为 U 型槽直段长（米）；m 为边坡系数。

我国西南山地丘陵区矩形明渠断面设计参见图 9－8、图 9－9。

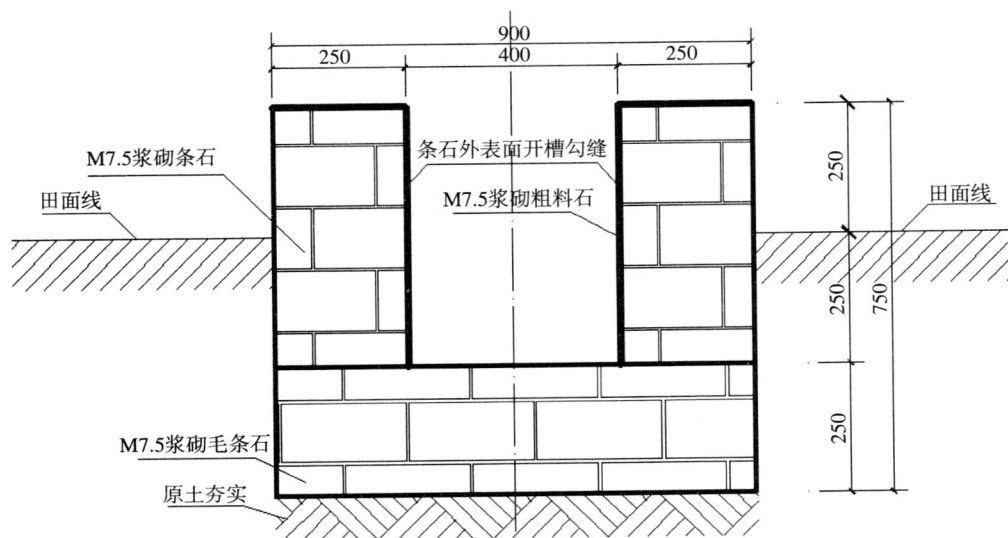

图 9 - 8　条石矩形明渠断面示意图

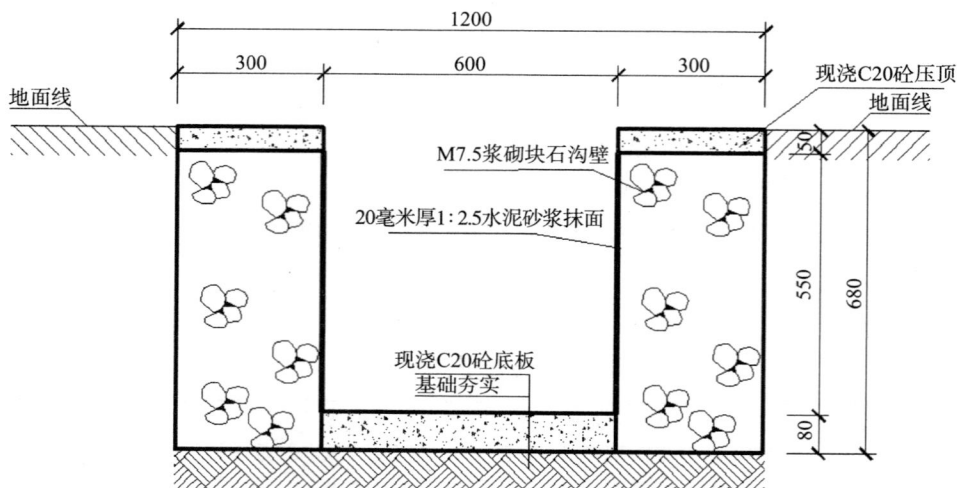

图 9-9　块石矩形明渠断面示意图

设计渠道断面的时候，要求在设计流量、比降、糙率系数相同的条件下使过水断面最小，或在过水断面面积、比降、糙率系数相同的条件下使通过的流量最大，符合这些条件的断面称为水力最佳断面。横断面设计主要考虑以下三方面。

（1）渠底比降。渠道渠底比降可根据地形确定，并满足不冲不淤流速要求。土渠的渠底比降斗渠宜为 1/2000～1/5000，农渠宜为 1/400～1/2000；并根据地形情况，硬化渠道的渠底比降可适当放宽，最大可达 1/50；在局部坡度较大的地方，应设置跌水或陡坡连接上下渠道。

（2）渠道的边坡系数。渠道的边坡系数 m 是反映渠道边坡倾斜程度的指标，等于边坡在水平方向的投影长度和在垂直方向投影的比值。其值大小关系到渠坡的稳定，要根据渠床土壤质地和渠道深度等条件选择适宜的数值。大型渠道的边坡系数应通过土工实验和稳定分析确定；中小型渠道的边坡系数（详见表 9-11、表 9-12）根据经验来选择。

表 9-11　　　　　　　　　　　挖方渠道最小边坡系数

渠床条件	水深（米）			渠床条件	水深（米）		
	<1	1~2	2~3		<1	1~2	2~3
稍胶结的卵石	1.00	1.00	1.00	轻壤土	1.00	1.25	1.50
夹沙的卵石	1.25	1.50	1.50	沙壤土	1.50	1.50	1.75
黏土、重壤土、中壤土	1.00	1.25	1.50	沙土	1.75	2.00	2.25

表 9 – 12　　　　　　　　　　　　　填方渠道最小边坡系数

渠床条件	流量（立方米/秒）							
	>10		10 ~ 2		2 ~ 0.5		<0.5	
	内坡	外坡	内坡	外坡	内坡	外坡	内坡	外坡
黏土、重壤土、中壤土	1.25	1.00	1.00	1.00	1.00	1.00	1.00	1.00
轻壤土	1.50	1.25	1.00	1.00	1.00	1.00	1.00	1.00
沙壤土	1.75	1.50	1.50	1.25	1.50	1.25	1.25	1.25
沙土	2.25	2.00	2.00	1.75	1.75	1.50	1.50	1.50

（3）渠道的不冲不淤流速。为了使灌溉渠道不冲不淤，满足渠道稳定性要求，设计中多以临界不冲条件为依据，而以临界不淤流速作为校验。渠道的不冲流速和渠床土质、水流情况和渠道断面的水力要素有关，具体要通过实验研究或总结已成渠道的运用经验而定，可参考表 9 – 13 数值范围。有衬砌护面的不冲流速比土渠大得多，但从渠床稳定性考虑，仍选择较小的数值。

表 9 – 13　　　　　　　　　　　　土质渠床的不冲流速范围

土质	轻壤土	中壤土	重壤土	黏土
不冲流速（立方米/秒）	0.60 ~ 0.80	0.65 ~ 0.85	0.70 ~ 1.00	0.75 ~ 0.95

（五）渠道防渗衬砌设计

输水渠道均应采取防渗措施，渠道防渗率不应低于 70%。渠道防渗结构宜根据当地材料状况，采用土料防渗、砌石防渗、混凝土防渗、沥青材料防渗等。农渠因输水流量很小，可以不进行硬化衬砌，可采取土质压实或塑膜防渗的方式达到防渗目的。各种防渗衬砌结构类型的适用条件详见表 9 – 14。

二、管道输水

管道输水工程一般指低压管道输水工程，适用于机井井灌区或小流量的引水库（塘）自流灌溉的旱作区域。管道输水系统设计应符合下列规定：管道输水灌溉系统除在地形平坦且引水流量和系统容量足够大时采用续灌方式外，其他情况宜采用轮灌制度；各组轮灌的总流量尽量相近，并且各个轮灌组灌水时间总和不能大于灌水周期。另外，管道系统、各级管道及给水栓的流量，应在管道布置及管径已定的条件下通过水力计算确定，给水栓的最小设计流量应满足至少灌一个田块的入田流量要求。

表 9 - 14 防渗衬砌结构类型的适用条件

防渗衬砌结构类型		主要原材料	允许最大渗漏量［立方米/（平方米/天）］	使用年限（a）	适用条件
土料	黏性土、黏砂混合土	黏性土、砂石、石灰等	0.07~0.17	5~15	就地取材，施工简便，造价低，但抗冻性、耐久性差，工程量大，质量不易保证，可用于气候温和地区的4~5级渠道
	灰土	黏性土、砂石、石灰等	0.07~0.17	10~25	
	三合土	黏性土、砂石、石灰等	0.07~0.17	10~25	
	四合土	黏性土、砂石、石灰等	0.07~0.17	10~25	
水泥土	干硬性水泥土、塑性水泥土	壤土、沙壤土、水泥等	0.06~0.17	8~30	就地取材，施工简便，造价低，但抗冻性、耐久性差，工程量大，质量不易保证，可用于气候温和地区的4~5级渠道
砌石	干砌卵石（挂淤）	卵石、块石、料石、石板、砂、水泥等	0.20~0.40	25~40	抗冻、抗冲、耐磨和耐久性好，施工简便，但防渗效果一般不易保证。可用于石料源不丰富、有抗冻抗冲、耐磨要求的各级渠道衬砌
	浆砌石块	卵石、块石、料石、石板、砂、水泥等	0.09~0.25	25~40	
	浆砌料石	卵石、块石、料石、石板、砂、水泥等	0.09~0.25	25~40	
	浆砌石板	卵石、块石、料石、石板、砂、水泥等	0.09~0.25	25~40	
埋铺式膜料	土料保护层	膜料、土料、砂、石、水泥等	0.04~0.08	25~30	防渗效果好，重量轻，运输量小，当采用土料保护层时，造价较低，但占地多，允许流速小。可用于4~5级渠道的衬砌；采用刚性保护层时，造价较高，可用于各级渠道的衬砌
	刚性保护层	膜料、土料、砂、石、水泥等	0.04~0.08	20~30	
沥青混凝土	现场浇筑	沥青砂	0.04~0.14	20~30	防渗效果好，适应地基变形能力强，造价与混凝土防渗结构相近。可用于有冻害地区且沥青料来源有保证的各级渠道衬砌
	预制铺砌	石矿粉等	0.04~0.14	20~30	
混凝土	现场浇筑	砂石、水泥、速凝剂等	0.06~0.17	30~50	防渗效果好、抗冲性和耐久性好。可用于各类地区和各种运用条件下的各级渠道衬砌；喷射法施工宜于岩基、风化岩基以及挖深方或高填方渠道衬砌
	预制铺砌		0.05~0.16	20~30	
	喷射法施工		—	25~35	

（一）管道设计流量计算

1. 管道系统总设计流量计算。管道系统总设计流量计算公式如下：

$$Q_o = \frac{\alpha m A}{\eta T t}$$

式中：Q_o 为管道系统总设计流量（立方米/小时）；α 为作物种植比例；m 为作物灌水定额（立方米/公顷）；A 为灌溉面积（公顷）；η 为灌溉水利用系数；T 为一次灌水延续时间（天）；t 为日工作小时数（小时）。

应取 Q_o 等于水泵流量；当 Q_o 大于水泵流量时，应相应减少灌溉面积或种植比例。

2. 各级管道设计流量计算。

（1）树状网各级管道设计流量计算公式。

$$Q = \frac{n}{N} Q_o$$

式中：Q 为管道设计流量（立方米/小时）；Q_o 为管道系统总设计流量（立方米/小时）；n 为管道控制范围内的给水栓（或出水口）数量；N 为全系统设计同时开启的给水栓（或出水口）数量。

（2）环状网各级管道设计流量计算公式。环状网各级管道设计流量，应根据具体情况确定。单井单环网管道设计流量，计算公式如下：

$$Q = Q_o / 2$$

（二）管道系统水头损失与设计扬程计算

1. 沿程水头损失计算公式。

$$h_f = f \frac{Q^m}{d^b} L$$

式中：h_f 为管道系统沿程水头损失（米）；f 为沿程水头损失摩阻系数；Q 为管道流量（立方米/小时）；m 为流量指数；d 为管道内径（米）；b 为管径指数；L 为管道长度。

部分管材的 f、m、b 取值参见表 9 - 15。

2. 局部水头损失计算公式。

$$h_j = \sum \frac{\varepsilon v^2}{2g}$$

式中：h_j 为管道系统局部水头损失（米）；ε 为局部水头损失系数；v 为断面平均流速（米/秒）；g 为重力加速度，9.81 米/秒平方。

为简化局部水头损失的计算，在实际工作中，通常直接取沿程水头损失 h_f 的 10% ~ 15%。

表 9 – 15 管材 f、m、b 系数

管材		f	m	b
钢筋混凝土管	糙率为 0.013	1.312×10^6	2.00	5.33
	糙率为 0.014	1.516×10^6	2.00	5.33
	糙率为 0.015	1.749×10^6	2.00	5.33
旧钢管、旧铸铁管		6.250×10^5	1.90	5.10
硬塑料管		0.948×10^5	1.77	4.77
铝合金管		0.948×10^5	1.74	4.74
石棉水泥管		1.455×10^5	1.85	4.89
当地材料管		7.762×10^5	2.00	5.33

3. 管道总水头损失计算。计算公式为：

$$h_{损} = \sum h_f + \sum h_j$$

4. 管道系统设计扬程计算。在灌区内选择一个或几个能代表整个灌区的典型点，按以下公式计算出各自的工作压力，取其最大或次大值作为设计工作压力。

$$H_{设} = H_0 + \sum h_f + \sum h_j + \Delta H$$

式中：$H_{设}$ 为管道系统设计扬程（米）；H_0 为管道系统进水口高程（米）；ΔH 为典型点高程与水源点水面的高差（米）。

（三）管径计算与选择

通常管径计算方法有两种：经济流速法和界限设计流量法。管径计算应满足以下约束条件：（1）管网任意处最大工作压力 ≤ 材料公称压力；（2）最大允许流速（2.5～3.0 米/秒）≥ 管道流速 ≥ 不淤流速（0.5 米/秒）；（3）管网各级管径从上到下逐级逐段变小。

一般按经济流速选择管径。管道管径 d = 100～200 毫米，经济流速为 0.6～1.0 米/秒；d = 200～400 毫米，经济流速为 1.0～1.4 米/秒。经济流速的管径计算公式为：

$$d = \sqrt{\frac{4Q}{\pi v}}$$

式中：Q 为设计流量（立方米/秒）；v 为管道流速（米/秒）。

对于规模不大的灌区可以采用以下经验公式进行估算：

当 Q < 120 立方米/小时；$d = 13\sqrt{Q}$；

当 Q ≥ 120 立方米/小时；$d = 11.5\sqrt{Q}$，但管中流速应控制在最大允许流速（2.5～3.0

米/秒）以下。

低压管道多采用 PVC 管材，当经济流速 v = 1.0 ~ 1.5 米/秒时，水源点出水量与管径的关系参见表 9 – 16。

表 9 – 16　　　　　　　　　　PVC 管道流量与管径的对应关系

管径（毫米）	流量（立方米/小时）	管径（毫米）	流量（立方米/小时）
63	11.2 ~ 16.5	140	55.4 ~ 83.1
75	15.9 ~ 23.9	160	72.4 ~ 108.6
90	22.9 ~ 34.4	180	91.6 ~ 137.4
110	34.2 ~ 51.3	200	113.1 ~ 169.6
125	44.2 ~ 66.3	225	143.1 ~ 214.7

第三节　喷微灌工程设计

一、喷灌工程

（一）喷头选择

喷头的选择包括喷头型号、喷嘴直径和喷头工作压力的选择。喷头这些参数的确定，主要取决于作物的种类、喷灌区的土壤条件，以及喷头在田间的组合情况和运行方式。当喷头选定之后，喷头的其他参数，如流量、射程、单喷头全圆喷洒无风状况下的喷灌强度、进水口直径等也就随之确定。若喷头的组合间距和运行方式确定下来，则整个系统的喷灌强度、喷洒均匀度及雾化程度即可确定，此喷灌工程的喷灌质量的水平也就确定。所以，喷头选择是否合理直接影响着喷灌工程的灌水质量，选择时应根据具体条件从多方面加以考虑，决不可掉以轻心。另外，喷头的种类很多，国内生产喷头的厂家也不少。因此，一定要选用工作运转可靠、结实耐用、由国家定点生产厂家和产品质量有保证的厂家生产的定型产品。从节能的观点考虑，应尽量选用中、低压喷头（200 ~ 400 千帕）。灌溉季风比较大的喷灌区，应选用仰低角喷头（卢新海等，2011）。

（二）喷头组合方式

影响喷灌灌水质量的主要技术参数有：喷头水量分布图形、喷头沿支管的间距、支管间距（即喷头沿干管方向的间距）、喷头组合方式（矩形或三角形）和支管方向等。喷头组合形式的确定是喷灌系统设计的关键步骤，当前确定喷头组合形式的方法有以下两种。

1. 几何组合法。几何组合法的基本特点是要求喷灌系统内的所有面积必须完全被喷头的湿润面积所覆盖，也就是说不能有漏喷现象，加之考虑到经济因素，为了要使单位面积的造价尽量低，就要使喷头间距尽量最大。所以基本上是布置成对角线方向两个喷头的湿润圆相切。对于不同的喷洒方式（全圆或扇形）及组合方式，按照几何作图的方法就不难求出各自的支管间距和喷头间距这些间距均以喷头射程（湿润半径）R 乘上一个数字来表示。但是由于喷头内水流紊乱、水泵工作不稳定、管道阻力变化和空气流或风等因素的影响，喷头射程是不稳定的，是不断变化的，因此用这种系统设计出来的系统仍有发生漏喷的可能性，由此又提出了修正几何组合法。不同喷头组合形式的支管间距、喷头间距和有效控制面积参数详见表 9-17。

表 9-17　　　　不同喷头组合形式的支管间距、喷头间距和有效控制面积

喷洒方式	组合方式	支管间距 b	喷头间距 L	有效控制面积
全圆	正方形	1.42R	1.42R	$2R^2$
	正三角形	1.3R	1.73R	$2.6R^2$
扇形	矩形	1.73R	R	$1.73R^2$
	三角形	1.865R	R	$1.865R^2$

2. 修正几何组合法。在几何组合法中喷头射程没有一个明确的定义，可以是最大射程，也可以是有效射程，为了避免任意性，可以用一个明确定义的设计射程代替最大射程 R。设计射程的计算公式如下：

$$R_{设} = KR$$

式中：K 为系数；R 为喷头的最大射程（米）。

系数 K 是根据喷灌系统形式、当地的风速、动力的可靠程度等来确定的一个常数。一般取 0.7~0.9。对于固定式系统，由于竖管装好后就无法移动，如有空白就无法补救，故可以考虑采用 0.8；对于多风地区，可采用 0.7。可以通过试验确定 K 值的大小，但 K 值一定不能采用 1.0，否则将无法保证喷灌质量。

该方法的特点就在于不仅要求所有面积必须完全被喷头的湿润面积所覆盖，而且还要有一定的重叠。这样就可以保证即使有外来因素（风、水压等）的影响也不至于发生漏喷。该方法的优点在于简单易行，而且有较明显的图像，在不规

则的组合情况下（如不规则的田块、田块地角等）易于进行喷点的布置；其缺点在于没有足够的经验时，不易确定恰当的 K 系数，另外也没有考虑均匀系数的要求。

（三）确定灌溉制度

灌水定额和灌水周期与低压管道灌溉相同，一次灌水所需时间 t 计算公式：

$$t = \frac{m_{设}}{\rho_{系统}}$$

$$\rho_{系统} = \frac{1000q\eta}{S_{支} S_{喷}}$$

式中：$m_{设}$ 为设计灌水定额（毫米）；$\rho_{系统}$ 为喷灌系统的平均喷灌强度，应小于土壤的允许喷灌强度（毫米/小时）；η 为喷洒水有效利用系数；$S_{支}$ 为单个喷头的流量（立方米/小时）；$S_{喷}$ 为支管间距。

同时工作的喷头数量计算公式如下：

$$N_{喷头} = \frac{A}{S_{支} S_{喷}} \times \frac{t}{T_{设} C}$$

式中：A 为喷灌系统的控制面积（平方米）；C 为一天中喷灌系统有效工作时间（小时）。

同时工作的支管数量计算公式如下：

$$N_{支管} = \frac{N_{喷头}}{n_{喷头}}$$

式中：$n_{喷头}$ 为一根支管上的喷头数，可根据一根支管的长度除以喷灌间距进行计算。

（四）水头损失计算与管径选择

1. 水头损失。喷灌管道水头损失计算基本等同低压管道输水灌溉，不同之处就在于支管沿程水头损失。在喷灌等距等流量多出口管道的沿程水头损失应分段计算，为了简化，常按进口处的流量计算，然后要乘以一个多口系数 F 进行校正（见表 9-18、表 9-19）。

$$F = \frac{N\left(\dfrac{1}{m+1} + \dfrac{1}{2N} + \dfrac{\sqrt{m-1}}{6N^2}\right) - 1 + X}{N - 1 + X}$$

式中：N 为出流孔口数；m 为流量指数（详见表 9-18）；X 为多孔管首孔位置系数，即多孔管入口至第一个出流孔管口的距离与各出流孔管口之间距离的比值。

表 9－18 流量指数 m ＝1. 74 的多口系数

出水口数目 N	$F_1(X=1)$	$F_{0.5}(X=0.5)$	出水口数目 N	$F_1(X=1)$	$F_{0.5}(X=0.5)$
2	0. 651	0. 534	17	0. 394	0. 376
3	0. 548	0. 457	18	0. 393	0. 376
4	0. 499	0. 427	19	0. 391	0. 375
5	0. 471	0. 412	20	0. 391	0. 375
6	0. 452	0. 402	22	0. 388	0. 374
7	0. 439	0. 396	24	0. 386	0. 373
8	0. 430	0. 392	26	0. 384	0. 372
9	0. 422	0. 388	28	0. 383	0. 372
10	0. 417	0. 386	30	0. 381	0. 371
11	0. 412	0. 384	35	0. 379	0. 370
12	0. 408	0. 382	40	0. 378	0. 370
13	0. 404	0. 380	50	0. 375	0. 369
14	0. 401	0. 379	100	0. 370	0. 367
15	0. 399	0. 378	>100	0. 365	0. 365
16	0. 396	0. 377			

表 9－19 流量指数 m ＝1. 77 的多口系数

出水口数目 N	$F_1(X=1)$	$F_{0.5}(X=0.5)$	出水口数目 N	$F_1(X=1)$	$F_{0.5}(X=0.5)$
2	0. 648	0. 530	17	0. 390	0. 372
3	0. 544	0. 453	18	0. 389	0. 372
4	0. 495	0. 423	19	0. 388	0. 371
5	0. 467	0. 408	20	0. 387	0. 371
6	0. 448	0. 398	22	0. 384	0. 370
7	0. 435	0. 392	24	0. 382	0. 369
8	0. 425	0. 387	26	0. 380	0. 368
9	0. 418	0. 384	28	0. 379	0. 368
10	0. 413	0. 382	30	0. 378	0. 367
11	0. 407	0. 379	35	0. 375	0. 366
12	0. 404	0. 378	40	0. 374	0. 366
13	0. 400	0. 376	50	0. 371	0. 365
14	0. 397	0. 375	100	0. 366	0. 363
15	0. 395	0. 374	>100	0. 361	0. 363
16	0. 393	0. 373			

修正后的喷灌管道沿程水头损失计算公式如下：

$$h'_{沿} = F \frac{fLQ^m}{d^b}$$

2. 管径选择。支管是直接安装树冠和喷头的那一级管道。管径选的越大，支管运行时间越长，支管运行时的水头损失就越小，实际工作压力和喷水量就越接近，喷洒均匀度就越接近设计状况。但这样增大了支管的投资，对移动支管来说还增加了拆装、搬移的劳动强度。管径选的小，支管投资少，移动作业劳动强度降低，但由于支管运行内水头损失增大，同一支管上各喷头的实际工作压力和喷水量差别增大，结果造成天面上各处受水量不一致，影响喷灌质量。为了保证同一支管上各喷头实际喷水量的相对偏差不大，同一支管上任意两个喷头之间的工作压力差应在喷头设计工作压力大的 20% 以内。考虑到地形高差 ΔZ 的影响时，上述规定可表示为：

$$h_{损} + \Delta Z \leqslant 0.2 h_{喷}$$

式中：$h_{损}$ 为同一支管上任意两喷头间支管段水头损失（米）；ΔZ 为两喷头的进水口高程差（米），顺坡铺设支管时，ΔZ 的值为负，逆坡铺设支管时，ΔZ 的值为正；$h_{喷}$ 为喷头设计工作压力水头（米）。

当一条支管选用同管径的管道时，从支管首端到末端，由于沿程支管内的流速逐次减小，抵消局部水头损失，所以计算支管内水头损失时，可直接用沿程水头损失来代替其总水头损失，即 $h'_{沿} = h_{损}$，可以推导出：

$$h'_{沿} \leqslant 0.2 h_{喷} - \Delta Z$$

喷头选定后，喷头的设计工作压力可从喷头性能表中查到。两喷头进水口高程差（实际上就是两喷头所在地的地面高差）可以在系统平面布置图中查取。在其他参数已知的情况下反求管径 d（该支管可选用的最小管径的计算值）。由于管材的管径已经标准化、系列化，因此，还需按管材的标准管径将计算出的管径规范取整。

一般情况下，支管以上的管径是在满足下一级管道流量的前提下按费用最小的原则选取的，其计算方法同低压管道输水灌溉一致。

二、微灌工程

微灌按照灌水方法不同，一般分为滴灌、微喷灌、涌泉灌、渗灌等几种形式，应根据项目区自然、社会、经济条件、作物种类等，通过技术经济比较确定。微灌系统的水质除必须符合《农田灌溉水质标准》（GB5084 - 2005）的规定外，还应满足：

（1）进入微灌管网的水应经过净化处理；（2）微灌水质中悬浮固体物不应大于100 毫克/升；（3）微灌水质的硬度不应大于 300 毫克/升；（4）微灌水的不溶固体不应大于 200 毫克/升；（5）微灌水质的 pH 值一般应在 5.5 ~ 8.0 范围内；（6）微灌水的铁含量不应大于 1.5 毫克/升；（7）微灌水的锰含量不应大于 1.5 毫克/升；（8）微灌水的硫含量不应大于 1.0 毫克/升。

微灌设计中应计算灌溉水利用系数、设计土壤湿润比、设计耗水强度、灌水期流量和水头偏差率、灌水均匀系数、最大净灌水定额、设计灌水周期、一次灌水延续时间等技术参数，计算方法应按照《微灌工程技术规范》（GB/T50485 - 2009）执行。各参数依据计算结果并结合当地实际确定。

微灌管道水力计算应包括各级管道的流量和沿程水头损失计算、确定各级管道的管径、各毛管入口工作压力和各灌溉区入口工作压力以及首部水泵所需扬程。水力计算方法执行 GB/T50485 - 2009，微灌工程建设应符合 GB/T50485 - 2009 的规定。

第四节　排水工程设计

一、明沟排水

（一）排水量计算

排水流量是确定各级排水沟道断面、沟道上建筑物规模以及分析现有排水设施排水能力的主要依据。设计排水流量分排涝设计流量和排渍设计流量两种。前者用以确定排水沟道的断面尺寸；后者为满足控制地下水位要求的地下水排水流量，又称日常排水量，以此确定排水沟的沟底高程和排渍水位。

1. 排涝模数计算。排涝模数是单位排水面积上的最大排涝流量，主要与设计暴雨、排涝面积的大小和形状、地形坡度、地面覆盖和作物组成、土壤性质、地下水埋深、排水沟网的密度和比降等因素有关。

（1）平原地区排涝模数计算方法。

①经验公式法。该法适用于大型涝区，需求出最大排涝流量的情况下使用，其计算公式如下：

$$q = KR^m F^n$$

式中：q 为设计排涝模数［立方米/（秒·平方米）］；K 为综合系数；R 为设计径流深（毫米）；F 为排水沟设计断面控制的排涝面积（平方千米）；m 为峰量指数；n 为递减指数。

②平均排除法。该法是以排水面积上的设计径流深在规定的排水时间内平均排除的虚拟方式来计算设计排涝量和排涝模数，计算公式如下：

$$q = \frac{R}{3.6Tt}$$

式中：q 为设计排涝模数［立方米/（秒·平方米）］；R 为设计径流深度（毫米）；T 为排水历时（天）；t 为每天的排水时间，自流排水 t = 24 小时，抽水排水 t =

20~22小时。

当排水区域内既有水田又有旱地时，由于水田和旱地的径流深不同，应先分别计算水田和旱地的排涝模数，然后按水田和旱地所占面积的比加权平均，求得整个排水区域的排涝模数和排涝流量。

水田区域设计径流深度 $R = P - h_{田蓄} - E$；旱地区域设计径流深度 $R = \alpha P$。其中 P 为设计暴雨量（毫米），$h_{田蓄}$ 为水田滞蓄水深（毫米），E 为历时为 t 的水田田间蒸发量（毫米），α 为径流指数。

（2）山地丘陵区排水模数计算方法。

①10平方千米 < 汇水面积 < 100平方千米的经验公式。

$$q = K_a P_s F^{\frac{1}{3}}$$

式中：q 为排水模数［立方米/（秒·平方米）］；P_s 为设计暴雨强度（毫米/小时）；F 为汇水面积（平方千米）；K_a 为流量参数，可根据表9-20进行取值。

表9-20　　　　　　　　　　流量参数 K_a 取值范围

汇水区类型	地面坡度（‰）	流量参数 K_a
石山区	>15	0.60~0.55
丘陵区	>5	0.50~0.40
黄土丘陵区	>5	0.47~0.37
平原坡水区	>1	0.40~0.30

②汇水面积≤10平方千米的经验公式。

$$q = K_b P_s F^{n-1}$$

式中：q 为排水模数［立方米/（秒·平方米）］；K_b 为径流模数；n 为汇水面积指数，当 F≤1平方千米时，n=1；F 为汇水面积（平方千米）。K_b、n 的取值可参考表9-21。

表9-21　　　　　山地丘陵区径流模数 K_b 和汇水面积指数 n 参考值

地区	不同设计暴雨频率的 K_b 值			n
	20%	10%	4%	
华北	13.0	16.5	19.0	0.75
东北	11.5	13.5	15.8	0.85
东南沿海	15.0	18.0	22.0	0.75
西南	12.0	14.0	16.0	0.75
华中	14.0	17.0	19.5	0.75
黄土高原	6.0	7.5	8.5	0.80

2. 排水设计流量计算。排水设计流量是设计排水断面的重要依据，各级明沟排水的设计流量应根据其控制面积与产汇流条件，按设计标准推算求得。也可以根据排水模乘以控制面积确定，即：

$$Q = qF$$

式中：Q 为排水设计流量（立方米/秒）；q 为排水模数［立方米/（秒·平方米）］；F 为汇水面积（平方千米）。

（二）排水沟间距和深度

1. 田间排水沟间距。田间排水沟间距与田面降雨径流形成过程、允许的淹水历时和旱田蓄水能力等因素有密切的联系。田间排水沟间距除了满足除涝排水要求以外，还应根据机耕及其他方面的要求进行综合确定。我国北方地区的农沟间距一般在 150～400 米，毛沟间距在 30～50 米，南方末级排水沟间距多为 100～200 米。

2. 控制地下水位的排水系统。在地下水位较高或有盐碱化威胁的地区，必须修建控制地下水位的田间排水沟，设计排水农沟时要根据作物要求的地下水埋深、排土沟边坡稳定条件及施工难易程度初步确定农沟的深度和间距。表 9－22 列出了不同土质、不同沟深时满足旱作物控制地下水位要求的排水沟间距大致范围。

表 9－22　　　　　控制各种土壤地下水位的田间排水沟间距

沟深（米）	不同土壤质地田间排水沟间距（米）		
	轻壤或沙壤	中壤	重壤或黏土
0.8～1.3	50～70	35～50	15～30
1.3～1.5	70～100	50～70	30～50
1.5～1.8	100～150	70～100	50～70
1.8～2.3	—	100～150	70～100

当作物允许的地下水埋深 ΔH 一定时，农沟深度可用下式表示：

$$D = \Delta H + \Delta h + S$$

式中：D 为排水农沟的深度（米）；ΔH 为作物要求的地下水埋深（米）；Δh 为地下水位与沟水位之差，一般不小于 0.2～0.3 米；S 为排水农沟的水深（米），一般取 0.1～0.2 米。

（三）排水沟设计水位

1. 日常设计水位。日常设计水位又称排渍设计水位，它是排水沟道经常保持的水位。排水农沟的日常水位应低于允许的地下水埋藏深度 0.2～0.3 米。斗、支、干沟的日常水位可由控制点地面高程逐级推求，计算公式为：

$$Z_{排渍} = A_0 - D_农 - \sum Li - \sum \Delta Z$$

式中：$Z_{排渍}$为排水干沟沟口的排渍水位（米）；A_0为最远处低洼地面高程（米）；$D_农$为农沟排渍水位距地面距离（米）；L为干、支、斗各级沟道长度（米）；i为干、支、斗各级沟道的水面比降（沟底比降）；ΔZ为各级沟道局部水头损失。

2. 排涝设计水位。排涝设计水位又称最高水位，是排水沟通过排涝设计流量时的水位。当排水沟有滞涝任务时，则满足滞涝要求的沟中水位也可作为排涝水位。计算公式为：

$$Z_{排涝} = A_0 - \Delta h - \sum Li - \sum \Delta Z$$

式中：$Z_{排涝}$为排水干沟沟口的水位（米）；A_0为离干沟沟口最远处低洼地面高程（米）；Δh为离干沟沟口最远处低洼地面和农沟排涝水位的高差，一般取 $0.2 \sim 0.3$ 米；L为干、支、斗各级沟道长度（米）；i为干、支、斗各级沟道的水面比降（沟底比降）；ΔZ为各级沟道局部水头损失。

（四）排水沟断面设计

1. 横断面设计。当自流排水时，排水沟横断面设计可运用均匀流公式计算，即：

$$Q = AC\sqrt{Ri}$$

$$C = \frac{1}{n}R^{\frac{1}{6}}$$

式中：Q为设计排水流量（立方米/秒）；A为排水沟过水断面面积（平方米）；R为水力半径（米）；i为沟道比降（可参照表 9-23）；C为谢才系数；n为沟床糙率，各种材质糙率详见表 9-24。

表 9-23　　　　　　　　各级排水沟的比降

干沟	支沟	斗沟
1/10000 ~ 1/30000	1/5000 ~ 1/10000	1/2000 ~ 1/5000

表 9-24　　　　　　　　各种材质糙率

材质情况	糙率
抹光的水泥抹面	0.012
不抹光的水泥抹面	0.014
光滑的混凝土护面	0.015
粗糙的混凝土护面	0.017
砖砌（不抹面）	0.015

材质情况	糙率
砂浆块石（不抹面）	0.017
干砌块石	0.020 ~ 0.025
土质（无杂草）	0.020 ~ 0.025
土质（有杂草）	0.025 ~ 0.030

我国西南山地丘陵区矩形排水沟设计参见图 9 - 10、图 9 - 11。

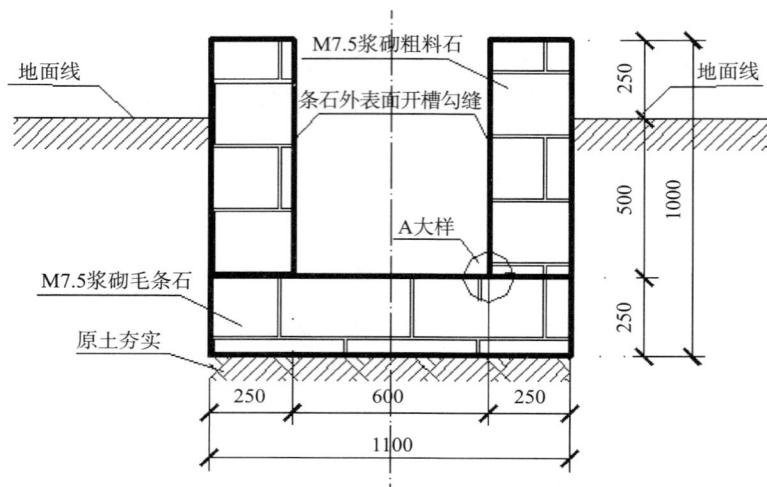

图 9 - 10　条石矩形排水沟断面示意图

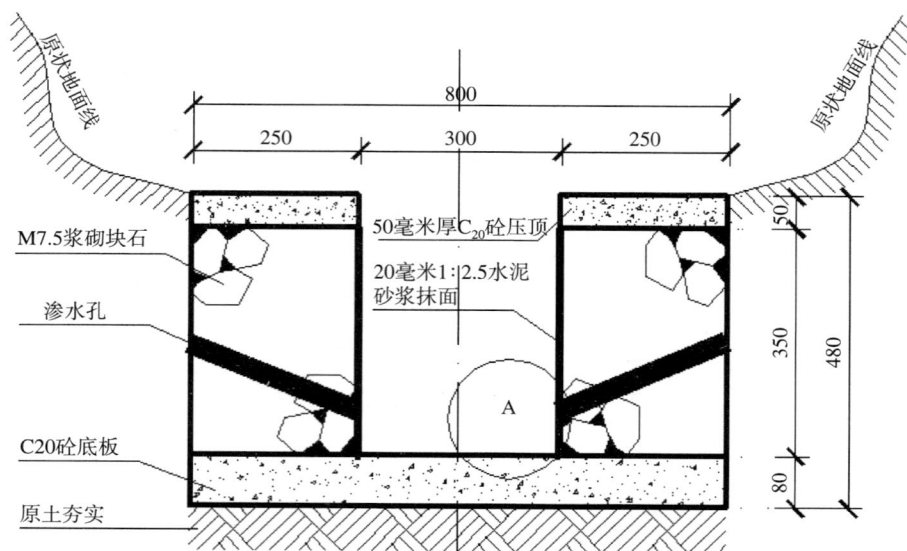

图 9 - 11　块石矩形排水沟断面示意图

2. 纵断面绘制。排水沟纵断面图绘制原理和灌溉渠纵断面图绘制相同，其步骤是：首先根据沟道的平面布置绘出地面高程线、最高水位线。纵断图的要素有桩号、地面高程、日常水位、沟底高程、最高水位、比降及挖深数据。

（五）其他要求

1. 边坡系数。土质排水沟边坡系数应根据开挖深度、沟槽土质及地下水情况等经稳定分析计算后确定。开口宽度不超过 3 米，水深不超过 3 米的沟渠，沟底可进行衬砌，最小边坡系数参照表 9－25 进行确定，淤泥、流沙地段的排水沟边坡系数可适当加大。

表 9－25　　　　　　　　　　　　土质排水沟最小边坡系数

土质	排水沟开挖深度（米）			
	＜1.5	1.5～3.0	3.0～4.0	4.0～5.0
黏土、重壤土	1.0	1.25～1.5	1.5～2.0	＞2.0
中壤土	1.5	2.0～2.5	2.5～3.0	＞3.0
轻壤土、沙壤土	2.0	2.5～3.0	3.0～4.0	＞4.0
沙土	2.5	3.0～4.0	4.0～5.0	＞5.0

2. 边墙厚度。采用页岩砖、石材、砼进行挡土墙式的排水沟边墙设计时，边墙的高度和厚度应满足表 9－26 的相关要求。对于边墙高度大于 1.5 米或采用其他形式的挡土墙进行设计时，需满足挡土墙抗滑稳定、抗倾稳定及地基承载力的要求。

表 9－26　　　　　　　　　排水沟不同材质边墙的高度和厚度要求

材质	排水沟边墙厚度（米）	
	排水沟边墙高度＜1.0 米	排水沟边墙高度1.0～1.5 米
页岩砖	0.25	0.5
浆砌块（条）石	0.25	0.5
砼	0.25	0.4

3. 断面形状。土质排水沟宜采用梯形或复式断面，石材排水沟可采用矩形断面，且断面形状宜采用窄深式。为保证施工及其管理方便，排水沟净宽不宜低于 0.5 米，净深不宜低于 0.5 米。

排水沟流量差在0.3立方米/秒范围内的排水沟，断面尺寸宜采用同一尺寸，且尺寸模数需取整数。通常情况下，排水沟断面尺寸可取0.5米×0.5米、0.6米×0.8米、0.6米×1.0米、0.8米×1.2米、1.0米×1.2米、1.0米×1.5米、1.2米×1.5米、1.5米×1.5米、1.5米×2.0米等。

二、暗管排水

暗管排水工程一般由吸水管、集水管（沟）、附属建筑物和排水出路组成。吸水管起始端距灌溉渠道不宜小于3米，吸水管内径不宜小于50毫米，集水管内径不宜小于80毫米，检查井距不宜小于50米，井径不宜小于0.8米，明式检查井顶部应加盖板保护，暗式检查井顶部覆土厚度不宜小于0.5米。排水暗管埋深与间距的确定应符合下列规定：

（1）吸水管埋深应采用允许排水历时内要求达到的地下水埋深与剩余水头之和，剩余水头值可取0.2米左右。

（2）吸水管间距宜通过田间试验确定，也可按照公式进行计算，经综合分析确定，无试验资料时可按表9-27确定。

（3）集水管埋深应低于集水管与吸水管连接处的吸水管埋深10~20厘米，间距应根据灌溉排水系统平面布置的要求确定。

表9-27　　　　　　　　　　　　吸水管埋深间距　　　　　　　　　　　单位：米

吸水管深度	吸水管间距		
	黏土、重壤土	中壤土	轻壤土、沙壤土
0.8~1.3	10~20	20~30	30~50
1.3~1.5	20~30	30~50	50~70
1.5~1.8	30~50	50~70	70~100
1.8~2.3	50~70	70~100	100~150

第五节　渠系建筑物设计

一、水闸

水闸主要由上游段、闸室段、下游段三部分组成。上游段包括渠底部分的铺盖、护底和上游防冲槽以及两岸连接部分的翼墙和护坡。上游翼墙应与闸室两端平顺连接，水流方向的长度应大于或等于铺盖的长度，墙顶高程常按上游最高水位加一定超高来确定。上游翼墙主要有角墙式（八字墙和圆弧形翼墙）、扭曲面式和斜降式。下游段包括闸下河床部分的护坡、海漫和防冲槽，以及两岸的翼墙和护坡两部分。翼墙顺水流方向的长度至少应与消力池的全场相等，墙顶一般高于下游最高水位。当闸宽与渠底相等时，可采用角墙式翼墙；当渠宽稍大于闸宽时，可采用八字形翼墙，其扩散角一般为 70 ~ 120 度；当渠宽大于闸宽时，仍可以用八字墙或扭曲面式翼墙与下游连接，扩散角应保持在 70 ~ 120 度。闸室结构包括底板、闸墩、胸墙、闸门、工作桥与交通桥。本书仅涉及渠道上用以控制水位、调配流量常用的开敞式水闸的水工设计内容。渠首及河道上的水闸、干支渠上的冲沙闸设计参见《水闸设计规范》（SL256 – 2001）。闸门、启闭机设计应执行水利部现行有关标准的规定。

（一）边墩

边墩位于闸身两侧，承受闸后土压力，并支撑闸门、工作桥、交通桥的荷载。混凝土或砌体结构的闸墩系重力式挡土墙，当基地的允许承载力不小于 0.15 ~ 0.2 兆帕，挡土墙尺寸可参考表 9 – 28。

表 9 – 28　　　　　　　　　　水闸挡土墙高度与底宽尺寸

墙高（米）	墙顶宽（米）	墙底宽（米）
0.4	0.3	0.40
0.6	0.3	0.40
0.8	0.3	0.40
1.0	0.4	0.65
1.2	0.4	0.70
1.4	0.4	0.75
1.6	0.4	0.80
1.8	0.4	0.85
2.0	0.4	0.90

（二）闸底板

闸底板的厚度，随水头压力大小而定，大型水闸水头变化不大的，可采用同一厚度，最低不宜低于 0.3 米。

（三）翼墙和护坡

翼墙和护坡的高度与闸墩相同，翼墙上游长度一般取上游水深的 3 倍，下游长度取上游水深的 3.5 倍，其断面设计按挡土墙设计。

（四）护底及消力池

上、下游护底长度和厚度与护坡相同，下游护底需低于渠底，形成消力池，池底设排水孔，孔下设反滤层，浆砌石护底的厚度可取 0.3～0.5 米，混凝土护底厚度可取 0.2～0.4 米，消力池深度一般为 0.3～0.5 米，小型水闸工程长度取下游水深的 3～6 倍。

（五）海漫

在闸下翼墙和消力池的下游，需建干砌石的海漫和护坡，以抵御闸下出流经消力池消能后的余能，小型水闸工程的海漫长度可采用 3～6 倍的上游水深，厚度不小于 0.3 米。

（六）齿墙

其作用为延长地基土壤水的渗径，防治过闸水流的淘洗冲刷，其高度一般为护底厚的 2～3 倍，宽度为 0.25～0.4 米。

（七）闸墩

闸墩的长度与边墩相同，宽度可采用墩高的 1/4～1/5 倍，但最小宽度不宜小于 0.4 米。

二、渡槽

渡槽一般由进出口段、上部槽身、下部支承和基础组成。渡槽进、出口段一般做成八字式或牛眠式，进、出口渐变段的长度应按两端渠道水面宽度与槽身内水面宽度之差所形成的进口水流收缩角和出口水流扩散角角度控制。进口水流收缩角宜为 11～18 度，出口水流扩散角宜为 8～11 度，进出口段有效防渗长度均应大于 5 倍的渠道最大深度。

渡槽槽身横断面形式可选用矩形、U 形或圆形。矩形渡槽侧墙一般为等厚板，常用厚度 10～20 厘米。在槽顶宜设拉杆，其间距 1～2 米。U 形渡槽一般需架设顶梁和横向拉杆，其间距 1～3 米，拉杆上可铺板兼作便桥。

渡槽下部支承可根据地形、地质、跨度、高度、当地材料和施工条件等，选用排架式、墩式或拱式。排架高度一般小于5米，宜采用单排架。重力式槽墩宜采用浆砌石或混凝土实体墩。

渡槽槽下净高相关规定：（1）跨越非等级乡村道路的渡槽，槽下最小净高对人行路应为2.2米、畜力车及拖拉机路应为2.7米、农用汽车路应为3.2米、汽车路应为3.5米；槽下净宽不应小于4.0米。（2）跨越（河流）渠道的渡槽，槽下最小净高不应小于1.0米，拱式渡槽的拱脚高程宜略高于河流校核或最高洪水位。

渡槽使用的建筑材料相关规定：（1）槽身、拱式渡槽主拱圈、墩帽所用的混凝土材料强度等级不应低于C25，排架和墩身不应低于C20。（2）拱式渡槽所用石料的强度等级不应低于MU30。（3）筑砌用砂浆的强度等级不应低于M10。

三、倒虹吸

倒虹吸一般包括进口、管身、出口以及管道的支撑结构。

（一）进口段

进口段包括进水口、闸门、拦污栅、拦沙池、渐变段等。进水口通常为喇叭形以减少水头损失；在单管倒吸虹吸管之前一般不设置闸门或仅留闸槽，以便事故检修时使用，对于双管或多管的倒吸虹则应在进出口分别设闸门，在管道检修时不致停水，且通过小流量时可利用单管输水。闸门通常为平板闸门。为防止漂浮物或人畜落入渠内而被吸入倒虹吸管，可在闸门前设拦污栅，过栅流速一般不超过1米/秒，宜布置1/3~1/5的坡度，栅条间距一般采用10~20米。

（二）出口段

出口段包括出水口、闸门、消力池、渐变段等。出水口的适用条件与进水口基本相同，由于其外形对水头损失没什么影响，通常将管道直接伸入胸墙即可。消力池可根据需要来设置，中小型单管倒虹吸可将渠底挖深作为消力池，流速过大时，则可设矩形消力池。

（三）管身

管壁厚度应根据计算确定，为了便于检修，管身设置泄水孔，高水头、大流量的倒虹吸管还应设置进入孔。为防止不均匀沉陷，避免管身发生横向裂缝，应分段设置永久性伸缩沉陷缝。

（四）管道的支承结构

小型钢筋混凝土管或预应力钢筋混凝土管在地基较好的情况下可采用弧形土基管床、三合土管或碎石管床。大中型倒虹吸管应采用砌石或混凝土管座，坐垫厚度可采用 1.5 ~ 2 倍壁厚，肩宽可采用 1.0 ~ 1.5 倍壁厚，但坐垫厚度一般不小于 30 厘米。

钢管一般铺设在支管上，管径小于 200 厘米时可采用滑动支座，管径小于 100 厘米时可采用鞍形支座。支座材料可以是混凝土、钢筋混凝土或金属，支座间距根据具体条件而定，一般在 6 ~ 20 厘米范围内，支座的高度应保证管道与地面之间留有不少于 60 厘米的净空。

在管路轴线方向变化处应设置填墩，当陡坡较陡的长坡段，为防止管身下滑而在斜坡中间设置填墩，分段钢管的伸缩接头中间宜设置填墩。填墩的主要材料是混凝土或钢筋混凝土，砌石填墩仅用于水头不大且管径较小的倒虹吸管。

四、涵洞

涵洞由进口段、洞身段、出口段三部分组成。其形式有圆形涵洞、矩形涵洞（盖板式涵洞、箱形涵洞、装配式矩形涵洞）、拱形涵洞。

（一）涵洞进、出口段

涵洞进出口段包含翼墙、护底及胸墙。涵洞进出口应以八字式、锥坡式、扭曲面翼墙与上、下游渠道连接，砌平面扩散角为 6 ~ 30 度，材质可选用干砌石、浆砌石或混凝土，铺砌长度一般为 3 ~ 5 米。涵洞护底常用浆砌块石或现浇混凝土砌筑，其长度宜与翼墙等长。胸墙砌筑在洞口上方，起截水作用，防治水流沿涵洞洞顶外侧渗漏，保护涵洞洞顶以上填土，并可缩短洞身长度。

（二）涵洞洞身

涵洞的洞身段纵坡应不小于该段渠道的纵坡，渠下涵的洞身底面高程应等于或接近于所在沟渠的底面高程，砌纵坡应等于或稍大于所在沟渠纵坡并不宜大于 5%，通过渠下涵的水流速度应小于洞身材料和出口土壤的允许不冲流速。涵洞洞身结构可采用圆形、箱形、盖板形及拱形等几种形式。涵顶覆土厚度较小、洞跨较大的无压涵洞宜采用箱涵，洞跨较小时宜采用盖板涵；涵顶覆土厚度较大时宜采用拱涵或圆涵。无压涵洞洞内设计水面以上的净空面积，视涵内流速高低不应小于涵内横断面积的 10% ~ 30%，且涵洞内定点至最高水面之间的净空高度应参照表 9 – 29。

表 9 – 29　　　　　　　　　　　无压涵洞净空高度参考值

进口净高（米）	涵洞类型		
	圆涵	拱涵	矩形涵洞
	净空高度（米）		
≤3	≥D/4	≥D/4	≥D/6
>3	≥0.75	≥0.75	≥0.5

涵洞洞身结构设计：（1）涵洞可根据水头、建筑材料及施工条件等，选用混凝土或钢筋混凝土管涵，也可以采用钢筋混凝土矩形涵、箱涵或混凝土、砌石拱涵。圆形管涵直径宜取 0.2～1.2 米；矩形管涵跨径宜小于 5 米、箱涵跨径宜小于 2 米；拱涵矢跨比宜取 1/2～1/8。（2）涵洞基本型式应依据涵洞型式、孔径及地基土质条件确定，拱涵及盖板涵宜采用分离式或整体式基础。孔径较大且地基条件较好的，宜采用分离式基础，孔径较小或地基承载力较低的宜采用整体式基础。（3）管涵应设混凝土或砌石管座，其包角可取 90～135 度；管涵可直接置于弧形土基或碎石、三合土垫层之上。矩形涵、箱涵或拱涵，地基土压缩下较小时，可采用分层夯实的素土或三合土基床；地基为软土时，也可采用砂或碎石垫层。（4）同一座涵洞宜采用同一断面形式。过流能力相近时应优先选用孔径较大的单孔矩形涵洞，当流量较大或涵洞高度受限时可设置多孔涵洞，多孔涵洞应采取两孔一联或三孔一联布置，联与联之间宜设置沉降缝分开，缝中应设置止水。（5）在土渠下穿过的涵洞，洞顶距渠底的高度应不小于 0.6～1.0 米，渠底应做防渗衬砌。涵洞顶有交通要求时，顶部填土厚度应不小于 1.0 米，对于有衬砌的渠道，填土厚度应不小于 0.5 米。

五、农桥

农桥一般由上下游翼墙、上部桥跨和下部结构几部分组成，上部桥跨为承重结构和桥面两部分，下部结构为墩、台，用以支撑上部结构。农桥主要供农业生产交通用的汽车、拖拉机、三轮车及畜力车使用，农桥结构设计安全等级不应低于三级。农桥宜设置安全限载标志，机耕桥设计采用的荷载不超过 15 千牛/平方米（公路 – Ⅱ级乘以 0.8 折减系数），人行设计采用的荷载应不超过 3.5 千牛/平方米，桥面宜设置栏杆，不设高出桥面的人行道。农桥的行车设计速度应统一按 20 千米/小时，其洪水标准应不低于所跨或所在渠道、河沟的洪水标准。

（一）农桥的建筑材料规定

1. 装配式钢筋混凝土简支桥梁的桥面铺设的结构型式应与道路路面相协调，桥面应采用混凝土或沥青混凝土铺设。混凝土强度等级不应低于 C30。浆砌石拱桥（拱圈跨径应≤5 米，最小矢跨比应≤1/5）的桥面材料宜采用钢筋混凝土。混凝土强度等级不应低于 C30，桥面两侧应安装浆砌石预制混凝土护栏。

2. 装配式钢筋混凝土简支梁桥桥身宜采用 HRB235、HPB335 级钢筋，其中主筋宜采用 HRB335 钢筋，其他宜采用 HPB235 钢筋。混凝土强度等级不应低于 C30。浆砌石拱桥桥身采用浆砌石，石料强度等级不应低于 MU30，砌筑水泥砂浆不应低于 M7.5，勾缝水泥砂浆不应低于 M10。

3. 上下游翼墙所用石料强度等级不应低于 MU30，砌筑水泥砂浆等级不应低于 M7.5，勾缝水泥砂浆等级不应低于 M10。

4. 桥基浆砌石石料强度等级不应低于 MU30，砌筑水泥砂浆等级不应低于 M7.5，勾缝水泥砂浆等级不应低于 M10，桩基础与承台混凝土强度等级不应低于 C20，垫层混凝土强度等级不应低于 C15，桩身宜采用 HRB335 级钢筋，混凝土强度等级不应低于 C25。

（二）农桥的结构规定

1. 农桥桥台为轻型桥台，在梁端与桥台之间应设伸缩缝。墩台宜采用浆砌石或混凝土砌筑，墩身顶宽不应小于 0.6 米，埋置式桥台和岸墩前面应均匀填土夯实。

2. 桥梁的墩帽和台帽厚度不应小于 30 厘米，纵向墩帽宽度不宜小于 100 厘米，纵向台帽宽度宜为 80～100 厘米。支座边缘到墩台顶部边缘的距离应视墩台构造式及上部构造的施工方法而定，顺桥向为 15 厘米，横桥向圆弧形端头为 15 厘米，矩形端头为 20 厘米。

3. 上下游翼墙宜采用浆砌石挡土墙或浆砌石护坡，砌筑成一字墙或八字墙。浆砌石挡土墙顶宽不应小于 0.4 米，浆砌石护坡厚度不应小于 0.2 米。

4. 浆砌石桥基应落在完整的基岩或强度符合要求的其他坚硬地基上，并应在基础底部铺设不小于 20 厘米的混凝土垫层。在只能落在软土地基上时，应采用扩大混凝土、浆砌石基础或桩基础承台。浆砌石基础下应设置砂砾石垫层。

5. 桥洞口应铺砌加固。应在洞口外采用铺筑砌石块或混凝土预制块，抵抗高速水流。洞口铺砌长度、厚度应根据孔径、流速、流量等因素合理确定。应采用埋深的截水墙保护加固层，截水墙宜采用垂裙形式，结构尺寸按挡土墙原理确定，并用水泥砂浆砌筑。其埋置深度和厚度应根据流速来确定。

第十章

土地整治项目田间道路及生态环境保持工程设计

第一节 田间道路工程设计

一、田间道路工程概述

土地整治项目田间道路工程主要包括田间道和生产路，其布局要有利于田间生产和劳动管理，既要考虑人畜作业的要求，又要为机械化作业创造条件，应与田、林、沟、渠结合布局。

（一）田间道

田间道是指联系村庄与田块，为货物运输，作业机械向田间转移及为机器加水、加油等生产过程服务的道路。田间道可以分为主要田间道和横向田间道。主要田间道是由农村居民点到各耕作田区的道路，它服务于一个或几个耕作田区，如有可能应尽量结合干、支道布置，在其旁设偏道或直接利用干、支道；如需另行配置时，应尽量设置成直线，并使其能为大多数田区服务。当同其他田间道相交时，应采用正交，以方便畜力车转弯。横向田间道亦可称为下地拖拉机道，供拖拉机等农机直接下地作业之用，一般应沿田块的短边布设。在旱作地区，横向田间道也可布设在作业区的中间，沿田块的长边布设，使拖拉机的两边尽可能进入工作区以减少空行。

田间道设计时速可采用 20 千米/小时，回头曲线路段设计速度可采用 10 千米/小时；受限路段停车视距不宜低于 15 米，会车视距不宜低于 30 米，超车视距不应小于

80 米，当视距不足时应设置凸镜以增大视距；圆曲线最小半径不宜低于 15 米，特定地段不宜低于 10 米；直线与小于圆曲线最小半径所规定不设超高的圆曲线最小半径相衔接处，可设置回旋线，也可用超高加宽缓和段相连接。

在道路交汇连接处应布置弧形连接段，可在曲线内侧加宽，设加宽缓和段。田间道超高加宽值参见表 10 – 1。

表 10 – 1   田间道超高加宽值

名称	取值范围							
平面线半径（米）	150 ~ 105	105 ~ 70	70 ~ 55	55 ~ 40	40 ~ 30	30 ~ 20	20 ~ 15	15 ~ 10
超高值（%）	2	3	4	5	6	7	8	8
加宽值（米）	0.4	0.5	0.6	0.7	0.9	1.1	1.25	1.5

最小纵坡应大于 0.3% ，最大纵坡应不大于 10% ，特殊地段最大纵坡不大于 13% 。田间道维修或修建中，可利用原有田间道的路段，经技术经济论证，最大纵坡值可增加 2% 。当最大坡度超过 10% 时，应在限制坡长处设置缓和坡段。缓和坡段的坡度应不大于 3% ，长度应不小于 100 米。当受地形条件限制时，田间干道缓和段长度应不小于 80 米；田间支道应不小于 50 米。纵坡变化大于 2% 应设置竖曲线，竖曲线应采用圆曲线，圆曲线最小半径为 200 米，特殊地段为 100 米，竖曲线最小长度为 50 米，特殊地段 20 米。

田间道纵坡处应设置竖曲线，竖曲线应采用圆曲线。竖曲线最小半径和最小长度应符合表 10 – 2 的相关规定。

表 10 – 2   田间道竖曲线最小半径和最小长度

名称		取值
凸形竖曲线半径（米）	一般值	200
	极限值	100
凹形竖曲线半径（米）	一般值	200
	极限值	100
竖曲线最小长度（米）		20

我国西南山地丘陵区田间道断面参见图 10 – 1、图 10 – 2。

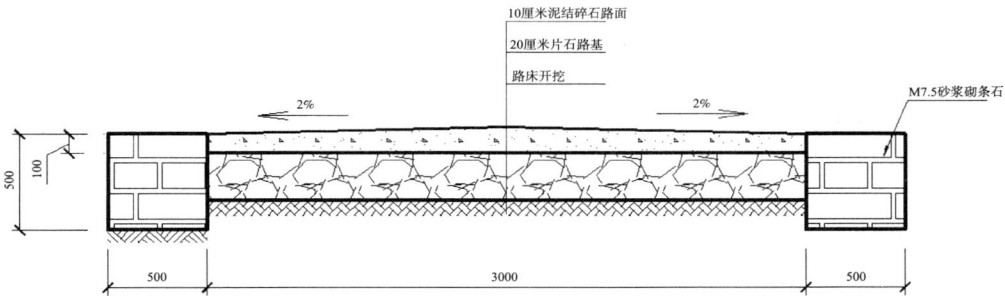

图 10 - 1　泥结碎石路面田间道（无边沟）断面示意图

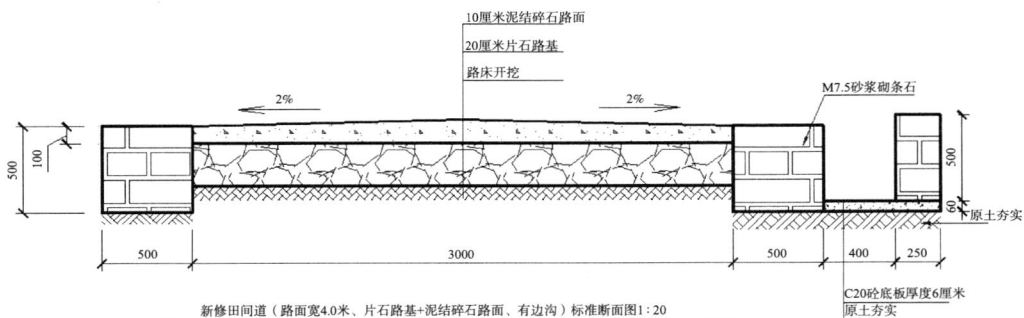

图 10 - 2　泥结碎石路面田间道（带边沟）断面示意图

（二）生产路

生产路是指联系田块，通往田间的道路，主要起田间货物运输的作用，为人工田间作业和收获农产品服务。生产路的布局应根据生产与田间管理工作的实际需要确定。生产路一般设在田块的长边，其主要作用是为下地生产与田间管理工作服务。

生产路设计时速不宜超过 10 千米/小时；圆曲线最小半径不宜低于 15 米，特定地段不宜低于 10 米；在生产大路交汇连接处应布置弧形连接段，可在曲线内侧加宽，设加宽缓和段，超高加宽值宜在 0.4 ~ 0.8 米；直线与小于圆曲线最小半径所规定不设超高的圆曲线最小半径相衔接处，可设置回旋线，也可用超高加宽段相连接。

生产路最小纵坡应大于 0.3%，最大纵坡不应大于 13%，特殊地段最大纵坡不大于 15%。维修或改建生产路，可利用原有生产路路段，经经济技术论证，最大纵坡值可增加 2%。当最大坡度超过 10% 时，应在限制坡长处设置缓和坡段。缓和坡段的坡度应不大于 3%，长度应不小于 100 米。当受地形条件限制时，生产路缓和段长度应不小于 30 米。坡变化大于 2% 应设置竖曲线，竖曲线应采用圆曲线，圆曲线最小半径为 100 米，特殊地段为 50 米，竖曲线最小长度 20 米，特殊地段为 15 米。

生产路纵坡变化处应设置竖曲线，竖曲线宜采用圆曲线。竖曲线最小半径为 100

米，极限值为 80 米，竖曲线最小长度为 15 米。

二、路基设计

（一）路基结构

路基是公路的重要组成部分，它是按照路线位置和一定技术要求修筑的带状构造物。原有道路路基设计较好的可不进行路基修筑，需对原有路基路面进行分析研究处理，充分考虑原有路基路面的材料结构，使之符合路基路面的标准要求。路基修筑时应按照移挖作填的原则进行，当出现大量弃土和回填土方时，应结合土地平整工程和灌溉与排水工程统一安排，做到挖填土方平衡。需取土时应该规划设计取土坑，禁止任意从路基两侧取土修筑路基或弃土破坏路线景观，浪费土地资源的行为。工程竣工后的取土坑和废土堆应予以修正，消除安全隐患，采取措施防止水土流失和淤塞河道。

田间道路基应采用压实机具，采取分层填筑、压实。填方在 0.8 米深度范围内，零填及挖方在 0.3 米深度范围内，其压实度必须达到 93%；填方在 0.8 米深度范围以上，其路基压实必须达到 90% 以上。若压实度达不到要求，则必须经过 1 ~ 2 个雨季，使路基相对沉降稳定后，才能铺筑泥石路面或硬化路面。生产路：素土夯实路基施工应采用压实机具，采取分层填筑、压实，其压实度标准参照田间道建设标准执行。

田间道垫层材质优先选用 6% 水泥碎石稳定层，田间干道厚度不低于 20 厘米，田间支道厚度不低于 15 厘米，泥结碎石路面田间支道可不再设置垫层。路基状况较差路段需设置基层，基层材质优先选用片石、卵石或碎石，田间干道厚度不低于 20 厘米，田间支道厚度不低于 15 厘米。生产大路垫层材质优先选用 6% 水泥碎石稳定层，厚度不低于 15 厘米。无论是田间道还是生产大路，都可选用其他材质，其他材质基层厚度要求参见表 10 - 3。

表 10 - 3　　　　　　　　　　　田间道路材质基层厚度

基层类型	道路类型	厚度适宜的范围（米）
贫混凝土或碾压混凝土基层	田间干道	0.15 ~ 0.20
	田间支道	0.12 ~ 0.15
水泥或石灰粉煤灰稳定粒料基层	田间干道	0.20 ~ 0.25
	田间支道	0.15 ~ 0.20

基层类型	道路类型	厚度适宜的范围（米）
沥青混凝土基层	田间干道	0.05 ~ 0.06
	田间支道	0.04 ~ 0.05
沥青稳定碎石基层	田间干道	0.09 ~ 0.10
	田间支道	0.08 ~ 0.09
级配粒料基层	田间干道	0.18 ~ 0.20
	田间支道	0.15 ~ 0.18
多空隙水泥稳定碎石排水基层	田间干道	0.12 ~ 0.14
	田间支道	0.10 ~ 0.12
沥青稳定碎石排水基层	田间干道	0.09 ~ 0.10
	田间支道	0.08 ~ 0.09

（二）路基横断面设计

一般常见的路基横断面形式有路堤和路堑两种：高于天然地面的填方路基称为路堤（图 10 - 3a）；低于天然地面的挖方路基称为路堑（图 10 - 3b）；介于两者之间的称为半填半挖路基（图 10 - 3c）。路基应根据其使用要求和当地自然条件（包括地质、水文和材料情况等）并结合施工方法进行设计，既要有足够的强度和稳定性，又要经济合理，田间道路基较软，有隔水、排水要求时，宜增设垫层。

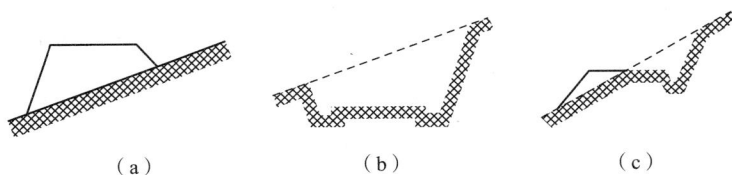

（a）　　　　　　（b）　　　　　　（c）

图 10 - 3　路基横断面示意图

（三）路基宽度与高度

1. 路基宽度。路基宽度为行车路面与路肩宽度之和，宽度宜大于路面 0.2 ~ 0.4 米。参照《公路技术标准（JTGB01 - 2003）》的四级公路相关指标，田间道设计时速为 20 千米/小时，路基宽度参见表 10 - 4。

表 10 - 4　　　　　　　　　　　田间道路基宽度

设计速度（千米/小时）	行车路面（米）		土路肩（米）	错车道（米）	路基宽（米）
20	单车道	3.50	0.50	> 2	> 6.5
	双车道	3.00	0.25	—	6.5

在土地整治项目中，田间道和生产路常见的路基宽度有几种规格（见表 10 – 5）。

表 10 – 5 土地整治项目中常见道路路基宽度

道路类型	路面类型	路面宽（米）	土路肩（米）	砌石路肩（米）	路基宽（米）
田间道	混凝土沥青	6	1	—	8.0
			1	0.3	8.6
		3.5	1	—	5.5
			1	0.3	6.1
	泥结碎石、砂砾石	8	1	—	10.0
			1	0.3	10.6
		6	1	—	8
			1	0.3	8.6
		4	1	—	6.0
			1	0.3	6.6
	预制砼板砌条石	1	0.2	—	1.4
		0.8	0.2	—	1.2
生产路	泥结碎石、砂砾石、碎土	2	0.2	—	2.6

2. 路基高度。路基的高度是指路堤的填筑高度或路堑的开挖深度，是路基设计标高与原地面标高之差。路基高度设计，应使路肩边缘高出路基两侧地面积水高度，同时考虑地下水、毛细水和冰冻的作用，不使其影响路基的强度和稳定性；沿河及受水浸淹的路基，边缘标高上表规定设计洪水频率的计算水位加壅水高、波浪侵袭高和0.5 米的安全高度；改建道路为路面中心标高。

（四）路基填土

路基的强度、抗变形能力和稳定性因填筑路基所用土的物理力学性质与当地自然环境影响程度不同而改变，也与填土高度和施工技术有关，所以要慎重选择路基填土用料。

1. 沙土。沙土无塑性，具有良好的透水性，遇水后毛细上升高度很小（0.2 ~ 0.3 米），具有较大的摩擦系数。用沙土筑路基，强度高、抗变形能力和水稳定性好，但由于其黏性小易散，对于流水冲刷和风蚀抵抗能力很弱，有条件时应适当掺和一些黏性大的土，或将表面加固，以提高路基的稳定性。

2. 沙性土。沙性土既含有一定数量的粗颗粒，使之具有一定的强度和水稳定性，又含有一定数量的细颗粒，使之具有一定数量的黏结性，不至于过分松散。沙性土是修筑路基的良好填料。

3. 粉性土。粉性土含有较多的粉性颗粒，平时稍有黏性，遇水很快被湿透，易成稀泥，毛细作用强烈，在季节性冰冻期，水分积聚现象严重，春融期间极易翻浆和冻胀。粉性土是最差的筑路材料。

4. 黏性土。黏性土的黏聚力大，透水性大，干燥时强硬，浸湿后不易干燥，强度急剧下降。具有较大的可塑性、黏结性和膨胀性，毛细现象也很显著，干湿循环所引起的体积变化很大。黏性土不是理想的路基材料，当给予充分压实处理并结合良好排水设施时，可作为路基材料。

5. 碎石质土。其颗粒较粗，含细粒成分不多时，具有足够的强度、抗变形能力和水稳定性，是修筑路基的良好材料。使用时要注意填方的密实度，以防止由于空隙过大而造成路基积水，不均匀沉陷或表面松散。

6. 砾石及不易风化的石块。透水性很强，水稳定性好，强度高，施工季节不受影响，是最好的路基填筑材料。

三、路面设计

（一）路面结构

路面结构通常是多层铺筑，按各个层次功能的不同，分为面层、基层和垫层（见图 10 - 4）。田间道路面结构层次不一定如上述那样完备，有时一种层次可起到两个层次的作用，但面层和基层是必不可少的。田间道的宽度要比面层每边至少宽出 25 厘米，垫层宽度也应比基层每边至少宽出 25 厘米或与路基同宽，以便排水。

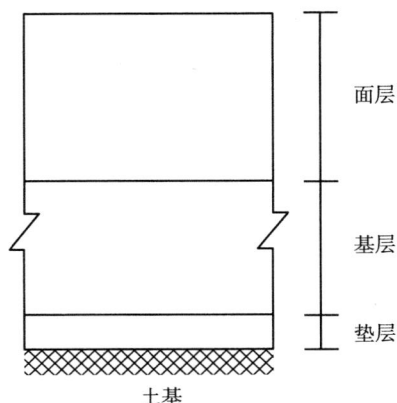

图 10 - 4　田间道路路面结构

1. 面层。面层是直接承受车辆载荷及自然因素影响的表面面层。所用的材料主要有水泥混凝土、沥青混凝土、沥青碎（砾）石混合料、碎（砾）石掺土和不掺土的混合料和块石料。面层有时可分为两层或三层铺筑。

2. 基层。基层主要承受由面层传来的车辆荷载垂直力，并将其扩散到下面的垫层和土基中去。实际上，基层是路面结构中的主要承重层。基层所用的材料主要有各种结合料（如石灰、水泥或沥青等）或碎（砾）石或工业废渣（主要是粉煤灰）组成的混合料。

3. 垫层。垫层介于土基与基层之间，它的功能是改善土基的湿度和温度状况，以保证面层和基层的强度、刚度和稳定性不受土基水文状况变化所造成的不良影响，同时还能起到扩散应力，减少土基产生的应力和变形，及阻止路基土挤入基层的作用。垫层常用的材料有沙、砾石、炉渣等组成的透水性垫层和水泥、石灰稳定土组成的稳定类垫层。

（二）路面宽度与高度

1. 田间道路面宽度与高度。田间道路面宽度是为了安全和行车上的顺适而确定的各类农用机械、车辆交通上所需的宽度。一级田间道路面宽度应在满足车辆行驶基本需要的基础上，满足错车、超车行驶所需的余宽。二级田间道路面宽度一般不考虑错车、超车行驶所需的余宽，对于小于3.5米的道路可根据道路的实际情况合理设置错车点和末端掉头点，以解决错车和超车问题。根据调查资料，农用机械通行宽度一般小于2.5~3.0米，所以选择一级田间道路面宽度为5.0~6.0米，二级田间道路面宽为3.0~4.0米，生产路路面宽度为1.0~2.0米。为保证行车安全和人员安全，考虑到农用车辆事故等临时紧急停车和从事生产人员通行的需要，一般应在田间道两侧设置路肩。田间道路基宽度为行车道宽度与两侧路肩宽度之和。一级田间道和二级田间道路肩宽度为0.5米。

田间干道路面高度应不低于田面0.4米，田间支道路面高度应不低于田面0.3米，根据路面平整需要，填方区路基可以更高。

2. 生产路路面宽度与高度。生产路路面宽度是为了满足生产人员田间生产、生产资料下田和收获农产品等活动而需要的宽度，一般路面宽度达到1.0~2.0米即可。生产路一般在田块间沿农渠或农沟布置，路基所处地段的地面积水情况、地下水位高度和路基填料等情况等都影响到生产路的安全，为了保障生产路的稳定，一般采用素土夯实路面，路基宽度达到1.0~2.0米。生产路路面高度应不低于田面0.3米，根据路面平整需要，填方区路基可以更高。

田间道和生产路路面宽度和高度指标参见表10-6。

表 10 − 6　　　　　　　　　　　　　　　田间道路规划

道路分级	项目				
	联系范围	沟渠结合级别	行车情况	路面宽（米）	高出地面高度（米）
干道	乡与乡之间	干支沟渠	汽车	6 ~ 8	0.7 ~ 1.0
支道	项目区内村与村之间	支沟渠	汽车、拖拉机	4 ~ 6	0.5 ~ 0.7
田间道	村庄与整理田块之间	斗、支沟渠	拖拉机	3 ~ 4	0.3 ~ 0.5
生产路	田块与田块之间	农沟渠	不通行机动车	1 ~ 2	0.3

（三）路面材料

1. 田间道路面材料。田间道面层一般可选用沥青、混凝土、泥结碎石等。田间干道路面材质优先采用 C30 混凝土，厚度宜为 0.20 ~ 0.22 米，以生产为主的田间支道优先采用泥结碎石路面，厚度宜为 0.15 ~ 0.18 米，生活服务功能的田间支道优先采用 C25 混凝土，厚度宜为 0.18 ~ 0.20 米。路面所选材料应满足强度、稳定性和耐久性要求，硬化路面弯拉强度不低于 4.0 兆帕，砂石路面弯沉值不小于 3 毫米，其表面应满足平整、抗滑和排水的要求。田间道路面结构层厚度值参见表 10 − 7。

表 10 − 7　　　　　　　　　田间道路面材料及结构层厚度

路面形式	结构层类型	道路类型	结构层厚度值（米）
水泥路面面层	水泥混凝土	田间干道	0.20 ~ 0.22
		田间支道	0.18 ~ 0.20
沥青路面面层	沥青混凝土、沥青碎石、沥青贯入	田间干道	0.06 ~ 0.10
		田间支道	0.04 ~ 0.08
	沥青表面处治	田间干道	0.03 ~ 0.04
		田间支道	0.02 ~ 0.03
泥结碎石面层	泥结碎石路面	田间干道	0.18 ~ 0.20
		田间支道	0.15 ~ 0.18

2. 生产路路面材料。生产路面层一般可选用混凝土、砾石、泥结碎石等。生产大路路面材质优先采用 C25 混凝土，厚度宜为 15 厘米。路面所选材料应满足强度、稳定性和耐久性要求，硬化路面弯拉强度不低于 4.0 兆帕，砾石路面弯沉值不小于 3 毫米，其表面应满足平整、抗滑和排水的要求。生产路路面材料及结构层厚度值参见表 10 − 8。

表 10 – 8　　　　　　　　　　生产路路面材料及结构层厚度

路面材料	C20 砼	素土、砂土	砂土、泥结石	间隔石板
结构层厚度（厘米）	15	水田区 50，旱地 30	10 ~ 20	8 ~ 10

（四）路拱

为了迅速将路面雨水排入路沟，在路面和路肩上必须有一项横向的坡度，从道路路面两端向中间逐渐拱起的部分称为路拱。路拱分为两种形式，一是直线形路拱，在两直线中间以抛物线或圆曲线相连；二是抛物线路拱，整个路拱为抛物线形，如图 10 – 5 所示。

（a）直线型路拱　　　　　　　　　　（b）抛物线型路拱

图 10 – 5　田间道路路拱形状示意图

田间道应设置路拱横坡，路拱横坡值根据面层材料确定，具体参见表 10 – 9。

表 10 – 9　　　　　　　　　　田间道路拱横坡值

面层类型	横坡值（%）
混凝土	1.5
砂石路	2
土层或泥结碎石	2

四、路基边坡、边沟与路肩设计

（一）路基边坡

边坡是路基的一个重要组成部分，它的陡缓程度直接影响到路基的稳定和路基土石方的数量。对于土地整治项目所涉及的田间道和生产路，可以参照一般土质的稳定性确定边坡即可。

1. 填方路基边坡。填方路基应优先选用级配较好的砾类土、砂类土等粗粒土作为填料，填料最大粒径应小于 150 毫米。用不同填料时，应分层填筑，每一水平层应为同一填料。路拱边坡形式和坡率应根据填料的物理力学性质、边坡高度和工程地质条件确定，路堑边坡坡度参照表 10 – 10。

表 10 - 10 填方路基路堑边坡坡度

填料种类	边坡高度（米）			边坡坡比		
	全部高度	上部高度	下部高度	全部坡比	上部坡比	下部坡比
粉质土、砂类土	5	2	3	—	1：1.5	1：1.8
砂、砾	5	—	—	—	—	—
漂（块）石土	5	3	2	1：1.5	1：1.5	1：1.8
不易风化的石头	5	2	3		1：1.3	1：1.5

2. 挖方路基边坡。挖方路基的路堑边坡形式及坡率应根据工程地质与水文地质条件、边坡高度、排水措施、施工方法，并结合自然稳定山坡和人工边坡的调查及力学分析综合确定，路堑边坡坡度参照表 10 - 11。

表 10 - 11 挖方路基路堑边坡坡度

土石种类	边坡最大高度（米）	路堑边坡坡比
一般土	5	1：0.5 ~ 1：1.5
碎（砾）石土	10	1：0.5 ~ 1：1
风化岩层	10	1：0.5 ~ 1：1
一般岩层	—	1：0.1 ~ 1：0.5
坚石	—	1：0.1 ~ 直立

3. 填石路基边坡。填石路基应采用与土质路堤相同的路堤断面形式，填石路堤的边坡坡率应根据填石料种类、边坡高度和基底的地质条件确定。易风化岩石与软质岩石用作填料时，应按土质路堤边坡设计。

（二）边沟

边沟的作用是排除由边沟及路面汇集的地表水，确保路基与边坡的稳定。边沟的形状主要有矩形、梯形和三角形等。渗透性良好的土壤可以用矩形或梯形，渗透性不良时一般采用三角形边沟。边沟的边坡内侧一般为 1：1 ~ 1：1.5，边沟的底宽与深度一般不应低于 0.4 米，纵坡一般不小于 0.5%。

（三）路肩

路肩的作用主要是保护路面结构的稳定、供发生故障的车辆临时停车、进行养护操作等。对于土地整理项目的道路系统，在满足路肩功能最低要求的前提下，尽量采取较窄的路肩。路肩铺面结构应具有一定的承载能力，其结构导线组合和材料选用应与行车道路面相协调，并保证进入路面结构中的水的排除。对于田间道和生产路，一般采用土质路肩，在汇水比较集中的地方可采用硬化路肩，硬化路肩可选用混凝土或条石等材质，沥青路面田间道应铺设路缘石。需采用硬化路肩时，路肩宽度应为 0.5 米，特殊路段采用 0.25 米，路肩宜粒料稳定。路肩厚度通常采用与行车道等厚。

五、田间道路纵断面设计

（一）纵断面设计概述

通过道路中线的竖向剖面，称为纵断面。它主要反映路线起伏、纵坡与原地面的切割情况。公路的纵断面是由不同的上坡段、下坡段（统称坡段）和连接相邻两坡段的竖曲线组成，即公路路线在纵断面上是一条有起伏的空间线，其基本线形由坡度线和竖曲线组成。公路纵断面设计是在纵断面图上决定坡度、坡长、竖曲线半径等数值以及做有关的计算工作等。

在纵断面上，有两条主要线条：一条是地面线（又称黑线），它是通过公路中线原地面各点的连线，地面线上各点的标高称为地面标高，它是一条不规则的空间折线，基本上反映了路中线地面高低变化的概况；另一条是设计线，设计线上各点的标高称为设计标高。设计线是根据公路等级、汽车爬坡性能、地形条件、路基临界高度、运输与工程经济，以及视觉方面的要求等，通过技术上、经济上和美学上比较后确定的由坡度线和竖曲线组成的空间线。

（二）纵坡设计基本要求

沿道路中线高低变化的坡度叫道路纵坡，常用百分数表示。

1. 最大纵坡。最大纵坡指各级道路纵坡的最大限值，它是根据汽车的动力特性、道路等级、自然条件、保证车辆以适当的车速安全行驶而确定的。参照四级公路相关规定，在山岭重丘区，田间道路的最大纵坡为 9%；在平原微丘区，为 6%。

2. 纵坡长度限制和缓和坡段。当连续纵坡大于 5% 时，应在不大于表 10 - 12 所规定的长度处设缓和坡段。缓和坡段的纵坡不应大于 3%，其长度应不小于 60 米。

表 10 - 12　　　　　　　　　　田间道路纵坡长度限制

设计速度 （千米/小时）	纵坡坡度（%）					
	4	5	6	7	8	9
20	1200 米	1000 米	800 米	600 米	400 米	300 米

对于坡度大于 5% 的相邻坡段长度，可按限制坡长进行折算。处于圆曲线小半径

纵波地段，当折减后纵坡度和缓和坡度大且相差较多时，可在该地段设置缓坡段，但纵坡段要采用缓和坡段；当折减后纵坡度和缓和坡度大且相差不大时，可做缓坡段处理，但缓和坡段的长度应适当加长。

3. 纵坡坡段最小长度。从提高行车平顺性出发，纵坡长度不得设计过短，《公路技术标准（JTGB01 - 2003）》规定设计速度为 20 千米/小时，最小坡长为 62 米。如两相邻转坡角较大，其最小波长不得小于在最小曲线半径时相邻两竖曲线切线长度之和；平面交叉、立交的匝道和过水路面路段，坡长可不受限制。

（三）竖曲线设计基本要求

在纵断面设计线的变坡处，为保证行车安全、缓和纵坡折线而设的曲线称为竖曲线。田间道路竖曲线的最小半径规定参照表 10 - 13。通常采用大于或等于该表所列的一般最小半径，当受地形条件及其他特殊情况限制时方可采取极限最小半径。而竖曲线的最小长度一般不小于表中所列数值。

表 10 - 13　　　　　田间道路竖曲线最小半径及最小长度

设计速度（千米/小时）	凸形竖曲线半径（米）		凹形竖曲线半径（米）		曲线最小长度（米）
	极限值	一般值	极限值	一般值	
20	100	200	100	200	20

在不过分增加土石方量的情况下，应尽量选用加大竖曲线半径，尤其是凹形竖曲线，应避免选用最小半径，设计竖曲线时，应同时满足竖曲线最小半径和最小长度的要求，两相邻竖曲线之间可不设直接衔接，当竖曲线与圆曲线组合时，竖曲线不宜包在圆曲线之内，且圆曲线应稍长于竖曲线，凸形曲线的顶部或凹形曲线的底部，应避免插入小半径圆曲线或将这些顶点作为反响曲线的转折点。在大桥上，一般不宜设置竖曲线。如桥头路线设有竖曲线其起讫点宜在桥头 10 米外，山岭区困难地段可减为 5 米。应尽量避免竖曲线与急弯重叠，竖曲线不要插入回头线。

第二节　农田防护与生态环境保持工程设计

一、农田防护林设计

（一）林带走向

农田防护林走向，即林带的延伸方向，一般根据土地整治项目区的主要风害方向和地形条件来决定。主林带走向应垂直于主风方向，或成不大于 30~45 度的偏角。副林带和主林带相垂直，如因地形地物限制，主、副林带可以有一定偏角。低洼地区可以"林随水走"，平坦地区可以"林随路走"，风蚀山丘地区主林带可沿等高线布设，副林带可和上下坡的路边造林、河边、沟岸造林互相连接，形成林网。

（二）林带宽度

林带宽度，即一条林带的宽度，根据治理地区环境条件及防风要求确定。林带宽度对防风效果有一定的影响，但不是林带越宽防护效果越好。农田防护林带宽度计算公式如下：

林带宽度 =（植树行数 −1）× 行距 +2 倍由田边到林缘的距离

其中，行距一般为 1.5 米，由田边到林缘的距离一般为 1~2 米。

根据上述公式，8~9 行主林带的宽度为 12~17 米，5~7 行副林带的宽度为 8~10 米。我国现行营造的林带多为 4~10 行、8~12 米宽的窄林带。

同时，可根据农田防护林带防风效能值来确定防护林带宽度，防护林带防风效能值为有效防护距离与平均防风效率之积，综合值大，防护作用大，反之作用小。不同林带宽度的综合防风效能参见表 10 – 14。

表 10 – 14　　　　　　　　　不同农田防护林带综合防风效能

林带宽（行）	有效防护距离（倍）	平均防风效率（%）	综合防风效能值
2	20	12.9	258.0
3	25	13.8	345.0
5	25	25.3	632.5
9	25	24.7	617.5
18	15	27.3	409.5

（三）树种选择

树种选择对于农田防护林的建设至关重要，根据各地区防护林要求和类型合理选择适宜生长的树种，是防护林设计的前提。在我国西南山地丘陵区，农田防护林树种可选择乔木、灌木以及经济林（见表 10 – 15）。

表 10 – 15　　　　　　　西南山地丘陵区农田防护林主要树种

乔木类树种	灌木类树种	经济林类树种
杉树、松树、柳树、杨树、槐树、桉树、香椿、樟树、毛竹等	马桑、紫惠槐、黄荆等	核桃树、油桐树、柑橘树、李树、桃树、梨树等

（四）栽植方法与管护要求

苗木大小选择应保持同一条林带上栽植的苗木基本一致，按照"适当深栽、根系舒展、熟土回填、分层夯实、灌足底水、及时覆土"的方法进行栽植，为提高苗木成活率，应使用根系蘸浆、地膜覆盖、ABT 生根粉、保水剂等技术和材料。

栽植完成后，应禁止人、畜破坏，防火、防治病虫害。前三年的抚育次数分别为每年两次以上。

二、农田防护工程设计

（一）沟道治理工程

引起水土流失的一个重要原因是沟蚀，要彻底解决该问题，就必须采取治沟工程。治沟必须从沟头到沟底，层层设防，一般包括沟头防护工程、谷坊工程、淤地坝工程等。

1. 沟头防护工程。沟头防护工程是防止沟头因径流冲刷而发生的沟头前进和扩张。沟头防护工程防御标准的选择，根据各地不同降雨情况，分别采取当地最易产生严重水土流失的短历时、高强度暴雨进行计算。在工程布置方面，应遵循以下两个要求：当坡面来水不仅集中于沟头，同时在沟边另有多处径流分散进入沟道的，应在修建沟头防护工程的同时，围绕沟边，全面修建沟边埂，制止坡面径流进入沟道；当沟头以上集水区面积较大（10 公顷以上）时，应布设相应的治坡措施与小型蓄水工程，以减少地表径流汇集沟头。

沟头侵蚀的防止应按流量大小和地形条件采取不同的沟头防护工程。根据沟头防护工程的作用，可将其分为蓄水型沟头防护工程和排水型沟头防护工程两类。

（1）蓄水型沟头防护。来水量计算：

$$W = 10KRF$$

式中：W 为来水量，立方米；F 为沟头以上集水面积，公顷；R 为 10 年一遇 3～6 小时最大降雨量，毫米；K 为径流系数。

围埂蓄水量计算：

$$V = L\left[\frac{HB}{2}\right] = L\frac{H^2}{2i}$$

式中：V 为围埂蓄水量（立方米）；L 为围埂长度（米）；B 为回水长度（米）；H 为埂内蓄水深（米）；i 为地面比降（%）。

当沟头以上坡面来水量不大，沟头防护工程可以全部拦截的，采用蓄水型。蓄水型沟头防护分为围埂式和围埂蓄水池式。

①围埂式。在沟头以上 3 ~ 5 米处，围绕沟头修筑土埂，拦截上面来水，制止径流进入沟道。围埂为土质梯形断面，埂高 0.8 ~ 1.0 米（根据来水量具体确定），顶宽 0.4 ~ 0.5 米，内外坡比各约为 1∶1。围埂位置应根据沟头深度确定，一般沟头深 10 米以内的，围埂位置距沟头 3 ~ 5 米。

②围埂蓄水池式。当沟头以上来水量仅靠围埂不能全部拦截时，在围埂以上附近低洼处，修建蓄水池，拦截部分坡面来水，配合围埂，共同防止径流进入沟渠。蓄水池位置必须距沟头 10 米以上，如地形条件允许，也可在第一道围埂上游加修第二道乃至第三道围埂。

（2）排水型沟头防护。设计流量计算：

$$Q = 278KIF10^{-6}$$

式中：Q 为设计流量（立方米/秒）；I 为 10 年一遇 1 小时最大降雨强度（毫米/小时）；F 为沟头以上集水面积（公顷）；K 为径流系数。

当沟头以上坡面来水量较大，蓄水型防护工程不能完全拦蓄，或由于地形、地质限制，不能采用蓄水型时，应采用排水型沟头防护。这种措施泄水速度大，应采用砖石、混凝土等修筑消能设施。排水型又分为跌水式和悬臂式。

①跌水式。跌水式沟头防护建筑物一般由进水口、陡坡（或多级跌水）、消力池、出口海漫等工程组成。当沟头陡崖（或陡坡）高差较小时，用浆砌块石修成跌水，下设消能防冲设施，水流通过跌水安全进入沟道。陡坡在 1∶1 ~ 1∶2 之间时，可修筑陡坡式跌水；坡度小于 1∶2 时，可修筑台阶式跳水。设计技术要求按照《灌溉与排水工程设计规范》（GB50288—1999）执行。

②悬臂式。悬臂式沟头防护建筑物一般由引水渠、跳流槽、支架及消能设施组成。当沟岸坚固并且坡度大于 1∶1 时，可修建悬臂式跌水。用木制水槽（或陶瓷管、混凝土管）悬臂置于土质沟头陡坎之上，将来水挑泄下沟，沟底设消能设施。

2. 谷坊工程。谷坊是水土流失地区沟道治理的一种主要工程措施。谷坊工程必须在以小流域为单元的全面规划、综合治理中，与沟头防护、淤地坝等沟壑治理工程相互配合。谷坊工程主要修建在沟底比降较大（5% ~ 10% 或更大），沟底下切剧烈发展的沟段。一般坝高 1 ~ 5 米，拦沙量小于 1000 立方米。

谷坊的工程布置应遵循以下几点：①在沟底比降较大的沟段，为实现沟底川台化，可系统地布设谷坊群，上下谷坊间常用"顶底相照"原则确定，下一座谷坊的顶部大致与上一座谷坊基部等高。②谷坊坝址宜"肚大口小"，谷口狭窄。③沟底与岸坡地形、地质、土质状况良好，无孔洞或破碎地层，没有不易清除的乱石和杂物。④在有支流汇合的情况下应在汇合点下游修建谷坊。⑤比降特大（15% 以上）或其他原因，不宜修建谷坊的，可在沟底修水平阶、水平沟造林，并在两岸开挖排水沟，保护沟底造林地。⑥谷坊的间距应通过计算确定。

下一座谷坊与上一座谷坊的水平距离按下式计算：

$$L = \frac{H}{i - i''}$$

式中：L 为谷坊间距（米）；H 为谷坊底到溢水口高度（米）；i 为原沟床比降（%）；i″为谷坊淤满后比降（%）。不同淤积物质，淤满后形成的不冲比降，沙土为 0.5，黏壤土为 0.8，黏土为 1.0，粗沙夹有卵石的为 2.0。

根据谷坊的建筑材料，谷坊工程可采用土谷坊、石谷坊、植物谷坊。

（1）土谷坊。土谷坊体断面尺寸，应根据谷坊所在位置的地形条件，参照表 10－16 进行。

表 10－16　　　　　　　　　　　　土谷坊断面尺寸

坝高（米）	坝顶宽（米）	坝脚宽（米）	迎水面坡率	背水面坡率
1	0.8	3	1.2～1.3	1.0～1.2
2	1.5	6	1.3～1.5	1.2～1.3
3	1.5	10.5	1.5～1.8	1.3～1.5
4	2	14	1.8～2.0	1.5～1.8
5	3	18.5	2.0～2.2	1.8～2.0

土谷坊的溢洪口设在土坝一侧的坚实土质或基岩上，上下两座谷坊的溢洪口尽可能左右交错布设。对沟道两岸是平地、深沟小于 3.0 米的沟道，坝端没有适宜开挖溢洪口的位置，可将土坝高度修到超出沟床 0.5～1 米，坝体在沟道两岸平地上各延伸 2～3 米，并用草皮或块石护砌，使洪水从坝的两端漫至坝下农、林、牧地，或安全转入沟谷，不允许水流直接回流到坝脚处。

设计洪流量计算公式如下：

$$Q = 278KIF10^{-6}$$

式中：Q 为设计流量（立方米/秒）；K 为 10 年一遇 1h 最大降雨强度（毫米/小时）；I 为谷坊集水面积（公顷）；F 为径流系数。

土溢洪道断面尺寸计算：土质溢洪口其下紧接排洪渠，按《水土保持综合治理技术规范（GB/T16453—1996）》明渠流量公式计算。

（2）石谷坊。

①阶梯式石谷坊。一般坝高 2～4 米，顶宽 1.0～1.3 米，迎水坡 1:0.2，背水坡 1:0.8，坝顶过水 0.5～1.0 米。一般不蓄水，坝后 2～3 年淤满。

②重力式石谷坊。一般坝高 3～5 米，顶宽为坝高 0.5～0.6 倍，迎水坡 1:0.1，

背水坡 1:0.5~1:1。

石谷坊溢洪口一般设在坝顶，其断面尺寸，采用矩形宽顶堰公式计算：

$$Q = Mbh^{5/2}$$

式中：Q 为设计流量（立方米/秒）；b 为溢洪口底宽（米）；h 为流量系数，一般采用 1.55。

（3）植物谷坊。

①多排密植型。在沟中已定谷坊位置，垂直于水流方向，挖沟密植木杆（或竹竿）。沟深 0.5~1.0 米，杆长 1.5~2.0 米，埋深 0.5~1.0 米，露出地面 1.0~1.5 米。

②木桩编篱型。在沟中已定谷坊位置，打 2~3 排木桩，桩长 1.5~2.0 米，打入地中 0.5~1.0 米。排距 1.0 米，桩距 0.3 米；用树梢将木桩编织成篱。在每两排篱中填入卵石（或块石），再用捆扎树梢盖顶；用沿丝将前后 2~3 排木桩联系绑牢，使之成为整体，加强抗洪能力。

3. 淤地坝工程。用于拦蓄泥沙、淤地而横向布置在沟道中的坝称为淤地坝。在我国陕西、山西、内蒙古、甘肃等地分布较多。按筑坝材料可分为土坝、石坝、土石混合坝等；按坝的用途可分为缓洪骨干坝、拦泥生产坝等；按建筑材料和施工方法可分为夯碾坝、水力冲填坝、定向爆破坝、堆石坝、干砌石坝和浆砌石坝等。淤地坝一般根据库容、坝高、淤地面积、控制流域面积等因素分级，我国黄河中游水土保持治沟骨干工程中淤地坝分级标准详见表 10-17。

表 10-17　　　　　　　　　我国黄河中游地区淤地坝分级标准

分级标准	库容（万立方米）	坝高（米）	单坝淤地面积（公顷）	控制流域面积（平方千米）
大型	100~500	>30	>10	>15
中型	10~100	15~30	2~10	1~15
小型	<10	<15	<2	<1

淤地坝主要目的在于拦泥淤地，随着坝内淤积面的逐年提高，坝体与坝地能较快地连成一个整体，实际上坝体可以作为重力式挡土墙。淤地坝由坝体、溢洪道和放水建筑物 3 个部分组成（张凤荣，2011）。

（二）坡面防治工程

1. 截水沟。截水沟又称天沟，是指为拦截山坡上流向路基的水，在路堑坡顶以外设置的水沟。对于雨量较多，坡面径流较大的山丘地区，合理地在坡耕地布设截水沟。截水沟类型有环沟、边沟等。

（1）截水沟布置要求。

①蓄水型截水沟基本上沿等高线布设，排水型截水沟应与等高线取 1% ～ 2% 的比降。②当截水沟不水平时，应在沟中每 5 ～ 10 米修一道高 20 ～ 30 厘米的小土挡，防止冲刷。

（2）截水沟水利设计要求。

①防御暴雨标准，按十年一遇 24 小时最大降雨量。②为使水流流速达到不冲不淤流速，截水沟底应保持一定坡度，当设计流量为 0.03 ～ 0.10 立方米/秒，可取 1/300 ～ 1/1000，当设计流量为 0.1 ～ 0.3 立方米/秒时，可取 1/800 ～ 1/1500。③坡面径流量与土壤侵蚀量，应根据水土保持实验站的小区径流观测资料或查阅当地水文手册，在上述设计频率暴雨下，不同坡度、不同土质、不同植被应采用的暴雨径流量与土壤侵蚀量。

（3）计算公式。蓄水型截水沟容量计算公式如下：

$$V = V_\mu + V_s$$

式中：V 为截水沟容量（立方米）；V_μ 为一次暴雨径流量（立方米）；V_s 为 1 ～ 3 年土壤侵蚀量（立方米）。V_s 的计量单位应根据各地土壤容重，由吨折算成立方米。

V_μ 和 V_s 按下式计算：

$$V_\mu = M_\mu \times F$$

$$V_s = 3M_s \times F$$

式中：M_μ 为一次暴雨径流模数（立方米）；M_s 为年均土壤侵蚀模数（吨/平方千米）。

截水沟断面面积计算公式如下：

$$A = \frac{V}{L}$$

式中：A 为截水沟断面面积（平方米）；L 为截水沟长度（米）。

（4）工程设计。

①截水沟长度以能防止坡面径流进入田块区为准。截水沟采用半挖半填的沟埂式梯形断面。②截水沟断面分矩形或梯形。上宽为 20 ～ 40 厘米，下宽为 15 ～ 25 厘米，高为 25 ～ 40 厘米。大多采用半挖半填的梯形断面，断面大小根据降雨和汇流面积设定。根据设计频率暴雨坡面汇流洪峰流量，按明渠均匀流公式计算，同时满足不冲不淤流速要求。③截水沟沟底比降主要取决于沟沿线地形和土质条件，一般要求比降与沟沿线的地面坡度相近。同一条沟比降（跌水除外）宜采用一个值。

2. 拦山堰。

（1）拦山堰布置要求。

①当项目区上部有较大面积的坡面来水，坡面下部是耕地，上部是林草或荒坡

时，应在其交界处布置拦山堰。②在面积较大的连续田面之间，根据横向排水需要可以布置拦山堰。③拦山堰可沿等高线布置，拦山堰与等高线比降不小于 1% ~ 2%。④拦山堰末端与排水沟相汇处宜设置尘沙凼，防止冲刷。⑤拦山堰的排水一端应与坡面排水沟相接，并在连接处做好防冲措施。

（2）拦山堰断面设计。

①拦山堰的间距，应根据地面坡度、土质和暴雨径流情况，通过设计计算具体确定。②拦山堰形式主要采用矩形或梯形，断面要素确定参见表 10 – 18。③拦山堰宜采用块石、条石、砖浆砌，也可采用砼现浇、砼预制板安置。其衬砌厚度参见表 10 – 19。④拦山堰壁体可抹面，其厚度为 2 ~ 3 厘米。沟底应做砼垫底，其厚度在 6 ~ 10 厘米。

表 10 – 18　　　　　　　　　　　　拦山堰断面要素常用数值

沟底宽（米）	沟深（米）	堰壁内坡坡率	堰壁外坡坡率
0.3 ~ 0.6	0.4 ~ 1.0	0 ~ 0.2	0 ~ 0.3

表 10 – 19　　　　　　　　　　　　拦山堰防渗衬砌适宜厚度

防渗衬砌结构类型		适宜厚度（厘米）
土料	黏土（夯实）	≥35
	灰土、三合土	15 ~ 25
水泥土	水泥土	8 ~ 10
砾石	干砌卵石（挂淤）	15 ~ 40
	浆砌块石	20 ~ 40
	浆砌料石	20 ~ 30
	浆砌石板	>5
埋铺式模料（土料保护层）	塑料薄膜	0.018 ~ 0.022
	膜料下垫层（黏土、沙、灰土）	3 ~ 5
	膜料上土料保护层（夯实）	40 ~ 60
沥青砼	现场浇筑	15 ~ 25
	预制铺砌	5 ~ 10
混凝土	现场浇筑（未配置钢筋）	10 ~ 20
	现场浇筑（配置钢筋）	10 ~ 15
	预制铺砌	5 ~ 10
	喷射法施工	5 ~ 10
砌砖	水泥砂浆砌砖，面层水泥砂浆抹面	12 ~ 24

三、生态环境保持工程设计

（一）生态护坡

生态护坡是综合工程力学、土壤学、生态学和植物学等学科的基本知识对斜坡或边坡进行支护，形成由植物或工程和植物组成的综合护坡系统的护坡技术。开挖边坡形成以后，通过种植植物，利用植物与岩、土体的相互作用（根系锚固作用）对边坡表层进行防护、加固，使之既能满足对边坡表层稳定的要求，又能恢复被破坏的自然生态环境的护坡方式，是一种有效的护坡、固坡手段。

1. 种草护坡。坡比小于 1∶1.5 的土层较薄的沙质或土质坡面，可采取种草护坡，有效防止面蚀和细沟状侵蚀。种草护坡宜选用生长快、根系发达、固土作用大的低矮匍匐型草种。一般土质坡面宜采用直接播种法，密实的土质坡面宜采用抗植法。种草后 1~2 年内，进行必要的封禁和抚育措施。

2. 砌石草皮护坡。坡比小于 1∶1.0，高度小于 4 米，坡面有渗水的沙质或土质坡面，可采用砌石草皮护坡。砌石草皮护坡有两种形式，可根据具体条件分别采用。坡面下部 1/2~2/3 段采用干砌石护坡，上部种植草皮护坡；坡面从上到下每隔 1~2 米沿等高线修一套宽 30~50 厘米砌实条带，条带间的坡面种植草皮。砌石部位一般在坡面下部的涌水处或松散地层显露处，在涌水较大处应设反滤层。

3. 格状框条护坡。在路旁或人口聚居地，坡比小于 1∶1.0 的沙质或土质坡面，可采取格状框条护被。护坡采用浆砌石的，网格尺寸一般 2.0 米见方，或将每格上部做成圆拱形，上下两层网格呈"品"字型排列，浆砌石部分宽 0.5 米左右。护坡采用混凝土或钢筋混凝土构建一般采用预制件，规格为宽 20~40 厘米，长 1~2 米，修成格式建筑物，为防止格式建筑物沿坡面下滑，框格交叉点应用锚杆固定或在加深埋横向框条固定。在网格内种植草皮或撒草籽，宜选用生长快的低矮钢伏型草种。种草后 1~2 年内进行必要的封禁和抚育措施。

（二）生态田坎

1. 生物土坎。格田及缓坡梯田整治区可因地制宜修筑生物土坎。土坎高度 ≤1.2 米，外坡坡率 0~0.09，土坎外坡栽植适当的草本植物。

2. 生物石坎。陡坡梯田整治区可因地制宜修筑生物石坎。石坎高度 ≤2 米，石坎基础采用块石或条石干砌，块石或条石上用土分层夯实，并栽植适当的草本植物。

3. 菱格生物坎。缓坡梯田整治区可因地制宜修筑生物土坎。土坎高度 ≤2 米，外坡坡率 0.09~0.36，内坡坡率 0~0.09，土坎外坡采用混凝土现浇菱格护坡。菱格规格根据天坎高度确定，菱格埋深不宜小于 0.4 米，菱格内撒播草种或栽植适当的草本植物。

第十一章

山地丘陵区土地整治
项目规划设计案例

第一节 格田与坡改梯规划设计案例

农村土地整治活动中，土地平整工作占有重要地位（沈掌泉等，2005），是农田水利、田间道路和其他工程实施的基础，是实现农田水利化、农业机械化和提高新增耕地率的重要保障（彭琼芬，2010），有助于改善耕作方式和水土涵养条件。在此，基于重庆市"一圈两翼"的区域发展格局，选取 3 个国土整治整村推进示范村项目为样点，着重从格田整治和坡改梯工程两个方面，选取典型区域，研究不同区域格田整治规划设计问题（杨朝现等，2016）。

一、项目区概况

（一）重庆市合川区钱塘镇大柱村

合川区钱塘镇大柱村（YD－Ⅰ）属亚热带湿润性季风气候，有明显的季节性变化。其特点为：气候温暖，热量丰富，雨量充沛，云雾多日照少。春季回暖早，夏季多伏旱、洪涝，秋季气温下降快，常有连绵阴雨，冬季无霜期长。据气象资料记载显示，年平均气温 18.10 摄氏度，≥0 摄氏度积温为 6635.3 摄氏度，≥10 摄氏度积温为 5593 摄氏度，日照条件相对较差，多年平均日照时数 1316.19 小时，历年平均无霜期长达 317 天。年平均降雨量为 1124.0 毫米，全年降雨日数多年平均 147 天，但降雨量时空分布不均，5～10 月占年降雨量的 81%，11 月～次年 4 月占年降雨量的 19%。年平均水面蒸发量 912.40 毫米，陆地蒸发量 775.90 毫米，年平均相对湿度 83% 。

YD-Ⅰ大地质构造属四川中台坳,次级构造单元为合川向斜。主要岩石为河流相紫红泥岩、砂质泥岩与灰绿色砂岩,向西南方向逐渐减薄,砂岩夹层减少。岩层倾角平缓,垂直切割轻微,断裂极不发育,地质构造稳定性较好。岩石以砂岩、泥岩为主,砂岩色杂,除灰绿色外,向上出现紫灰色,长石含量高,多为长石石英砂岩或长石砂岩,为黏土质胶结,不含钙质,较疏松。泥岩色较暗,呈紫红及棕紫色,钙质团块较多,少数呈灰绿色,局部含钙质及钙质团块。

土壤为侏罗系沙溪庙组发育形成的紫色土和紫色水稻土。紫色土为沙溪庙组紫色砂泥岩风化物上发育形成的灰棕紫泥土。灰棕紫泥土主要有油沙土、半沙半泥土和大眼泥土。有机质含量为 6~15 克/千克,全氮为 0.45~1.32 克/千克,全磷为 0.43~0.98 克/千克,全钾为 16.70~25.27 克/千克;紫色水稻土为沙溪庙组砂岩上发育形成的灰棕紫色水稻土。灰棕紫色水稻土有沙田、夹沙田、黄泥田、冷烂田等。有机质含量为 12~26 克/千克,全氮为 0.50~1.59 克/千克,全磷为 0.41~0.87 克/千克,全钾为 14.33~24.56 克/千克,质地为轻壤土、中壤土。土层厚度在 20~50 厘米,土壤 pH 值介于 6.5~7.5,呈中性。土质比较肥沃,土壤宜种性较广,耕性好,适宜种植多种农作物和经济作物,是种植粮食作物和小麦的理想区域。

YD-Ⅰ为典型的浅丘地貌类型,地势总体上北高南低,海拔在 250~360 米之间,丘顶与丘谷底相对高差平均 25 米。东北部与西北部边缘区地形为中深丘地貌,海拔在 300~360 米之间,最大相对高差达 60 米。西南部地势平坦,起伏较小,典型浅丘地貌,东南部地势起伏较大,地貌为中深丘。最高点位于东北部一丘顶,海拔 355.90 米,最低点位于东南部,海拔 220.0 米。区内丘包、丘谷相间,丘包多为旱地。丘谷多为树状冲田,坡度稍缓,一般小于 15 度,冲田宽度在 30~210 米之间。

全村总人口 3540 人,1042 户,人口密度 719.48 人/平方千米,劳动力人口 2044 人,外出务工人员 1027 人(占劳动力人口的 50.24%),人均耕地 0.09 公顷。

(二)重庆市忠县任家镇新开村

忠县任家镇新开村(YD-Ⅱ)属于亚热带东南季风气候区,温热寒凉,四季分明,雨量充沛,日照充足。年平均气温 15.5~17 摄氏度,≥10 摄氏度的积温为 4870~5490 摄氏度,多年平均日照总时数 1327.5 小时,年平均无霜期 327 天,日照光热条件较好。年均相对湿度 80%~82%,多年平均降水量 1213.90 毫米,但降雨主要集中在夏秋季节,分布极不均衡,其中夏秋两季降雨集中全年降雨量的 63%~69%,尤以 5 月下旬到 7 月上旬降水较多,可达全年降水量的 44%~59%,多以暴雨、大雨等形式出现。雨热同季虽然在宏观上利于作物生长，但作物需水与天气降水之间在微观上往往不相吻合，农业季节性干旱频繁发生。同时，由于降雨集中，水土流失严重。

YD－Ⅱ地质构造属于忠县猫耳山背斜向忠州向斜过渡区域。海拔 600 米以下土壤多是由侏罗系沙溪庙组、自流井组的砂岩和泥岩发育而成的紫色土和紫色水稻土，海拔 600 米以上为三叠系须家河组发育而成的棕色石灰土。紫色土土壤 pH 值 6.2～7.5，有机质为 1.04%～1.4%，耕地土层厚度在 30～60 厘米之间；紫色水稻田，土壤 pH 值 6.0～7.4，有机质为 1.2%～2.8%，质地为轻壤土、轻黏土；黄色石灰土，土壤 pH 值 7.0～7.9，有机质为 1.2%～1.4%，质地轻壤土、轻黏土，土层厚度在 40～60 厘米之间。

YD－Ⅱ地貌形态为低山丘陵地貌，地势总体表现为西高东低，海拔高度在 230～748 米之间，相对高差 15～300 米，最高点位于西部上葡萄洞，海拔 748 米，最低点位于东北部溪沟，海拔 230 米。样点村低山区旱地多位于连片缓坡上，丘陵旱地多成连岗状，水田则以塝田和冲田为主。

全村总人口 2837 人，845 户，人口密度为 281.76 人/平方千米，劳动力人口 1390 人，外出务工人员 906 人（占劳动力人口的 65.18%），人均耕地 0.12 公顷。

（三）重庆市酉阳县黑水镇大泉村

酉阳县黑水镇大泉村（YD－Ⅲ）属于亚热带湿润气候区，气候湿润、四季分明，雨量充沛。多年平均气温为 18.7 摄氏度，极端最高气温 44 摄氏度，极端最低气温 －6.1 摄氏度（1982 年 1 月 21 日）。年平均无霜期 344 天。多年平均相对湿度 79%～81%；多年平均日照时间 1156.7 小时；多年平均年降雨量为 1071 毫米；降水主要集中在 5～9 月，多呈大雨或暴雨，占全年总降雨量的 70%。全年主导风向为北风，主要自然灾害为洪灾和滑坡，夏季多暴雨。

地质构造属川东褶皱带，位于宜居背斜的边缘，喀斯特地貌特征十分明显，加上河流、降水的切割、浸蚀和溶蚀作用，境内山峦起伏，沟谷交错。土壤类型主要以由寒武系、奥陶系、二叠系、三叠系等碳酸盐岩类发育而成的矿质黄泥土为主。矿质黄泥土黏重，土壤板结，耕作性差。土壤有机质含量在 1%以上，pH 值为 5.5～6.5 之间，呈弱酸性。

YD－Ⅲ地势起伏较大，总体地势东高西低，为中低山槽谷地貌，山间夹槽谷，平坝区域较少，海拔 855～1345.5 米之间，最高处位于东南部肖家湾北部山顶，海拔约为 1345.5 米，最低处为徐家坝䢵洞，海拔约为 855 米。

全村总人口 3075 人，861 户，人口密度为 115.23 人/平方千米，劳动力人口 1894 人，外出务工人员 562 人（占劳动力人口的 29.67%），人均耕地 0.15 公顷。

各项目区地貌、人口等数据见表 11 - 1、表 11 - 2。

表 11 - 1　　　　　　　　　　项目区地貌形态主要特征

项目区	主体地貌	海拔（米）	相对高差（米）
YD - Ⅰ	浅丘	250~360	25
YD - Ⅱ	低山丘陵	203~728	300
YD - Ⅲ	中低山槽谷	855~1345	500

表 11 - 2　　　　　　　　　　项目区人口资源与人均耕地

项目区	总人口（人）	户数（户）	人口密度（人/平方千米）	劳动力（人）	外出务工（人）	人均耕地（公顷）
YD - Ⅰ	3540	1042	719.48	2044	1027	0.09
YD - Ⅱ	2837	845	281.76	1390	906	0.12
YD - Ⅲ	3075	861	115.23	1894	562	0.15

二、项目区耕地利用概况

在建筑工程中，土地平整是后续施工的必要条件，即通过拆迁拆除建筑物、构筑物，通过土方工程对土地表层进行改造，消除存在较明显的土地不同位置的高差，以达到"三通一平"或"七通一平"的施工标准。而在农村土地整治中，土地平整主要是针对农田实施田块归并和坡改梯。

在人多地少及地形地貌条件约束的背景下，土地细碎问题困扰着样点村的土地利用。从人均耕地水平来看，合川大柱村（YD - Ⅰ）人均耕地最少，仅为 0.09 公顷；忠县新开村（YD - Ⅱ）次之，为 0.12 公顷；酉阳大泉村（YD - Ⅲ）最多，为 0.15 公顷。但是，从浅丘到低山丘陵再到中低山槽谷，随着地形地貌的变化，坡耕地的比重明显上升，土地利用的困难亦随之增大。其中，2~6 度、15~25 度坡耕地的比重变化最为明显。合川大柱村（YD - Ⅰ）2~6 度坡耕地的比重最高，占其耕地总面积的 35.26%，而忠县新开村（YD - Ⅱ）为 11.82%，酉阳大泉村（YD - Ⅲ）比重最低，仅为 4.18%；相反，合川大柱村（YD - Ⅰ）15~25 度坡耕地的比重最低，占其耕地总面积的 31.98%，而忠县新开村（YD - Ⅱ）为 56.98%，酉阳大泉村（YD - Ⅲ）比重最高，为 72.06%。

不过，不同坡度、不同利用类型的土地面临的困难亦存在差异。就水田而言，三个样点村的全部水田分布于 15 度以下，其中，合川大柱村（YD - Ⅰ）

2~6度的水田比重最高，占79.03%；酉阳大泉村（YD－Ⅲ）6~15度的水田比重最高，占87.77%；忠县新开村（YD－Ⅱ）2~6度、6~15度的水田分布较为均一，分别占47.87%、52.13%。经过农民多年整修，水田田块普遍形状较为规整，有成型田坎。问题是水田田坎蜿蜒曲折且占地较宽，相邻同一高程两田面间常存在多余子埂，小田块和边角地插花式分布于田块间，不仅制约着水田利用率的提高，也成为发展现代农业，实施集中排灌、机械化耕作和规模化高效生产的主要障碍因素。与水田相比，78.28%的旱地分布于15度以上，其中，酉阳大泉村（YD－Ⅲ）15~25度旱地占其旱地总面积的比重最高，为87.74%；忠县新开村（YD－Ⅱ）次之，比重为80.20%；合川大柱村（YD－Ⅰ）最低，比重为57.74%。这些旱地大部分未形成成型台面，田块形状模糊，几乎无成型田（土）坎；生产耕作依自然坡面进行，小型耕作机械使用困难，主要靠人力翻耕播种，利用方式极为粗放；受降水、地形及土壤特性的综合影响，土壤易受侵蚀，水土流失严重，造成土层瘠薄，土壤肥力下降，常规农作物（玉米、红薯等）种植产量低且不稳定。

三、田块整治规划主要工程设计

（一）水田田块归并和条田整治

在土地平整中，项目区对水田实施了田块归并，合川大柱村（YD－Ⅰ）和酉阳大泉村（YD－Ⅲ）还开展了条田整治。田块归并适用于不同的地形地貌条件，主要是对同一台面相邻的田块进行归并，将田坎裁弯取直，对占地较宽的田坎进行削坎还田，修补垮塌田坎，并对小田块和边角地进行归并。与田块归并相比，条田整治工程技术相对复杂，且主要针对水田中那些地势平坦、高差较小的冲田区域，地势较高的塝田往往不作考虑。

条田整治过程中，首先是做好田块设计。即根据实地踏勘，进行田块规划，确定田块方向和数量，并根据各个田块内现状高程点，按照与灌排工程、道路工程等相结合的原则和挖填方平衡的原则，进行挖高填低，确定出各田块的设计标准高程。

其次，表土处理。为体现条田景观效果，田块尽量设计成标准田块。但为保护耕作层，在土方挖填之前，要先做出土处理。即将表层土壤剥离0.2米移至其他地方，待条田整治工程完成后，再回填表土至各田块，以保证田块土壤肥力。

再次，田坎设计。条田田坎一般修筑石坎，并根据平整后的田块台面高差决定其高度，在设计时石坎坎顶要高出台地面0.2~0.3米，底部要嵌入原土层不小于0.3

米，使其置于坚硬的基岩或土质上，以确保石坎稳定。

最后，测算土方工程量。土方工程量的计算以补充田坎后的各田块内的高程点为基础数据，计算每个田块的设计标准高程和土方挖填量。依据《重庆市土地开发整理工程建设标准》和项目区地形条件，合川大柱村（YD－Ⅰ）属浅丘地貌，设计条田长 50～150 米，宽 40～110 米，田块布设顺原有田块方向布局设计；酉阳大泉村（YD－Ⅲ）水田多分布在沟谷沿河平坝处，田块宽度有限，依据地形设计条田长50～150米，宽 30～80 米（图 11－1）。

YD－Ⅰ条田整治前　　　　　　　　　　　　YD－Ⅰ条田整治后

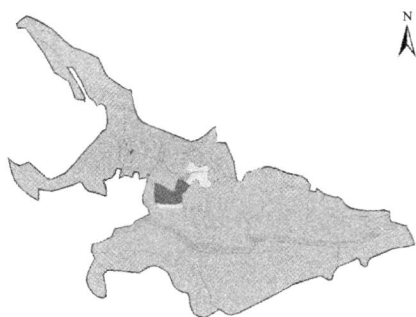

YD－Ⅲ条田整治前　　　　　　　　　　　　YD－Ⅲ条田整治后

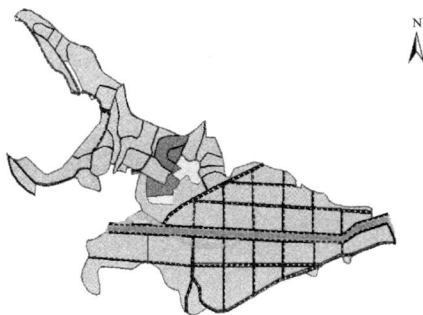

图 11－1　YD－Ⅰ、YD－Ⅲ典型示范区田块整治前后对照图

（二）旱地、宜耕荒地坡改梯

旱地中，已成台旱地经过农民多年生产建设，田块形状已较为规整，田面坡度也

较为平整，有成型田坎。因此，土地平整中一般针对未成台旱地进行坡改梯，根据实际对同一台面相邻田块进行归并、砌坎，修补垮塌土坎，削除占地较宽的土坎，翻挖多余的土坎，以提高田块规整度和土地利用率。而对未成台旱地和宜耕荒草地则实施坡改梯。实施坡改梯过程中，首先是提出降坡方案。不同的地形条件、土地利用方向、土层厚度、水土流失程度，降坡方案也不同。

在合川大柱村（YD－Ⅰ），地貌以浅丘为主，项目区拟进行优质蔬菜种植，建设现代农业示范园，为此在降坡方案上，台面坡度6～15度的坡耕地降为7度，15～25度的坡耕地降为10度。而地貌为低中山的忠县新开村（YD－Ⅱ）和西阳大泉村（YD－Ⅲ），在降坡方案中提出，将拟发展中药材（如青蒿）的坡耕地6～15度的旱地改造为台面坡度5度的坡式梯地，15～25度的旱地改造为台面坡度10度的坡式梯地，并分别修筑石坎；将拟发展高山反季节蔬菜（如野山椒）的坡耕地6～15度的旱地改造为台面坡度5度的坡式梯地，15～20度的旱地改造为台面坡度10度的坡式梯地，20～25度的旱地改造为台面坡度15度的坡式梯地，并分别修筑石坎。

其次，进行坡改梯施工。坡改梯涉及土方挖填，为保护耕作层，在土方挖填之前，要先做表土处理，即：（1）在进行坡改梯前要将原坡耕地较为肥沃的表土（0.2米厚）先剥离，待平整后回填作梯田表土；（2）清石坎基槽，砌筑石坎；（3）坡地土方移动，挖高填低，实现梯地平整；（4）表土回填，将剥离的表土均匀地覆在平整后的田块表面，要确保熟化表土的回填率达到90%以上。再次，作田坎设计。田坎砌筑应尽量沿原有田坎的边界修筑。田坎高度根据地形坡度及降坡后的台面坡度确定。在合川大柱村（YD－Ⅰ），6～15度的旱地设计坎高1.25米，15～25度的旱地设计坎高1.5米。而在忠县新开村（YD－Ⅱ）和西阳大泉村（YD－Ⅲ），拟种植中药材的田块上，6～15度的旱地设计坎高1.2米，15～25度的旱地设计坎高1.55米；拟种植反季节蔬菜的田块上，6～15度的旱地设计坎高0.95米，15～20度的旱地设计坎高1.25米，20～25度的旱地设计坎高1.25米。所修石坎坎顶要高出地块田面0.2～0.3米，底部要嵌入原土层0.2～0.3米，使其置于坚硬的基岩或土质上，以确保石坎稳定。

最后，计算土地平整工程量。一般包括两项，一项是坡改梯土方工程量，一项是田坎工程量。此外，对于土层较薄的区域还需要计算爆破改土量。样点村典型示范区实施坡改梯后，田坎成型，田块形状趋于规整，从而改变了坡面过程，坡地利用状况得到改善（见图11－2）。

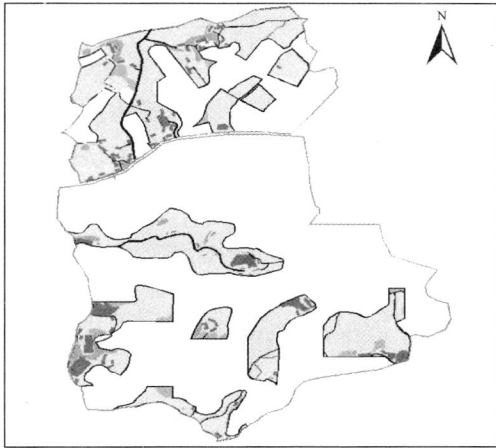

YD-Ⅰ坡改梯前

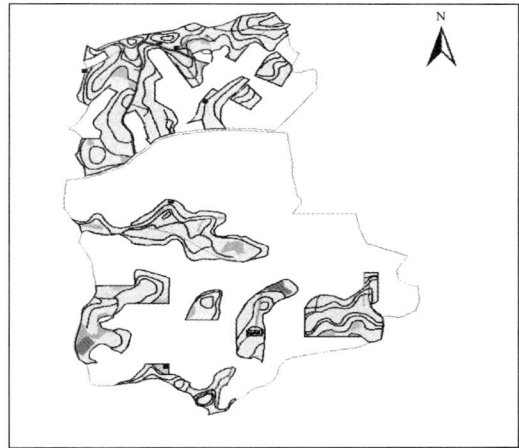

YD-Ⅰ坡改梯后

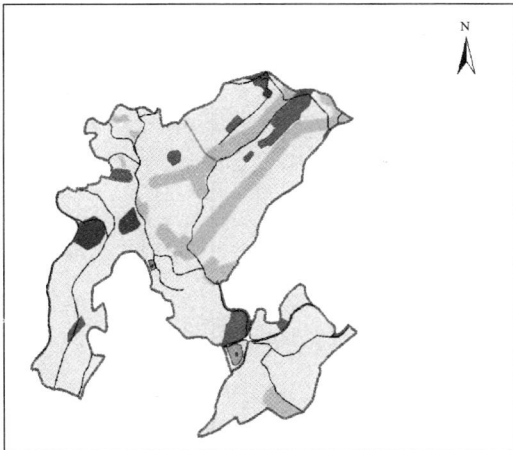

YD-Ⅱ坡改梯前

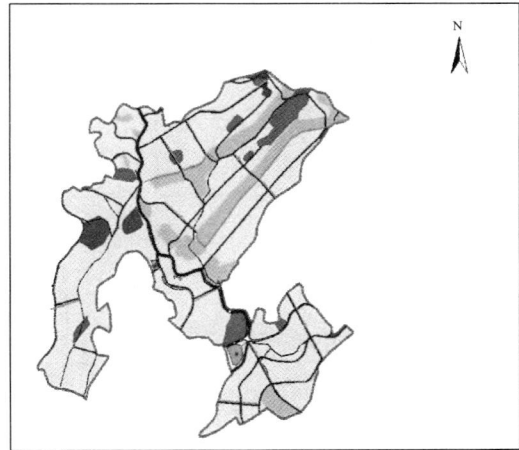

YD-Ⅱ坡改梯后

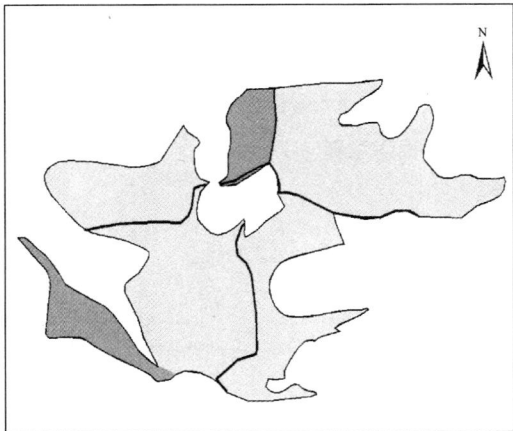

YD-Ⅲ坡改梯前

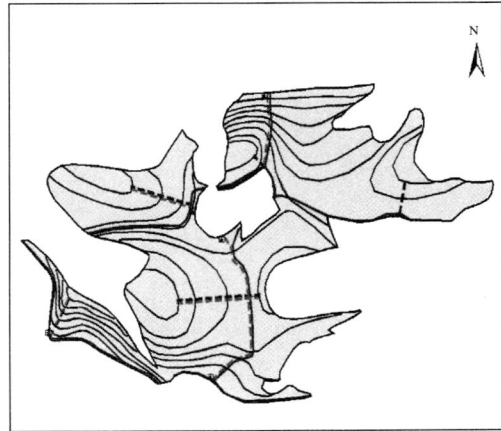

YD-Ⅲ坡改梯后

图 11-2　YD-Ⅰ、YD-Ⅱ、YD-Ⅲ典型示范区坡改梯前后对照图

（三）田坎修筑

不论是田块归并，还是条田整治或坡改梯，都需要修筑田坎。田坎包括土坎和石坎。综合考虑水土保持效果、景观效果、田坎的稳固性及就地取材因素，田坎修筑多采用石坎。石坎又分为条石坎和块石坎。YD－Ⅰ以砂岩、页岩为主，土层较厚，且易开采条石，多修条石坎、土坎（见图11－3、图11－4）。在规格上，因条石较为规则，故条石坎多为2或5的倍数，坎高0.75米、1.0米、1.25米不等。YD－Ⅱ、YD－Ⅲ以灰岩为主，仅适合开采块石，故土地平整中多修块石坎（见图11－5、图11－6）。因块石不规则，块石坎的规格多依据地形条件和当地生产需求确定，坎高不统一，以0.9米、1.2米、1.25米居多。

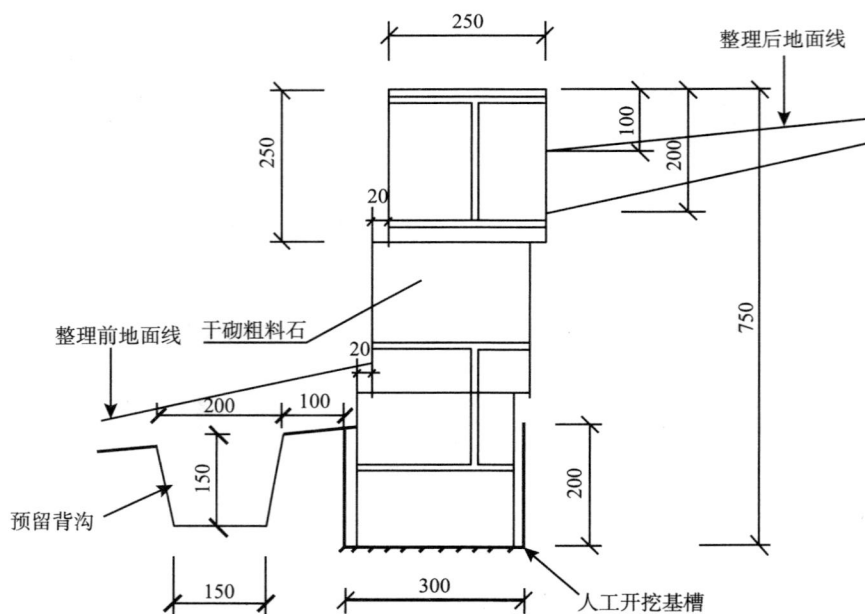

图11－3　YD－Ⅰ石坎设计断面示意图

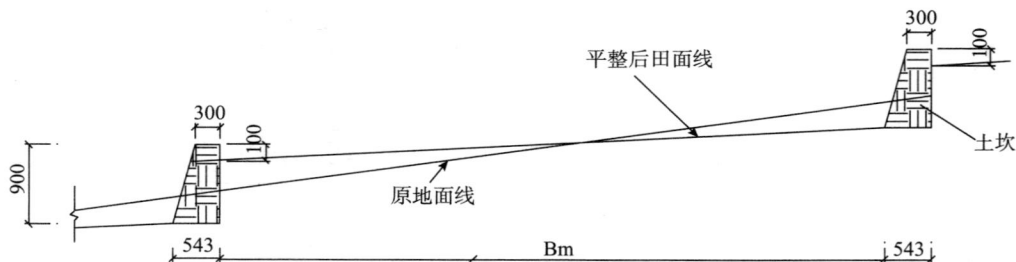

图11－4　YD－Ⅰ土坎设计断面示意图

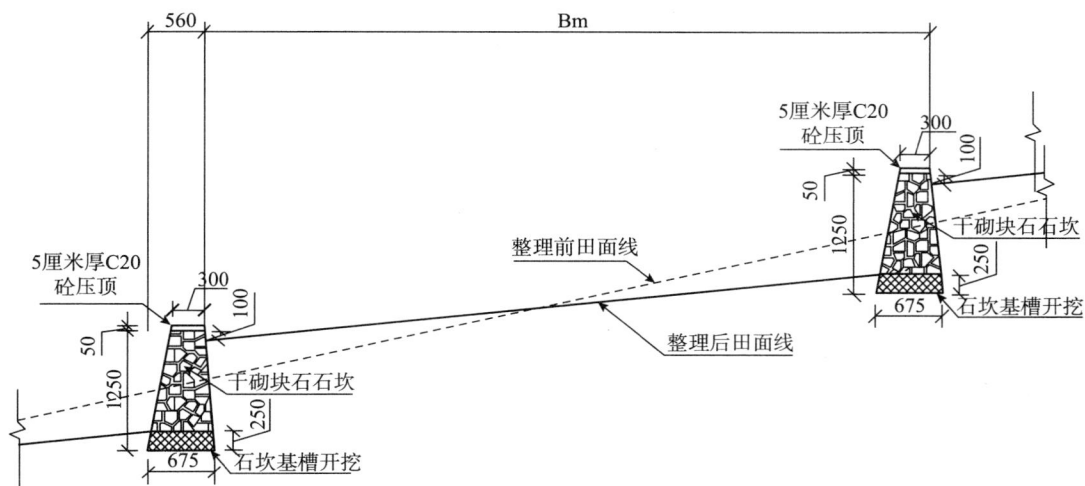

图 11-5　YD-Ⅱ、YD-Ⅲ 6～15 度块石坎断面示意图

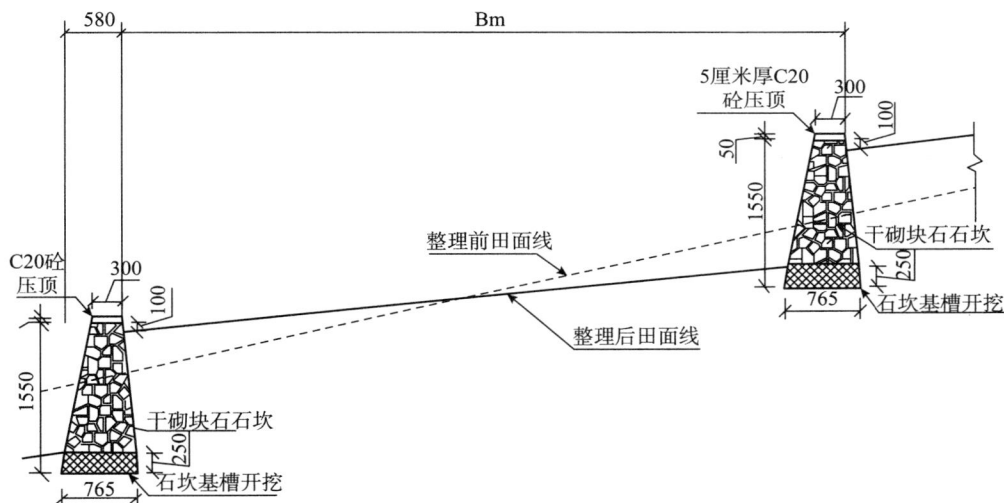

图 11-6　YD-Ⅱ、YD-Ⅲ 15～25 度块石坎断面示意图

第二节　农村建设用地整治规划设计案例

一、项目区概况

（一）项目区自然条件及经济条件

1. 区位。项目区所在慈云镇位于江津区中部，距城区 36 千米。东邻李市镇，

北接龙华镇，西连永兴镇，南靠白沙镇。全镇地势平坦，属典型的浅丘地貌。（江）津白（沙）公路、龙土公路和渝泸高速公路过境，津白公路横穿境内，交通条件良好。

2. 地质地貌。项目区地质构造属川东褶皱带华蓥山帚状褶皱束延伸西南的向东分支—重庆弧群区，出露岩层为侏罗纪沙溪庙组地层，其特征是紫红色泥岩、钙质泥岩与长石石英砂岩呈不等厚互层组合，地质构造稳定，无地震、塌陷、滑坡、泥石流等地质灾害倾向。项目区属江津区中西部中丘中谷区，位于梁董庙—铜尖山背斜与太和向斜之间，东西两边地势较高，中间平坦，呈长条状地形，微地貌为中丘、浅丘地貌，海拔273～368米，相对高差50～80米。

3. 土壤。项目区土壤属侏罗纪发育的灰棕紫泥，从丘顶到坡脚，土壤呈"上粗下细、上干下湿、上瘦下肥"等有规律性分布，一般坡顶土层较薄，多数在20厘米左右，较厚点的地块不超过40厘米，一部分由于多年雨水冲刷，已经裸露出石骨；坡中部土层厚度多为30～50厘米；坡底部土层厚度平均在40～60厘米，部分可达80厘米以上。总体土层厚度一般在30～60厘米，平均土层厚度约为40厘米；有机质1%～2%，土壤呈弱酸性，pH值5.5～6.5，质地疏松，通透性好，为沙壤至重壤。灰棕紫泥土壤风化度低，矿质养分含量丰富，沙黏较适中，土壤较肥沃，宜种广，产量高。

4. 气候。项目区属亚热带湿润季风气候，四季分明，日照时间长，常年日照时数为1273小时，最多年为1628小时，最少年为983小时，年际变化大。年平均太阳辐射量为86.5千卡/平方厘米。从季节分配看，春季（3～5月）23.8千卡/平方厘米，占28%；夏季（6～8月）35.6千卡/平方厘米，占41%；秋季（9～11月）16.7千卡/平方厘米，占19%；冬季（12～2月）10.5千卡/平方厘米，占12%。4～9月辐射量60.5千卡/平方厘米，占70%以上，在光能资源最丰富的时期，热量充足，雨水丰沛，对大春作物及花椒的生长都非常有利。项目区年平均温度17.8～18.4摄氏度，最高气温达39～40摄氏度，最低气温在0摄氏度左右。大于或等于10摄氏度的积温为5560～6028摄氏度，无霜期为321～341天。在农事季节中，大春期间（3月1日～10月31日）大于10摄氏度的积温为5521.13摄氏度，小春期间（11月1日～5月20日）大于5摄氏度的积温为2625.4摄氏度，完全能满足水稻、玉米、红苕、花椒等作物生长的需要。

5. 社会经济状况。项目区所属的慈云镇面积51.45平方千米，辖慈音寺社区，凉河、小园、半坡、一水、聊月5个行政村，23个村民小组、4个居民小组。项目区经济收入主要来自种植粮食作物、经济作物和外出务工。项目区农业生产中，粮食作物以水稻、玉米、红苕为主；经济作物有花椒等（详见表11-3）。

表 11 – 3 项目区主要农作物产量及单价统计（2010 年）

作物名称	作物产量（千克/公顷）	单价（元/千克）
玉米	5625	1.6
红薯	10000	0.5
蔬菜	15000	1.0

注：产量、单价来源于项目区实地调查。

（二）项目区复垦地块基本情况

依据《江津区慈云镇城乡总体规划》（2006～2020 年）和《慈云镇土地利用总体规划》（2006～2020 年）规划目标，在充分尊重农民意愿，保证有稳定住所的基础上，结合以第二次土地调查为基础的 2010 年度土地利用变更调查，以 1∶10000 土地利用现状图上的建设用地（采矿用地、村庄）图斑线为基准，对符合要求的复垦对象进行 1∶500 土地利用现状实测并结合典型地物来确定农村建设用地复垦片块。

复垦地块土地利用现状项目区位于重庆市江津区慈云镇，涉及小园村，总共 33 个片块，46 个地块的集体土地，踏勘现状为废弃农村宅基地及附属用地。项目区建设规模为 4.72663 公顷，其中宅基地面积为 0.8786 公顷，宅基地附属用地 3.84803 公顷；居民点破坏土地主要是压占土地，不存在污染、挖损等。因此，项目区土地总体破坏程度不大。

1. 地块建筑物、构附着物情况。项目的宅基地为居民点房屋占地，本项目涉及 33 个片块，46 个地块，69 户农户，均已搬迁；部分房屋年代久远，破损较厉害；房屋占地区域地势平坦，地形坡度小于 2 度。项目区内房屋结构主要为土墙结构、砖木结构、砖混结构，还有一部分简易结构房屋。截至项目踏勘，项目区部分房屋及构筑物还未拆除，其余房屋垮塌但仍残留有墙体；同时房屋及构筑物混凝土、三合土地板、院坝以及条石基础等依然存在。项目区内建筑物占地 8864 平方米。

2. 宅基地附属用地情况。本项目复垦的主体为农村居民点，宅基地附属用地的地形坡度起伏不大，附属用地分布在房前屋后，包括院坝和房屋周边的空地、零星竹子、零星杂树、阳沟、池塘、荒地、小路等，现状坡度主要为 6～15 度和 15～25 度。其中院坝的地形坡度小，多为平缓式，在 5 度以下。院坝材质为砼地坝和石板地坝两种类型。

3. 地块周边情况。项目区道路设施较好，基本每个地块都有田间道通达，部分地块还有水泥路连通，因此本复垦项目的施工及复垦后居民的耕种都较为方便；复垦区域为原有的农村居民点，居民建房多背山而建，屋后都有土背沟，用以排山水；各个地块周边均有耕地相邻，片块复垦后的主要用途为耕地，各地块的土地耕作半径为

15～50 米，复垦后的地块与周边耕地连接成片，便于居民耕种。

二、项目区主要工程规划布局

根据农村建设用地的特点，本次规划方案提出以土地平整为主，农田水利和田间道路工程为辅的规划布局。土地平整工程主要包括建筑拆除、附着物清除、土地翻耕和田块修筑四项工程；灌溉与排水工程主要配套排水沟、沉沙凼和农涵；田间道路工程主要配套生产路。

（一）拆除工程布局

拆除工程涉及原房屋和院坝拆除，根据 1∶500 测绘成果可知各片块拆除的房屋和院坝面积，项目区 46 个地块房屋总拆除面积为 8864 平方米，其中砖混结构房屋面积为 218 平方米，砖木结构房屋面积为 74 平方米，砖石结构房屋面积为 360 平方米，土墙结构房屋面积为 7344 平方米，简易结构房屋面积为 107 平方米，只剩地基部分面积 761 平方米，院坝（除去素土坝）拆除面积为 3411 平方米。

（二）土地平整工程布局

1. 附着物清除布局。现场调查发现，大部分宅基地附属用地中存在杂草或杂物，对这些附属用地进行复垦首先应对杂草及杂物进行清除，根据现场量算结果，项目共需清除杂草及杂物面积为 33916 平方米。

2. 翻耕工程布局。由于房屋和院坝下部地层经过了长年的压实，拆除后地表板结，直接在此基础上进行覆土耕种，不利于水分渗透和通风，妨碍作物生长，本次规划对房屋和院坝拆除后的地表层进行人工翻耕，若需要土源供土，翻耕厚度根据土层厚度翻耕 15～20 厘米；附属用地翻耕中，仅需翻耕 20 厘米，达到耕作层的厚度即可，附属用地翻耕要扣除坡式田块修筑区和规划保留区的面积。

3. 田块修筑工程布局。根据原地块的坡度情况，田块修筑分为两个区域进行布局：一是宅基地和院坝，二是其他附属用地。宅基地和院坝部分由于现状地势平坦，规划修筑成水平田块，田块基本按照原地块台面进行布局。其他附属用地部分，结合地块内的地形坡度条件，规划修筑成水平田块或坡式田块。规划修筑水平田块 3.06113 公顷；修筑坡式田块 1.6565 公顷。田坎布局按"等高不等宽、大弯随弯、小弯取直"的原则，顺山坡地形，沿等高线布设，改造后要求做到台位清晰。田块形状总的要求外形规整，长边与短边交角以直角为宜，形状选择长条形、环形或扇形，边角地带，随地形布局为不同规格田块。如果已有较成形田块，则尽量不要打破原有布局，参照已有现状布设。项目区规划新修石坎 1675 米。

（三）　灌溉与排水工程布局

根据项目区各片块及周边区域排灌设施现状条件，规划在项目区内修建排水沟930 米，规格为 0.3 米 × 0.4 米（宽度为 0.3 米，深度为 0.4 米）。主要起拦蓄坡面来水，对新建田块起防冲作用，同时将项目区汇集的雨水排至现状排水沟或者坑塘中。

项目区附属工程布局主要包括新建沉沙凼和农涵。沉沙凼主要布设在排水沟进入承泄区前 3~5 米，用来减缓流速和防止泥沙的流入，起到沉沙降淤、保持水土的目的，项目区共新建沉沙凼 4 座。规划新修生产路农涵的设计为钢筋预制板涵，在沟渠上安装预制 C20 钢筋混凝土板，项目区共新建农涵 6 块。

（四）　田间道路工程布局

根据现场踏勘，项目区交通条件较好，部分片块位于村级公路旁，其余大部分片块只有生产便道到达项目区。故规划在项目区内各覆土田块与田块之间，以及较大田块内部新建生产路，以方便复垦后农业生产。项目区共新建生产路 1574 米。

三、项目区主要工程设计

（一）　总体设计要求

1. 土地平整工程建设标准。根据适宜性评价分析，将项目区复垦为旱地，同时根据地形坡度，将复垦后的旱地修筑成梯土。根据复垦后土地利用方向，提出针对旱地的土地平整标准如下：（1）复垦后有效土层厚度不低于 40 厘米；（2）复垦后的耕地标准：宅基地及院坝复垦为水平梯田，其他附属用地复垦为小于 10 度的坡式梯田；（3）复垦后旱地耕作层的砾石含量 <5%；（4）石坎结构坚实美观。

2. 灌溉与排水工程建设标准。（1）新修排水沟：浆砌砖排水沟，矩形断面；（2）沉沙凼：采用方形，浆砌砖结构；（3）农涵：生产路农涵采用板涵。

3. 田间道路工程建设标准。鉴于项目区生产路参照农村道路标准规划设计及当地实际情况，生产路设计路宽为 0.8 米，材料为混凝土。

（二）　建筑物及构附着物拆除方案

1. 建筑物及构附着物拆除。通过实地踏勘，地块内房屋基本保留完整，需拆除的墙体大部分为条石墙和砖、土结构；屋顶为瓦木结构；地板多为混凝土地面，院坝为混凝土和石板结构，设计对墙体及混凝土地面和大部分浆砌条石基础进行人工拆除，对部分原房屋台地间基础进行保留（可作为田坎），拆除后的石渣可作为新修生产路的垫层，也可为田块修筑提供夯填材料或石坎填腔，也可选择就近合适位置掩埋，深度不低于 50 厘米，拆除后的可利用材料可为下一步水平田块修筑中人工挖填提供夯填材料，亦可为石坎修筑、水利设施修建提供原材料。

设计墙体拆除按现有房屋实际情况计算。拆除工程分为五类：

（1）墙体拆除，墙体为浆砌砖墙、土墙、条石，浆砌砖墙拆除量 $V_砖 = A_砖 \times B_砖 \times C_砖$，块石（条石）墙拆除量 $V_石 = A_石 \times B_石 \times C_石$，土墙拆除量 $V_土 = A_土 \times B_土 \times C_土$。

其中：$A_砖$、$A_土$、$A_石$ 为墙体宽（米）；$B_砖$、$B_土$、$B_石$ 为墙体高（米）；$C_砖$、$C_土$、$C_石$ 为墙体周长（米）。

（2）院坝拆除，院坝为石板（混凝土），其拆除量 $V_混 = A_混 \times B_混$。

其中：$A_混$ 为石板（混凝土）院坝面积（平方米）；$B_混$ 为石板（混凝土）院坝厚度（米）。

（3）屋顶拆除，屋顶为瓦木（混凝土），其拆除量 $V_顶 = A_顶 \times B_顶$。

其中：$A_顶$ 为屋顶面积（平方米）；$B_顶$ 为屋顶厚度（米）。

（4）屋基拆除，屋基为条石，其拆除量 $V_石 = A_石 \times B_石 \times C_石$。

其中：$A_石$ 为屋基宽度（米）；$B_石$ 为屋基深度（米）；$C_石$ 为墙体周长（米）。

（5）地板拆除，屋基为混凝土，其拆除量 $V_混 = A_地 \times B_地$。

其中：$A_地$ 为地板面积（平方米）；$B_地$ 为地板厚度（米）。

经计算，项目区拆除工程中屋顶拆除 175.98 立方米，墙体拆除 3747.57 立方米（其中条石墙 300.90 立方米，砖墙 83.52 立方米，土墙 3363.15 立方米）、条石基础拆除 829.35 立方米，砼地板拆除 10.88 立方米，三合土院坝拆除 50.46 立方米，砼院坝拆除 115.74 立方米，石板院坝拆除 64.10 立方米。

2. 可利用材料分析。拆除物主要分为土块、砖、条石、瓦砾、砼块、预制板和木柴，拆除砖、条石、石板、预制板的可利用量按现有房屋实际情况计算。可利用量计算公式如下：

$$V_{利(砖)} = V_{拆(砖)} \times (1 - S_损)$$
$$V_{利(石)} = V_{拆(石)} \times (1 - S_损)$$
$$V_{利(板)} = V_{拆(板)} \times (1 - S_损)$$
$$V_{损(砖)} = V_{拆(砖)} \times S_损$$
$$V_{损(石)} = V_{拆(石)} \times S_损$$
$$V_{损(板)} = V_{拆(板)} \times S_损$$

式中，$V_{拆(砖)}$ 为砖拆除工程量（立方米）；$V_{拆(石)}$ 为条石拆除工程量（立方米）；$V_{拆(板)}$ 为预制板拆除工程量（立方米）；$V_{利(砖)}$ 为砖可利用量（立方米）；$V_{利(石)}$ 为条石可利用量（立方米）；$V_{利(板)}$ 为预制板可利用量（立方米）；$V_{损(砖)}$ 为砖拆除损毁量

（立方米）；$V_{损(石)}$为条石拆除损毁量（立方米）；$S_损$为拆除损毁率。

（三）土地平整工程设计方案

1. 附着物清除工程设计。在项目区各地块复垦前，拟对地块内房屋周边的附着物进行清理，采用人工方式清除杂草、灌木等附着物，地块内的树木采取原地保留保护，不将其清除。根据现场踏勘调查，项目区内需要人工清除附着物面积为33196平方米。

2. 翻耕、覆土工程设计。

（1）供需土量平衡分析。本项目房屋和院坝部分覆土来源主要为宅基地附属用地翻耕后，除去复垦标准40厘米外剩余的土量。项目区院坝和宅基地的原土层厚度均较薄，翻耕后，土层厚度不达标，房屋的原土层厚度为0.15~0.2米，院坝的土层厚度为0.25~0.3米，因此需要覆土。对各地块除宅基地及其构筑物外的拟定翻耕区翻耕后，土层厚度高于标准厚度，可为本地块提供土量；再加上土墙拆除后捣碎的土也可为覆土区提供土源，使得项目区需土量得到了保证，实现了该项目的土量供需平衡。即不需要从外部客土，仅在地块内部进行覆土。由此得知，各地块的土层厚度分布情况不均，但每个地块土量供需基本能实现平衡。从整个项目区来说，土壤需求量远小于土壤可供给量，各地块内的土层厚度通过本复垦项目后能达到耕作土层的要求，无需外部客土。

（2）翻耕、覆土工程设计。由于房屋和院坝下部地层经过了长年的压实，拆除后地表板结，直接在此基础上进行覆土耕种，不利于水分渗透和通风，妨碍作物生长，本次规划对房屋和院坝拆除后的地表层进行人工翻耕，设计翻耕厚度根据土层厚度而定。根据调查，项目区内的房屋及院坝下部地表层主要为含有较高比例石砾的土层，这种土层由于石砾含量高、风化不完全不适宜作为耕作表层土壤。因此规划对房屋及院坝拆除后的区域翻耕后进行覆土，覆土后有效土层厚度不低于0.4米，砾石及瓦砾含量不超过15%，覆土土壤质量不低于周边一般耕地耕作层土壤质量，应适宜当地大部分作物种植。项目区大部分片块可用土墙拆除的土和附属用地的土进行覆土。内部覆土设计采用人工运土至覆土区，平均运距50米。经计算，项目区翻耕总面积为34101平方米，翻耕土方量为11294立方米；内部覆土方量为814.7立方米。

3. 田块修筑工程设计。

（1）田块修筑。通过实地踏勘，结合地块内的地形条件，规划耕作田块，确定田坎布局，修筑坡式田块和水平田块。

水平田块修筑工程主要是针对各地块房屋占地部分和院坝以及平缓的宅基地附属用地。根据项目区的实际情况，本次水平田块规划，田面长一般为15~90米，田面宽一般为3~12米，边角地带随地形布局为不同规格田块。水平田块修筑完成后，要求田面平整度在±5厘米以内，砾石及瓦砾含量不超过5%。

坡式田块修筑主要是针对附属用地需要进行坡改梯的区域，通过上部平台面后退的方式，挖上填下，降低坡度形成台面，根据项目区的实际情况，本次坡式田块规划，田面长一般为15~80米，边角地带随地形布局为不同规格田块。经调查，6~15度区域的原平均台面坡度为12度，经坡改梯后坡度为6度，15~25度区域的原平均台面坡度为18度，经坡改梯后坡度为10度，设计上下台地的垂直高差1.2米、1.5米，土方移动量为1013立方米。

（2）石坎修筑。石坎全部采用条石坎，安砌方式为干砌，石坎顶宽0.3米，底宽0.3米（当石坎高大于1米时，底宽为0.6米），挖基槽深度为0.2米，石坎高度根据现场踏勘和修筑后坡式田块和水平田块间高差确定，规格为0.3米×0.3米×L（0.6米≤L≤1米），项目区设计石坎高度分为4种，分别为0.6米、0.9米、1.2米、1.5米。

为保证石坎稳固，设计新修1.2米、1.5米石坎采用丁字石砌筑，其中1.2米石坎横向每两根条石安砌一个丁字石，丁字石安砌在从下往上第二轮条石的位置，距石坎顶0.6米，丁字石勘入原土层大于50厘米，条石之间应互相嵌实咬紧，石缝错开，分层砌筑；1.5米石坎在从下往上第二轮条石的位置，横向每一根条石安砌一个丁字石，距石坎顶0.9米；在从下往上第三轮条石的位置，横向每隔两根条石安砌一个丁字石，距石坎顶0.6米，丁字石勘入原土层大于50厘米，条石之间应互相嵌实咬紧，石缝错开，分层砌筑；条石坎基础必须置于坚硬的基岩或土质上，从而保证石坎稳定，不垮塌。

经实地布局和量算，项目区共新建石坎1675米，需挖石坎基槽161.94立方米，石坎砌筑631.17立方米，丁字石安砌量45.42立方米。

（四）灌溉与排水工程设计方案

灌溉与排水工程设计主要针对项目区现有自然条件进行设计，主要包括灌排工程、附属工程两项内容。其中灌排工程主要为新建排水沟；附属工程为新建沉沙凼和生产路农涵。

1. 新修排水沟设计。通过实地踏勘，项目区片块拟规划复垦区域大多位于小型山坡坡面之上，坡面来水量大，每逢降雨，地面径流由高处往低处漫流，不利于复垦后耕地的防冲排水，因此设计在片块上部坡面或坡地坎下，新建排水沟拦蓄坡面径流，以起到保护覆土后的耕地的作用，同时，排除田块的雨水。

新修排水沟根据复垦地块的拆旧材料，设计采用浆砌条石结构和浆砌砖结构。

浆砌条石沟设计矩形断面0.3米×0.4米（宽×深），排水沟采用下埋式，边墙顶部平行地面线，采用先砌边墙后浇筑底板的方式，底板采用0.06米厚C15砼现场浇筑,边墙采用 2 轮条石 M7.5 砼砂浆砌筑,条石下埋 0.14 米,宽 0.30 米,沟底比降为 8‰。在侧墙砌筑时预留部分缺口,设计入水口,入水口主要作用将旱地背沟积水排入沟中,遇背沟设置 1 个,进水口设计为梯形断面,底宽为 0.15 米,顶宽为 0.2 米,高为 0.2 米。本项目共新修 0.3×0.4 米条石沟 771 米。

拟新修砖沟采用 0.3×0.4 米。排水沟采用下埋式,边墙顶部平行地面线,砌筑方式采用先砌边墙后浇筑底板的方式,边墙采用 M7.5 水泥砂浆砌砖,宽 0.24 米,底板采用 0.06m 厚 C15 砼现场浇筑,边墙顶部用 1∶2.5 水泥砂浆抹平面 2 厘米厚,1∶2.5 水泥砂浆抹立面 2 厘米厚,沟底比降为 8‰。同时,为了使坡面水更好地进入排水沟,在排水沟经过每个田块处设置一个进水口。本项目共新修 0.3×0.4 米砖沟 159 米。

排水沟入水口设计见图 11 - 7。

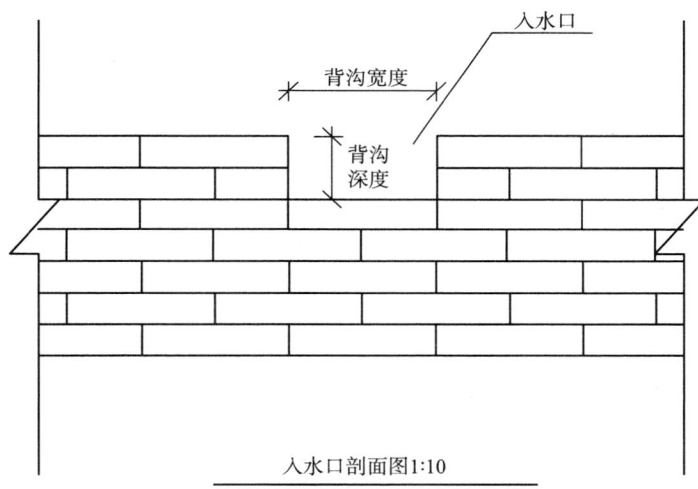

图 11 - 7　新修排水沟入水口剖面图

2. 附属工程。

(1) 沉沙凼设计。本项目新修沉沙凼设计容积为 0.96 立方米,主要作用为减缓水流和沉沙降淤,主要布设在排水沟进入承泄区前 3 ~ 5 米。设计沉沙凼净长 1.2 米,净宽 1 米,净深 0.8 米,边墙采用 0.24 米厚浆砌砖,砌筑后对池内壁和顶部采用 2 厘米厚 1∶2.5 水泥砂浆进行抹面处理,底板采用 6 厘米厚 C15 现浇砼,修筑时先浇底后砌筑边墙,若遇基岩可直接开挖成形,项目区共修沉沙凼 4 口。

(2) 农涵设计。农涵主要布局在路沟相交处,起到过水作用,项目区新建生产路农涵 6 座。本次规划新修生产路农涵的设计为钢筋预制板涵,在沟渠上安装预制 C20 钢筋混凝土板,板长为 0.8 米,板宽为 0.78 米,板厚 0.08 米。本项目共铺筑 6 块涵板。

（五）田间道路工程设计方案

为方便复垦后耕地的农业生产，本项目根据实际情况设计石板路面的生产路，本项目在道路布局时综合考虑了因地制宜、讲求实效、有利于生产、节约成本、综合兼顾、远近结合的原则。项目区内道路主要规划为生产路，并与项目区外交通道路相连接。生产道路尽量利用现有的道路，在不影响区内整体规划的前提下，结合片块大小合理设计和布局。为将项目区内各片块与现有田间道以及片块与片块间联系起来，方便复垦后耕地的农业生产，本项目根据实际情况设计了砼、石板路面的生产路。

新修生产路（砼），设计路宽0.8米。采用现浇C20砼铺筑，厚10厘米，底部挖深10厘米，铺设10厘米厚渣石垫层，并夯实，路面每隔6米应切割一道伸缩缝，缝宽1厘米。同时，当新修生产路纵坡大于15度时需设梯步，梯步高0.15米，梯步踏面宽0.30米；当生产路纵坡在6~15度之间时，设计对路面采取凹槽防滑处理，坡度小于6度时，采用普通平路面。项目区共新修生产路（砼）1574米。

（六）拆除材料处理

经拆除量与可利用量计算，可得砖拆除量为83.52立方米，砖可利用量为54.29立方米，可利用率为35%左右，拆除产生的可利用砖用来修筑排水沟、沉沙函；条石拆除量为1130.25立方米，条石可利用量为904.15立方米，可利用率为80%左右，拆除产生的可利用条石用来修筑石坎、排水沟；石板拆除量为64.10立方米，石板可利用量为51.28立方米，预制板拆除量为10.90立方米，预制板可利用量为8.18立方米，可利用率为75%左右，可利用石板、预制板来修缮生产路。

经新建工程利用拆旧材料后，砖剩余量为15.19立方米，条石还需外购50立方米，石板剩余量为51.28立方米，预制板剩余量为8.18立方米，石渣剩余量为502.26立方米。

（1）由于砖的可利用性很高，根据当地政府和村民的建议，拟将剩余的条石、砖由附近村民回收利用，回收量为15.19立方米。

（2）由于房屋夹层中预制板和院坝中拆除后的石板形状比较规则，根据当地实际，拟将剩余的预制板、石板平直铺设在地块外附近的土质生产路上，维修土质生产路，以方便附近居民耕作。项目区内预制板铺设量为8.18立方米，石板铺设量为51.28立方米。

（3）本项目在现场踏勘中，通过征求当地村社及权利人意见，剩余石渣一是石渣填膛，填膛时必须夯实；二是采用机械运输废渣至各片块附近田间道进行路面摊铺压实，摊铺压实厚度为10厘米，若附近无田间道，则将部分废渣用于修缮片块附近土质生产路。

第十二章

基于农地流转的山地丘陵区土地综合整治规划设计案例

第一节 项目区概况与规划设计思路

一、项目区概况

本章主要依托"十二五"国家科技支撑计划课题"乡村土地流转与资源整合关键技术与示范"（2013BAJ11B02）重庆市江津区综合示范基地，选取重庆市江津区慈云镇小园村项目区为示范点，开展我国山地丘陵区土地流转驱动下土地整治技术集成优化实证研究（信桂新等，2017）。

项目区土地面积1010.38公顷，为低山丘陵地貌，多长垣状、串珠状、斜面状、坪状山丘，并间有宽谷，平均海拔300米左右，相对高差20米以内。属亚热带湿润季风气候，年降水930~1500毫米，年均气温18.4摄氏度。土壤属侏罗纪沙溪庙组发育的灰棕紫泥，较为肥沃，宜种性广；坡顶多为沙土，坡中部为半沙半泥，坡中下部多为灰棕紫泥土；土层厚度为20~50厘米。全村辖5个村民小组，共2025户、5890人。2012年土地利用现状显示，全村耕地730.53公顷（水田522.25公顷、旱地208.28公顷），园地52.74公顷，林地57.99公顷，村庄137.89公顷，坑塘水面18.75公顷，分别占全村土地总面积的72.30%、5.22%、5.74%、13.65%、1.86%，其余用地类型12.48公顷，占1.24%（见图12-1）。受地形切割和分散承包经营影响，项目区耕地利用细碎化问题严重。2012年土地流转前，对项目区1698户农户承包地调查统计显示，农户承包土地568.67公顷，其中水田454.69公顷，旱地113.98公顷，合计10099个地块；户均承包地0.33公顷，户均承包地块数5.95

块，平均每个地块仅 0.0563 公顷；土地小规模流转面积 21.77 公顷，仅占农户承包地总面积的 3.83%。

而受种植结构和耕作制度影响，项目区农业弱质经营低效。一般情况下，农户自主采取单季中稻、玉米—红薯为主的耕作制度，复种指数为 150% 左右。调查显示，不考虑人工成本且农户精耕细作，水稻、玉米和红薯年收益分别为 630、384、960 元/亩，据此推算，在农户充分利用全部承包地（户均 0.33 公顷，依据地块调查户均水田与旱地比约为 4:1）情况下，户均年种植业收入不到 4000 元。另外，当地有种植蔬菜、花椒、苗木、水果（柑橘）的经验和传统，但规模小、品质差、产业化程度低，难以有效创造产值。由于务农收益低，村内大量劳动力外出务工。2011 年全村劳动力 3508 人，外出务工 1957 人，占劳动力总数的 55.79%。据 2012 年农村经济统计报表，项目区外出务工人员当年平均收入为 11163 元/人，是农户种植业年收入的 2~3 倍。但即便如此，当年全村农民人均纯收入也仅 3916 元。

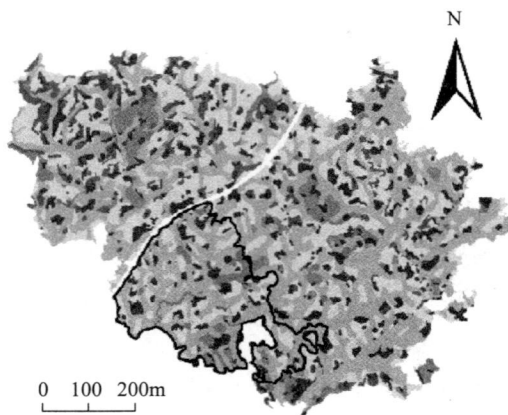

图 12-1　项目区（小园村）土地利用现状

二、基于土地流转的土地整治规划设计思路

（一）基于土地流转的资源优化路径设计

实现适度规模经营，核心在于集聚土地资源，变"分散承包、分散经营"为"分散承包、规模经营"。从基本方式上看，尽管通过农户间的联合与合作可以提高规模化经营水平，但依托土地流转才是适度规模形成的主要方式。即使从适度规模经营的主体来看，专业大户、家庭农场、农民专业合作社、农业企业等新型经营主体的

发展，无不依赖于土地向这些主体的流转集中。当然，土地流转并不是简单地将土地集中起来，而是围绕农业转型升级及转变农业发展方式，将土地流转集中与改善农业生产条件、调整农业产业结构、拉伸农业产业链条等结合起来，释放规模化经营带来的资源优化效应。总结土地流转的各类实践和成功经验，可将土地流转的资源优化路径归纳为两条，即分散优化路径和整体优化路径。

1. 分散优化路径。即针对村域农业产业发展过程中，农地优化成本过高且不同利益主体间冲突较大的问题，将土地流转并集中于专业大户、家庭农场、村（社）合作社或公司（企业）手中，形成各类新型经营主体主导的村域土地相对集中利用格局，是一种各类农业经营主体并列、原有农村居民点就地利用、由产业发展目标统一整合的资源优化路径。该路径具有运行成本低、触及利益小、兼容性强的优势，并能降低流转双方的风险面，提高抗御自然灾害和市场风险的能力。其实质是将农业产业按照不同经营主体的实际能力和比较优势进行分块，然后把土地分散集中到不同经营主体进行经营，再通过共同的经营目标进行统一整合，从而实现资源要素分散优化、各类风险集中分化，最终达到"整体一盘棋"和效益最大化。运作流程见表 12 - 1。

表 12 - 1　　　　　　　　　　　　　分散优化路径运作流程

运作流程	具体内容
第 1 步：确定转入对象	考察识别村域内外不同规模、不同类型的农业经营主体，确定土地转入需求对象
第 2 步：流转集中土地	将土地流转并相对集中于专业大户、家庭农场、村（社）合作社或公司（企业）手中，形成土地流转集中后几个业主主导的村域土地相对集中利用格局
第 3 步：配套设施用地	农业产业发展所需的农业服务设施用地由各业主自行与村社、农户达成协议，就地利用原有农村居民点用地
第 4 步：统一发展目标	建立农业产业发展的共同目标，统一整合各类农业经营业主和农业产业发展要素，避免产业拼盘或业主相互竞争

优化路径：各类经营主体识别→土地流转集中→农业设施用地配置→农业产业发展目标统筹

2. 整体优化路径。即针对村域农业产业发展过程中，农地优化成本过高且农业产业功能延伸受设施用地约束强的问题，将农户承包地向村民小组、村民小组再向村集体层递流转集中，最后由大型工商资本主导形成集中连片的土地利用格局，是一种村（组）主导、农地层递流转和非农建设用地"一心多点"利用、大型工商资本统一整合的资源优化路径。该路径具有流转交易成本低、要素资源整合能力强、土地价值提升速度快的优势。其实质是在交通区位良好、农业资源禀赋优越、产业发展基础较好的村域引入大型工商资本，并利用其资本优势、技术优势、管理优势、市场优势，整体优化村域土地利用格局，将小体量、多样性、无特色的低效农业产业提升为大体量、规模化、特色型的高效农业产业，最终实现农业产业发展要素功能优化与提升。运作流程见表12-2。

表12-2　　　　　　　　　　　　　整体优化路径运作流程

运作流程	具体内容
第1步：订立土地协议	大型工商资本与村集体经济组织订立土地流转协议，并经村民代表大会通过
第2步：层递流转集中	农户承包地向村民小组、村民小组向村集体层递流转集中
第3步：改善生产条件	由村组主导向当地政府争取土地整治、农业综合开发、小农水、农村道路等各类支农项目，对流转集中的土地实施土地整治和农业基础设施建设
第4步：发展特色农业	大型工商资本依托集中连片整治后的农地，并利用国家设施农用地指标（"一心"）和原有散布的农村居民点用地（"多点"），整体优化土地利用格局，打造独具竞争力的特色效益型农业

优化路径：土地流转协议打包签订→土地层递流转集中→农业生产条件集中改造→特色农业产业培育包装

（二）基于土地整治的资源整合技术重构

普遍来看，土地整治项目的工程类型主要涵盖5大工程，即土地平整工程、灌溉与排水工程（水源工程、灌溉工程、排水工程、渠系建筑物工程、泵站及输配电线路工程）、田间道路工程（田间道、生产路）、农田防护与生态环境保持工程（农田防护工程、生态环境工程）和其他工程。但在土地流转驱动下，土地整治的范围已由相对孤立的、分散的土地开发整理项目向集中连片的综合整治转变，目标已由单纯的补充耕地向建设性保护耕地与推进新农村建设和城乡统筹发展相结合转变，内容已由以农用地整理为主，转向农用地、农村建设用地、城镇工矿建设用地、未利用地开发与土地复垦等综合整治活动（李晨等，2013）。因此，为解决资源流动与整合过程中，土地及其附属资源的适度规模利用问题，以提高资源配置效率、实现优化配置，从工程技术角度需对土地整治的工程技术体系加以重构。依据资源整合对象的不同及技术特征差异，可将其划分为耕作田块修筑及其配套技术和农村建设用地复垦技术。

1. 耕作田块修筑及其配套技术。即立足于实现耕地适度规模经营，针对地块破碎、规模偏小、形状不规整以及基础设施不配套而难以满足农业机械化、规模化的问题，采取的一种以耕作田块修筑为核心，辅以农田水利设施整合和农田道路网络配套的综合性工程技术措施。就丘陵山区而言，耕作田块修筑涉及缓坡地、条田和梯田3类地块，农田水利设施整合主要涉及蓄水池和山坪塘两类设施，农田道路网络配套涉及田间道和生产路两类田间道路。该技术具有技术体系较为完备、针对性强、应用效果较为显著的优势。其实质是在小地块流动、集中、整合为大地块的过程中，基于微观地形尺度修筑适于丘陵山区机械化作业和规模化生产的耕作田块，并引导农田水利设施和农村道路体系精准配套，从而实现农业适度规模经营和转型发展。关键技术要点见表12－3。

表 12－3　　　　　　　　　　　　　耕作田块修筑技术要点

技术流程	具体内容
第1步：建设区域识别	依据地形地貌、地面坡度、田块大小等关键指标，识别不同类型地块的建设区域
第2步：田块归并整型	依据地形地貌、田块集中连片程度确定地块规格，其中，缓坡地地块形状设计为矩形、梯形或近似矩形，条田地块形状设计为矩形或方形，梯田地块形状设计为矩形或梯形，并根据每个地块实际情况，确定地块边界修筑形式（坎埂、沟渠、生产路、路加排水沟）
第3步：农田水利设施整合	综合考虑流域降雨、坡度、土地利用类型及产业规划，确定地块内蓄水池选址和工程设计规格，同时依据地形、土地利用数据以及多年月均气象数据，提取山坪塘水文特征和在作物生长期的灌溉保证率，并据此确定山坪塘整治措施
第4步：农田道路网络配套	综合考虑经济发展现状及适度规模经营、农业产业规划对农村道路的需求，结合当地农机具规格及常用建材，确定地块区域田间道和生产路网络布局和工程设计规格

集成技术：建设区域适宜性分析技术＋土地平整工程技术＋农田水利工程技术＋农田道路工程技术

2. 农村建设用地复垦技术。为方便生产与生活，山地丘陵区的农村居民习惯依耕地建造居民点，呈现散点状、团簇状的空间分布特征（谭雪兰等，2014）。而伴随人口迁移流失，已有相当数量的居民点处于废弃、闲置或低效利用状态。这种情况下，农地一经流转，农村居民点的生产生活功能随之流失。整合优化该类农村居民点用地，使之服务于农业机械化、产业化和规模化，成为土地整治的重要内容。因此，农村建设用地复垦，即是立足于农村存量建设用地盘活，针对宅基地复垦点面积小、分布散、复垦点周边地形及交通条件差异大等问题而采取的工程技术措施，是一种兼顾土地复垦、地力提升、基础设施配套、乡村景观建设以及农业结构调整的综合性集成技术（信桂新等，2013）。该技术具有针对性强、技术环节拼接紧密、经济社会生态效果兼备的优势。其实质是将农村建设用地的复垦与再生相结合，通过复垦节地优化农村建设用地存量，增加城市建设用地流量和农村基础设施、公共服务设施供给；同时，尊重地块空间异质性，结合村域产业培育调整土地用途和农业产业结构，推动农村经济发展和生态恢复。基本技术步骤见表12－4。

表 12 - 4　　　　　　　　　　　　　农村建设用地复垦技术要点

技术流程	具体内容
第1步：复垦类型识别	待复垦宅基地房屋结构类型及其周边环境识别，以便采取不同结构类型房屋拆除、废渣处理和田块土方平衡的工程技术措施
第2步：拆除物类型分选	明确宅基地复垦拆除物类型，废混凝土、废石料、废砖料、废瓦料、废预制板、废墙土、废砂浆、废三合土、废木料、废金属及其他废料，以便通过工程建设利用、复垦区废弃坑洞填充、摊铺风化处置、挖深填埋处置、分选回收处置以及出售集资处置等手段，实现建筑垃圾"减量化、资源化、无害化"处置和拆除物就地利用
第3步：农业生产条件改造	分析土地利用限制因素、周围土地用途、农业产业类型、基础设施配套及生态环境状况，确定土地利用方向及其土地平整工程、灌溉与排水工程、田间道路工程设施的空间布局
第4步：复垦价值测算	对比农村建设用地复垦前后的价值变化与流动，估算农村建设用地价值释放潜力

集成技术：房屋结构类型识别技术 + 拆除物分选技术 + 土地平整工程技术 + 农田水利工程技术 + 农田道路工程技术 + 农村建设用地复垦价值转换测评技术

第二节　基于土地流转的土地整治主要工程设计

一、基于土地流转的资源优化路径应用

（一）分散优化路径

项目区承包地流转前，田土经营主要存在两种情况：（1）田、土由农户自行耕种，种植传统农作物；（2）农户将田、土流转给小业主种植各类经济作物或发展养殖，如蔬菜、花卉、苗圃、泥鳅等。在江津区现代农业园区核心区的引导下，项目区依托本村有一定经营规模的小业主或种田能手，采取"政府部门协调指导，村委会组织实施，业主具体运作"的运行模式，根据不同农业经营业主的实际能力和比较优势，以及不同农业产业对微地貌、小气候环境和耕作条件的要求，引导农业产业布局，鼓励土地流转，实施村域农业产业重构。通过流转，将属于498户农户、1539人所有的166.67公顷承包地集中起来，同时12.80公顷的农村宅基地和附属建设用地就地利用为农业服务设施用地，分别由1家公司（企业）、4家专业合作社和15家种植大户负责经营和管理，从而形成了"大小、先后、内外"业主"并列统一"的

联合体。由此可见，该模式对初始条件下启动和加快土地及其附属资源流动具有较强的整合作用，并将地形、地貌起伏对农业产业重构的约束转化为农业产业发展的优势，实现了农地低成本流转和相对集中，以及原有非农建设用地对农业产业重构的支撑；同时，借助于共同的经营目标统一调整农业产业结构，整合农业发展资源要素，实现了各类资源要素的优化组合和有效运行。

（二）整体优化路径

虽然通过分散优化技术，项目区的土地流转和适度规模经营得到快速发展，但其本质还是小农资本的组合，合作社和种植大户投资能力有限，其经营规模一般只能维系在 5～20 公顷之间，产业延伸较短，对村域经济的辐射带动力有限。鉴于此，项目区在分散优化的基础上，引入工商资本对村域土地和产业进行整体优化。在项目区的两江艺农基地，采用整体优化思路，以土地整治为先导，在产业政策导向下整合各涉农部门资金集中进行田块规划和农业基础设施改造或续建，在政策扶持和村委会支持下，即将（1）、（2）两种情形的土地重新集中，由村集体统一打包给工商资本——两江艺农实业发展有限公司，实现农地的"层递"流转和生地的再造。依据两江艺农基地发展规划，其一期包括 100 公顷的有机生态农业区和 1205 平方米的临时管理用房，均已基本建设完成，主要位于案例村宽谷区域。其中，有机生态农业区包括苗木区 40.00 公顷，有机蔬菜 26.67 公顷，有机果树 13.33 公顷，有机养殖 13.33 公顷，道路及附属设施建设 6.67 公顷，一个集有机农产品生产、加工、销售为一体，又集休闲、观光、体验为一体的标准化现代农业综合发展基地已基本形成。由此可见，该模式立足于具备良好区位条件、自然禀赋和产业基础的区域，对村域土地及其附属资源要素流动和功能提升具有较强的整合作用，它将产业功能的提升诉诸一次性协商的农地流转和"一心多点"式的非农建设用地解决途径而整体优化了土地利用格局，实现了低成本流转农用地、分散化消耗非农建设用地发展效益农业的效果，避免了产业功能提升阶段高成本集中农业产业发展用地和功能延伸受设施用地约束较强两大问题的出现，形成了独具竞争力的特色效益型农业。

从整体效果来看，随着江津区现代农业园区核心区建设的深入推进，项目区 2011 年开始实施土地流转和农业产业结构调整以及特色效益农业培育，先后成立了打石花椒专业合作社（花椒）、彬胜柑橘专业合作社（柑橘）、园石蔬菜专业合作社（蔬菜）、华云渔业专业合作社、津慈农业开发有限责任公司（养殖、苗木）等农业合作经营主体，引进建立了两江艺农基地（规划用地面积 128.67 公顷）和龙井坝现代农业园（小园片区规划面积 190.80 公顷）两家大型农业企业，培育了刁某（蔬菜）、刘某（蔬菜）、梁某（养殖）、辜某（养殖）、黄某（苗木）、陈某（水稻）等方面的经营大户。为解决土地流转后耕作田块不能适应集约化、规模化生产的问题，田间道路不能满足物资、人员出入数量和频率激增的状况，以及农业蓄水、灌溉、排水设施缺失、损毁难题，综合项目区整合市级高标准基本农田整治项目、区级农村建设用地复垦项目和区级水土保持、农村公路项目、农民专业合作社市级示范项目等各类资源，将耕作田块整治及配套设施建设与产业发展融合起来，引导现代生产要素和经营方式顺畅输入。在土地流转、综合整治和产业发展带动下，项目区农业增效显著。截至 2015 年，全村流转土地 266.67 公顷，土地流转率达到 36.50%，其中实现适度规模经营 233.33 公顷（粮油 26.67 公顷、大棚蔬菜示范区 40.00 公顷、一般蔬菜 20.00 公顷、花卉苗木 40.00 公顷、特色水果产业 53.33 公顷、花椒 40.00 公顷、养殖 13.33 公顷），适度规模经营比重达到 54.02%；同时，在农业企业和专业合作社带动下，农户跟进调整种植结构，全村农业产业用地达到 533.33 公顷，农业产业化土地实现率达到 73.01%（见表 12-5）。2015 年全村实现产值 1200 余万元，农民人均纯收入 9200 元。

表 12-5 项目区土地流转与土地整治联动实施效果

评价因子	应用前	应用后
土地流转率（%）	<10	36.50
农地适度规模经营比重（%）	<5	54.02
农业产业化土地实现率（%）	<10	73.01
农业产业多样化指数	<5	18.56
平均田块密度（块/公顷）	10.90	6.69
耕作田块形状指数（%）	15.85	11.18
有效土层厚度（厘米）	35~40	>50
耕作层厚度（厘米）	15~20	>25
评价因子	计算结果	
灌溉保证提升率（%）	13.15	
沟渠密度提升率（%）	1.67	
田间道密度提升率（%）	4.14	
生产路密度提升率（%）	8.70	
农业机械动力提升率（%）	130.77	
农村建设用地复垦率（%）	26.52	
农村新村建房集中率（%）	39.56	
宅基地拆除废渣就地处理率（%）	81.45	
宅基地拆除材料就地重复利用率（%）	75.01	
农村建设用地复垦统筹城镇建设用地率（%）	70.24	
农户宅基地复垦增值平均水平（元/户）	89195	

二、耕作田块修筑及其配套技术应用

(一)耕作田块修筑技术

一是修筑缓坡地,即通过工程改造,以沟、路、坎分割的、田面坡度整体在6度以下(局部不大于10度)的、面积较大的、能满足农业机械化生产或土地规模化经营的耕作地块。山地丘陵区土地平整工程一般是将坡耕地和水田改造为梯地,但项目区现有的水平梯地田面宽度小于7米,相对于农业机械化、规模化生产要求仍然偏小,且地块形状不规整。因此,适应当地产业布局和适度规模经营要求,顺坡就势修筑坡度较小、田面更宽、形状较为规整的缓坡地显得尤为重要。二是修筑条田,即在地形相对平缓区域,由田埂、灌排沟渠或田间生产路分割形成的田面水平、几何形状规整的耕作田块,包括水田条田及旱地条田。对山地丘陵区而言,在相对平缓的区域因地制宜布设条田对促进农地有序化、集约化、规模化、机械化利用具有重要意义。项目区虽是低山丘陵地貌,但仍有一定面积的宽谷、平坝存在,是当地发展现代农业、实施农业机械化的核心区域。因此,基于山地丘陵区的地形约束,可修筑面积相对较小、易于中小型农机作业的耕作田块。三是修筑梯田,即在坡地上沿等高线分段修建田坎所形成的阶梯式水田或旱地,成矩形或梯形,是山地丘陵区治理坡耕地水土流失、蓄水、保土、增产的有效措施。虽然缓坡地有助于实施机械化作业和规模化经营,但对于坡度较大的坡耕地并不适宜,而梯田在山地丘陵区坡耕地治理中具有更广的适用性。项目区旱地均为坡耕地,且破碎程度较高,平均坡度在15~25度之间。为满足该区域产业布局和适度规模经营要求,采取梯田修筑技术通过降坡和筑坎以形成坡度在6度左右、相对集中连片的大田块。应用耕作田块修筑及其配套技术,在项目区土地整治项目典型片区(168.69公顷)内,经过田块归并,耕作田块平均密度由10.90降至6.69,平均单个田块规模由1.38亩增至2.24亩;经过田块调形,平均形状指数则由15.85降至11.18,整治后典型片区已基本能够满足中小型机械作业单元的要求;片块内有效土层厚度和耕作层厚度分别达到或超过50厘米和25厘米(见表12-5);同时减少了田土坎占地及零星地类,新增耕地15.21公顷。耕作田块修筑效果见图12-2。

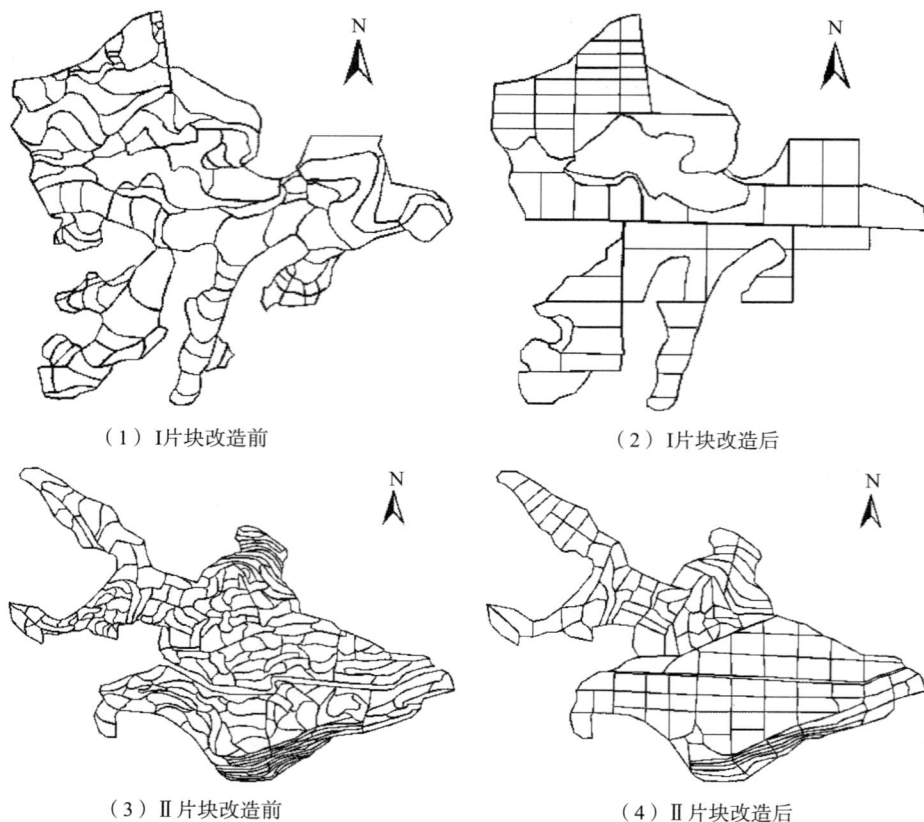

（1）Ⅰ片块改造前　　　　　　　　　　　（2）Ⅰ片块改造后

（3）Ⅱ片块改造前　　　　　　　　　　　（4）Ⅱ片块改造后

图 12 - 2　项目区田块修筑典型片块图

（二）农田水利整合技术

农田水利基础设施包括灌溉、排水及抗旱设施，在土地整治工程中具体涉及的建设内容包括山坪塘、囤水田、蓄水池、灌溉渠、排水沟、路带沟、沉沙函及农函等微型水利及附属设施。总体而言，农田水利建设应因地制宜、因害设防、综合开发利用，通过合理布设蓄水、灌溉、排水设施实现水土资源有效整合。调查发现，项目区产业布局和适度规模经营的最大障碍条件之一是灌溉水源保障问题，全村45口蓄水量1000立方米以上的山坪塘有40口需整治。这些山坪塘经过数十年运行，加上维护和管理不到位，坝体局部垮塌，渗漏严重，配套防水、排洪设施缺失、损毁，淤积严重，基本无法蓄水，导致项目区由"丰水村"变为"缺水村"。为此，结合项目区果蔬种植区和果粮种植区地形条件、土地利用布局和用水需求情况，基于现有的水利设施，重点布局水源设施、辅助完善灌排设施。从具体应用来看，一是新建蓄水池（200立方米），增加村域水资源量，优先解决果蔬种植区和果粮种植区的水资源需求；二是维修山坪塘，通过扩容工程和塘坎工程提高水资源利用率，保障产业区灌溉水源。此外，辅助灌排设施则依据灌溉水源工程和易积水区加以完善。通过整修山坪塘、新建蓄水池以及增加灌排沟渠以提升水源供给能力，土地整治典型片区新增有效灌溉面积22.18公顷，灌溉保证率提升13.15%；新增灌排沟渠2822.92米，沟渠密度提升率达到1.67%（见表12-5、图12-3）。

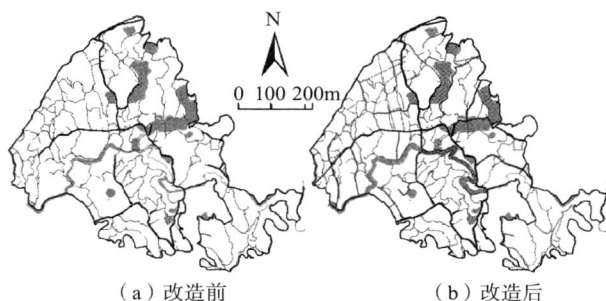

（a）改造前　　　　　　　（b）改造后

图12-3　项目区典型整治片区水利设施、田间道路整治前（a）后（b）布局图

（三）农田道路网络配套技术

田间道路是为满足农业物资运输、农业耕作和其他农业生产活动需要所采取的各种措施的总称，包括田间道和生产路。田间道和生产路应与田、林、路、沟、渠结合布局，既考虑人畜作业要求，又要为机械化作业创造条件。调查发现，项目区田间道路网络比较发达，但随着农业产业化发展日趋成熟，运输载荷量增多，碎石路面不能满足高强度、高频率通行要求，需维修硬化主干田间道，并连通部分断头路，同时在部分缺少田间干道的区域新修田间道，保证"田间道—生产路"布局合理、体系完整。因此，为满足适度规模化田间生产和劳动管理以及机械化作业要求，需对田间道路网络进行配套完善。从具体应用来看：一是以田间道为轴线支撑村域大宗物流、车流、人流通行，设计宽度为3.0米和3.5米。二是以生产路（生产大路、生产便道）为支脉支撑田间道、居民点、耕作田块及相互之间的衔接，生产大路设计宽度为1.5米和2.0米，主要用于连通田间道，便于农用机械及三轮车通行；生产便道设计宽度为1.2米、1.0米和0.8米，主要用于连通居民点及耕作田块，便于人工田间作业和农资进田、农产品出田。通过田间道路配套完善，土地整治典型片区新建田间道3040.69米，整修田间道3942.16米，新建生产路8362.55米，整修生产路6320.06米，典型片区田间道密度提升率达4.14%，生产路密度提升率达到8.70%（见图12-3）。而经过田块修筑和田间道路配套完善，农业机械也由微型（5~8马力）向小中型（8~18马力）转变，取均值计算，土地整治典型片区农业机械动力提升率达到130.77%（见表12-5）。

三、农村建设用地复垦技术应用

农村建设用地复垦是以废弃的乡镇企业用地、农村公共设施用地、农村村民住宅用地等农村建设用地为对象，通过房屋拆除、翻耕土地等方式复垦为耕地或可转为耕地的园地及其他农用地的行为。调查发现，在项目区因移民搬迁、投亲或城镇购房原因，一部分农户的宅基地及附属设施用地均处于废弃、闲置或低效利用状态，且危旧房比重较大。因此，为提升村域土地节约集约利用水平，改善农民居住生活条件，统筹城乡发展用地，根据土地适宜用途将这类宅基地及其附属用地复垦为耕地及其他农用地。通过应用农村建设用地复垦技术，项目区农村居民点减少46.58公顷，斑块数量减少268个，平均斑块面积增加0.39公顷，项目区农村宅基地复垦率达到26.52%（见图12-4）；同时建设项目区农民新村和公共服务设施用地13.86公顷，集中801户农户，农民新村建设集中率达到39.56%。分析宅基地复垦拆除的各类材料（条石、砖、石板、预制板）以及产生的废渣（土石渣）发现，宅基地拆除产生的土渣主要用作复垦地块覆土的垫层，石渣主要用作生产路路基垫层，综合计算，项目区宅基地拆除废渣就地处理率达到81.45%；各类拆除材料主要用于修筑田坎和新建沟渠或生产路，以均值计算，宅基地拆除材料就地重复利用率达到75.01%。另外，平衡项目区农民新村占地（已包括生活服务及配套用地）后，剩余32.72公顷复垦宅基地指标可用于统筹城乡用地，农村建设用地复垦统筹城镇建设用地率达到70.24%；另依据重庆市地票交易基准地价补偿标准（144×10⁴元/公顷），项目区农村建设用地复垦农户均可获得一定额度的价值补偿，依据复垦农户实有宅基地面积和户数，计算可得农户宅基地复垦增值水平达到平均每户89195元（见表12-5）。

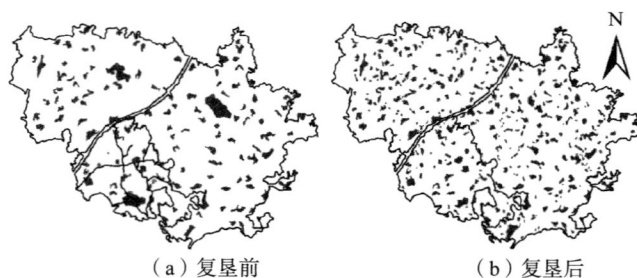

（a）复垦前   （b）复垦后

图12-4　项目区农村居民点复垦前（a）后（b）布局图

农村建设用地复垦不是简单地向农村要地，而是一项复杂的系统工程（李太森，2015）。围绕农村建设用地复垦过程中土地利用功能与价值转化，集成了农村建设用地复垦技术：一方面，尊重农村发展权利，对废弃、闲置、低效利用的农村建设用地实施资源化改造，发挥资源再利用价值；另一方面，按照城乡统筹要求，将复垦建设用地指标在农民新村、聚落改造以及城镇建设中统一配置，释放建设用地指标并转移增值。通过示范应用表明，农村建设用地的资源化改造和指标的城乡统一配置，不仅优化了农村建设用地存量、提升了土地节约集约利用水平，同时也缓解了城乡基础设施和公共服务设施建设、居民住房等用地需求，促进了城乡统筹。

主要参考文献

[1] 胡振琪：《土地整理概论》，中国农业出版社 2007 年版。

[2] 吴海洋：《土地整治理论方法与实践》，地质出版社 2014 年版。

[3] 贾文涛：《统一概念为土地整治保驾护航》，载《中国土地》2012 年第 8 期。

[4] 严金明、夏方舟、马梅：《中国土地整治转型发展战略导向研究》，载《中国土地科学》2016 年第 2 期。

[5] 吴次芳、费罗成、叶艳妹：《土地整治发展的理论视野、理性范式和战略路径》，载《经济地理》2011 年第 10 期。

[6] 郧宛琪、朱道林、汤怀志：《中国土地整治战略重塑与创新》，载《农业工程学报》2016 年第 4 期。

[7] 冯应斌、杨庆媛：《转型期中国农村土地综合整治重点领域与基本方向》，载《农业工程学报》2014 年第 1 期。

[8] 王军、钟莉娜：《中国土地整治文献分析与研究进展》，载《中国土地科学》2016 年第 4 期。

[9] 魏洪斌、罗明、鞠正山、王军、吴克宁：《中国土地整治"十二五"研究重点评述与"十三五"研究展望》，载《水土保持研究》2017 年第 2 期。

[10] 国土资源部土地整理中心：《土地整治蓝皮书：中国土地整治发展研究报告（No.1）》，社会科学文献出版社 2014 年版。

[11] 汤怀志、梁梦茵、范金梅、关小克：《我国土地整治规划的发展历程、趋势与反思》，载《郑州轻工业学院学报（社会科学版）》2016 年第 6 期。

[12] 李灿：《土地整治规划思路待变》，载《中国土地》2016 年第 4 期。

[13] 郧文聚、梁梦茵、汤怀志、范金梅：《"十三五"土地整治规划应把握好四个重点》，载《农村工作通讯》2015 年第 18 期。

[14] 汤怀志、梁梦茵、范金梅：《放眼全域绘蓝图，立足创新求突破——专家建言"十三五"全国土地整治规划》，载《中国国土资源报》2014 年 11 月 28 日第 003 版。

[15] 郧文聚、宇振荣：《中国农村土地整治生态景观建设策略》，载《农业工程学报》2011 年第 4 期。

［16］管栩、金晓斌、杨绪红、郭贝贝、周寅康：《中国农用地整理项目安排与耕地资源分布的协调性研究》，载《自然资源学报》2015 年第 2 期。

［17］徐国鑫：《中国土地整治项目实施分析与投资效率评价研究》，南京大学硕士学位论文，2013 年。

［18］杨绪红、金晓斌、管栩、郭贝贝、周寅康：《2006～2012 年中国土地整治项目空间特征分析》，载《资源科学》2013 年第 8 期。

［19］杨绪红、金晓斌、郭贝贝、管栩、潘倩、周寅康：《2006～2012 年中国土地整治项目投资时空分析》，载《农业工程学报》2014 年第 8 期。

［20］吴兆娟、王晓东、丁声源：《西南地区不同地貌类型土地整理特征比较》，载《国土资源科技管理》2008 年第 2 期。

［21］杨庆媛、冯应斌、杨华均、信桂新、孙钰霞：《从单一走向综合：重庆市土地整理回顾与展望》，载《资源与产业》2008 年第 5 期。

［22］范垚、杨庆媛、马寅华、罗明：《重庆市农用地整治项目时空分异特征研究》，载《长江流域资源与环境》2016 年第 9 期。

［23］刘眭、何腾兵、刘忠斌、朱红苏、黄慈：《贵州土地整治管理制度建设探析》，载《浙江农业科学》2014 年第 8 期。

［24］李博、何腾兵、刘忠斌、邱杰、汪雪莎、张皓：《贵州土地整治研究的回顾与展望》，载《浙江农业科学》2014 年第 4 期。

［25］樊彦国：《土地开发整理技术及应用》，中国石油大学出版社 2007 年版。

［26］冯应斌、杨庆媛、樊天相、潘菲、何春燕：《重庆市青阳镇镇域土地整治规划编制探讨》，载《中国土地科学》2014 年第 8 期。

［27］张正峰、陈百明：《土地整理潜力分析》，载《自然资源学报》2002 年第 6 期。

［28］屠爽爽、龙花楼、刘永强、李婷婷：《农村居民点整治潜力测算方法研究进展与展望》，载《自然资源学报》2015 年第 11 期。

［29］黄辉玲、吴次芳、张守忠：《黑龙江省土地整治规划效益分析与评价》，载《农业工程学报》2012 年第 6 期。

［30］严飞：《丘陵山区不同空间尺度土地整治规划效益评价研究》，西南大学硕士学位论文，2013 年。

［31］于跃、张延军、宋广伟、郭久艳、刘琛等：《土地整治规划综合效益评价》，载《中国农学通报》2014 年第 23 期。

［32］齐宝库、侯景岩、王桂忠：《项目管理的基本概念》，载《沈阳建筑工程学院学报》1998 年第 3 期。

［33］邢岩：《土地开发整理项目区选择的原则与要求》，载《中国土地》2006 年第 7 期。

［34］苗斌侠：《关于土地整理项目可研阶段投资控制的探讨》，载《华北国土资源》2007年第2期。

［35］刘华蓉、刘意、王浩、王雨婷：《土地整理项目中的资金投入问题》，载《合作经济与科技》2016年第5期。

［36］卢新海、谷晓坤、李睿璞：《土地整理》，复旦大学出版社2011年版。

［37］张凤荣：《土地保护学》，中国农业出版社2011年版。

［38］沈掌泉、毛叶嵘、董云奇、王珂：《用数字高程模型和遗传算法确定土地平整设计高程的初步研究》，载《农业工程学报》2005年第5期。

［39］彭琼芬：《土地开发整理项目中土地平整工程量的计算研究》，载《昆明理工大学学报（理工版）》2010年第3期。

［40］杨朝现、陈荣蓉、信桂新：《人地协调的土地整治：从理论到实践》，科学出版社2016年版。

［41］信桂新、杨朝现、邵景安、钟守琴、魏朝富：《基于农地流转的山地丘陵区土地整治技术体系优化及实证》，载《农业工程学报》2017年第6期。

［42］李晨、吴克宁、刘新卫：《土地整治促进城乡统筹》，载《中国土地》2013年第4期。

［43］谭雪兰、钟艳英、段建南、曹洁成：《快速城市化进程中农村居民点用地变化及驱动力研究——以长株潭城市群为例》，载《地理科学》2014年第3期。

［44］信桂新、杨朝现、陈荣蓉、魏朝富、付凯、程飞：《丘陵山区农村居民点利用及其复垦技术集成》，载《西南大学学报（自然科学版）》2013年第12期。

［45］李太淼：《统筹城乡建设用地势所必然》，载《河南日报》2015年5月2日。